EMPLOYMENT AND INDUSTRIAL RELATIONS

고용노사 관계론

최중락 편저

상경사
www.SKBOOKS.co.kr

최중락(崔中洛)

위너스경영아카데미 경영학 전임강사
공단기 경영학 전임강사

[학력]
서울대학교 경영대학 경영학과 (경영학사)
서울대학교 대학원 경영학과 (경영학석사)
서울대학교 대학원 박사과정 수료

[경력]
서울대학교 노사관계연구소 연구원
현대경제연구원 컨설팅본부 연구원
합격의 법학원 경영학 전임강사
베리타스법학원 경영학 전임강사
삼성그룹 인사관리론 강사
LG인화원 경영학개론, 인사관리론, 경영조직론 강사
SK텔레콤 인사관리론, 경영조직론 강사
롯데그룹 경영학개론, 인사관리론 강사
삼성물산, 한화생명 등 다수 기업체 특강

[저서]
인사조직 들어가기 (상경사)
재미있는 경영학 (상경사)
재미있는 경영학 워크북 (상경사)
파이널특강 경영학 (상경사)
국가시험 경영학 최종정리 (상경사)
조직행동과 조직설계 (상경사)
인사관리와 고용관계 (상경사)
경영조직 핵심강의 (상경사)
인사관리 핵심강의 (상경사)
고용노사관계론 (상경사)
재미있는 재무관리 (상경사)
객관식 경영학 (샘앤북스)
인사관리연습 (샘앤북스)
경영조직연습 (샘앤북스)
경영조직에센스 (샘앤북스)
인사관리에센스 (샘앤북스)
경영학 기출실록 (샘앤북스)
국가시험 객관식 경영학 (피데스)
노동경영학 (피데스)

고용노사관계론

편저자 최중락

2019년 12월 17일 1판 1쇄 펴냄
2020년 4월 1일 1판 2쇄 펴냄

펴낸곳 상경사
펴낸이 김희철
재무이사 반경희
영업 · 마케팅 김병훈 · 김희은
편집 · 북디자인 성진우 · 배정영 · 이은정 · 임경순
경영지원 배정민

등록일 1988년 6월 27일
등록번호 제 1-753 호

06784 서울특별시 서초구 동산로12길 13-8 B01,02 (양재동,담덕궁)
전화 02-577-3835, 팩스 02-573-2240, http://www.skbooks.co.kr

- **ISBN** 979-11-6137-101-6 93320
- 「이 도서의 **국립중앙도서관 출판예정도서목록(CIP)**은 서지정보유통지원시스템 홈페이지(http://seoji.nl.go.kr)와 국가자료공동목록시스템(http://www.nl.go.kr/kolisnet)에서 이용하실 수 있습니다.(CIP제어번호: CIP2019049936」
- 저자와의 협의에 의해 인지를 생략합니다.
- 값은 표지 뒷면에 있습니다.
- 파본은 구입하신 서점에서 교환해드립니다.

사진&일러스트 판권 및 출처

5 www.jstor.org
6 cdnimage.ebn.co.kr/news/201812/news_1545912788_966812_main1.jpg
8 www.clandunlop.com/united_states.htm
13 blog.naver.com/PostList.nhn?blogId=kbs4547
19 m.post.naver.com/viewer/postView.nhn?volumeNo=15949680&memberNo=33633782
28 www.asiae.co.kr/article/2016101009321192366
33 commons.wikimedia.org/wiki/File:FrameBreaking-1812.jpg
40 www.amazon.com
44 www.khnojo.org/xe/?document_srl=1504525
55 wspaper.org/article/8123
56 wiki.commres.org/pds/EltonMayo
62 www.tbcunion.net/zxe/index.php?mid=image
70 www.ksilbo.co.kr/news/articleView.html?idxno=544837
76 depositphotos.com
112 me2.do/5Vn9skcG
118 kr.aving.net/news/view.php?articleId=121576
126 hanaloum.blogspot.kr/2013/11/blog-post.html
140 www.insight.co.kr/newsRead.php?ArtNo=52946
144 itcl21.com/?p=1208
145 higoodday.com/index.php?mid=imm&act=dispOnpostContentView&doc_srl=677499

PREFACE

이 책은 경영학적 관점에서 노사관계 및 고용관계를 조망한 책입니다. 주요 대학의 경영학과에서 개설되는 "노사관계론(고용관계론)"의 핵심적 내용을 요약하였으며, 여러 종류의 국가시험(공인노무사시험, 경영지도사시험, 5급공채 인사조직직류, 공기업 입사시험)을 대비하는 수험생과 기업 및 공공부문에서 노사분야 업무를 담당하는 초급실무자의 입장에서 다루어야 할 내용들을 이미 기존에 출간되어 있는 국내외 교과서와 논문들을 기준으로 하여 재구성했습니다. 전통적인 노사관계와 현대적인 고용관계의 제 분야를 모두 다룬다는 점에서 책의 제목을 **『고용노사관계론』**으로 붙였습니다.

본래 고용노사관계는 경영학만의 학문영역이 아니고, 법학이나 경제학 및 사회학 등과 같은 인접 학문분야의 연구성과를 적극 반영해야 하는 분야입니다. 따라서 경영학에서 인사조직분야를 전공한 제가 포괄적으로 고용노사관계를 소개하는 책을 쓴다는 것은 사실상 무모한 일입니다. 그러나 인사조직분야를 구성하는 4개 분야(조직행동론, 거시조직론, 인적자원관리론, 노사관계론) 중 3개 분야에 관하여 이미 발간한 책들이 있어(졸저 **『인사관리와 고용관계』**, **『조직행동과 조직설계』**) 고용노사관계만을 집중적으로 다루는 책을 내고자 하는 개인적 욕심으로 작업을 시작하였습니다. 또한 공인노무사시험과 경영지도사시험에서는 노사관계만을 다루는 문제가 매년 출제되고 있다는 점에서 학습범위 설정에 애로를 겪는 수험생들께 도움이 되고자 하는 마음도 작업의 동기가 되었습니다.

〔내용의 구성〕

최근 국내에서 발간되는 경영학의 노사관계분야 교과서는 제목을 ＜노사관계론＞으로 설정하는 경우와 ＜고용관계론＞으로 설정하는 경우로 나뉘는데, 이 책에서는 출간된 두 종류의 교과서 모두를 분석대상으로 삼아 기존의 인사관리(인적자원관리론) 교과서에서 다루지 않거나 보다 깊게 다룰 필요가 있는 부분만을 최소한으로 선정하여 모두 다섯 개 장으로 구성했습니다. 이 과정에서 노동법이나 노동경제학만의 고유한 연구범위라 할 수 있는 분야는 모두 제외하여 분량을 줄였습니다. 제1장에서는 고용노사관계시스템의 일반이론, 제2장에서는 노동조합과 노동쟁의, 제3장에서는 단체교섭과 단체협약, 제4장에서는 경영참가제도의 유형별 내용, 제5장에서는 고용노사관계에서 최근 중요하게 부각되는 이슈들을 인력구성(비정규직, 무노조, 외국인근로자)과 트렌드(유연화, 임금체계 개편, 고령화)로 나누어 정리하였고, 부록에 관계법률 중 일부를 수록하였습니다. 본문의 구성은 모두 출간된 교과서와 연구논문에 근거를 두고 작성하였으며 출처를 각 장 말미에 수록하였습니다.

〔감사의 말씀〕

항상 저에게 지적인 자극을 주시는 수강생 여러분, 이 책으로 공부하시는 독자분들, 그리고 연구실과 강의실에서만 생활하는 제가 실무적 관점을 조금이나마 가질 수 있도록 도와주신 기업체(삼성 · LG · 현대 · SK · 롯데 · 한화 · 오리온그룹)의 관계자분들, 고용노사관계에 관한 다양한 문제의식을 심어준 대학 동기들, 조악한 원고를 멋진 책으로 바꾸어 주신 상경사 식구들, 강의에 필요한 지원을 아끼지 않으시는 학원 관계자 분들께 진심으로 감사드립니다. 항상 저를 아껴주시는 고향의 아버지와 어머니, 서울에서 저를 챙겨주시는 장인 · 장모님, 그리고 부족한 저를 믿고 함께해주는 아내와 이제 인생을 시작한 아들에게 감사와 사랑의 마음을 전합니다.

대학 2학년 시절, 당시 최저임금위원장 직책을 맡고 계셨던 崔鍾泰 교수님(이후 노사정위원장 역임)의 수업을 듣는 영광을 누렸습니다. 당시만 해도 퇴임을 앞둔 노교수님의 유쾌한 수업으로만 생각했습니다. 이후 군대에서 전역하고 학부를 졸업한 뒤 대학원에서 석사와 박사과정을 거치면서 은사 朴元雨 선생님이 최 교수님의 제자셨음을 알게 되었습니다. 그러니까 최 교수님은 학문적으로는 저에게 할아버지와 같은 분이 되시는 것입니다. 대한민국에 최초로 근대적 노사관계이론을 도입하셨던 최 교수님이 남기신 가장 유명한 저서는 다름아닌 『현대노사관계론』입니다. 제가 만든 여러모로 엉성한 이 책이 두 분 은사님께 누가 되지 않기를 간절히 바라며, 독자 여러분의 비판과 지적을 겸허히 수용하여 더 나은 책으로 발전시켜 나가겠습니다.

2019년 12월의 첫 번째 토요일

아내가 꾸며준 진관동의 두 번째 서재에서

편저자 최중락(obothrm@gmail.com)

CONTENTS

CHAPTER 1 고용노사관계시스템

제1절 고용노사관계의 시스템적 접근 4
1. 고용노사관계의 개념과 특성 · 4
2. 고용노사관계의 당사자 · 7
3. 노사관계시스템 이론 · 8
제2절 고용노사관계의 역사 13
1. 고용노사관계 역사의 개괄 · 13
2. 한국 고용관계의 전개와 이슈 · 14
제3절 변화하는 고용노사관계 18
1. 근로생활의 질 · 18
2. 고용노사관계를 바라보는 시각 · 23
3. 고용의 질과 좋은 일자리 · 24
4. 제4차 산업혁명과 고용노사관계 · 28

CHAPTER 2 노동조합과 노동쟁의

제1절 노동조합 38
1. 노동조합의 의의와 역할 · 38
2. 노동조합의 조직강화수단 · 45
3. 노동조합의 형태 · 48
4. 사용자와 노동자의 노사관계 전략 · 52
제2절 노동쟁의 55
1. 노동쟁의의 개념과 노사갈등의 성격 · 55
2. 노동자의 쟁의행위 · 57
3. 사용자의 쟁의행위 · 63

4. 한국 노동쟁의의 특징 · 64
5. 노동쟁의의 해결방안 · 65

CHAPTER 3 단체교섭과 단체협약

제1절 단체교섭 70
1. 단체교섭의 의의 · 70
2. 단체교섭의 유형 · 71
3. 단체교섭의 방법 · 75
4. 협상의 이론 · 78
제2절 단체협약 83
1. 단체협약의 개념과 기능 · 83
2. 단체협약의 내용 · 86
3. 단체협약의 체결과 관리과정 · 88
4. 고충처리제도 · 91

CHAPTER 4 경영참가제도

제1절 경영참가의 의의 98
1. 경영참가의 개념과 도입배경 · 98
2. 경영참가에 관한 이론 · 99
3. 경영참가의 유형 · 101
제2절 재산참가 102
1. 의의와 유형 · 102
2. 종업원지주제도 · 103

3. 스톡옵션 제도 · 107
제3절 성과참가 111
1. 의의와 유형 · 111
2. 성과배분계획 · 111
3. 이익배분계획 · 114
제4절 의사결정참가 117
1. 의사결정참가의 개념과 유형 · 117
2. 노사협의회제도 · 118
3. 공동결정제도 · 124
4. 품질관리분임조 · 126
5. 경영참가의 문제점 · 128

CHAPTER 5 고용노사관계의 주요 이슈

제1절 고용형태별 이슈 분석 132
1. 비정규직의 고용노사관계 · 132
2. 무노조기업의 고용노사관계 · 140
3. 외국인근로자의 고용노사관계 · 144
제2절 고용노사관계의 신경향 150
1. 고용노사관계의 유연화 · 150
2. 고용노사관계와 임금 이슈 · 153
3. 고용노사관계와 고령화 문제 · 161

부록 : 각종 법령들

근로기준법 · 176
최저임금법 · 196
노동조합 및 노동관계조정법 · 202
근로자참여 및 협력증진에 관한 법률 · 219

INDEX · 224

고용노사 관계론

최중락 편저

CHAPTER 1
고용노사관계시스템

제1절 고용노사관계의 시스템적 접근
1. 고용노사관계의 개념과 특성
2. 고용노사관계의 당사자
3. 노사관계시스템 이론
제2절 고용노사관계의 역사
1. 고용노사관계 역사의 개괄
2. 한국 고용관계의 전개와 이슈
제3절 변화하는 고용노사관계
1. 근로생활의 질
2. 고용노사관계를 바라보는 시각
3. 고용의 질과 좋은 일자리
4. 제4차 산업혁명과 고용노사관계

제1절 고용노사관계의 시스템적 접근

EMPLOYMENT AND INDUSTRIAL RELATIONS

1. 고용노사관계의 개념과 특성

1) 노사관계와 고용관계

표준근로계약서

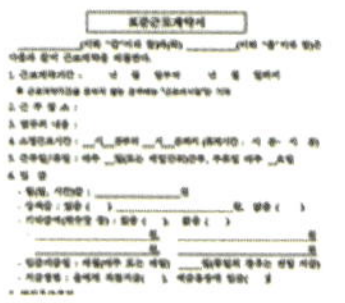

조직은 그 목적의 달성을 위해 해당 조직에서 일할 사람을 고용한다. 이 과정에서는 대개 근로계약서를 작성하게 되며, 이것이 고용관계의 시작이다. 근로자는 사용자의 지휘 · 감독에 따라 노무를 제공하게 되며, 사용자 역시 근로자에 대한 각종 의무를 부담하게 된다[1].

과거에는 구성원과 조직체간의 관계를 설명할 때 흔히 노사관계(industrial relations)라는 용어를 사용하였고 이는 주로 노조와 사용자간의 관계를 의미하였다. 그러나 최근의 노조조직률은 10% 수준에서 그치고 있으므로 노동조합을 중심으로 하는 노사관계론은 현대의 구성원-조직간 관계를 포괄적으로 설명하지 못하고 있다. 따라서 오늘날 인사조직론에서는 개별구성원과 조직간에 형성되는 다차원적인 측면을 포괄적으로 설명하기 위해 고용관계(employment relations)라는 용어를 사용하는 빈도가 점차 늘어나고 있는 추세이다[2]. 정부에서 노동부를 고용노동부로 개칭한 것도 이러한 맥락의 연장선상에 있다 할 것이다.

[표 1-1] 각국의 노동조합 조직률

(단위 : %)

국가별	1984	1988	1992	1996	2000	2004	2008	2012	2017
한국	18.1	19.5	16.4	13.3	12.0	10.6	10.5	10.3	10.7
일본	29.1	26.8	24.4	23.2	21.5	19.2	18.1	17.9	17.1
미국	18.8	16.8	15.8	14.5	13.5	12.5	12.4	11.3	10.7
영국	51.4	45.9	36.0	31.7	29.7	28.8	27.4	26.0	23.2

이 책에서는 전통적 노사관계와 현대적 고용관계를 통합하여 고용노사관계(employment and industrial relations)로 부르기로 한다. 이는 조직에서의 종업원(노동자)과 관리자(사용자)간의 제 관계에 대한 관리기능을 의미한다[i]. 고용노사관계론은 일반적으로 인사관리(인적자원관리)의 영역을 구성하는 한 하위영역으로서 다루어지며, 노동자와 사용자뿐만 아니라 정부까지를 포함한 **노사관계시스템**을 그 연구 대상으로 한다. 인사관리가 경영학을 구성하는 관리영역 중 하나로서의 위상에서 연구되어 온 반면, 고용노사관계론은 경제학(노동경제학), 법학(노동법), 철학(마르크스주의) 등 다양한 학문에서 각기 독자적으로 연구되어 왔던 성과들을 오늘날 경영학적 관점에서 다시 정리한 것이라 할 수 있다.

노사관계시스템

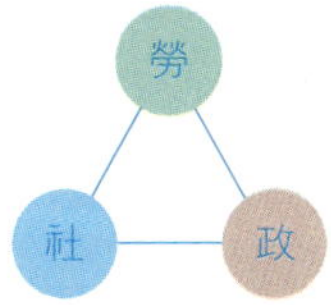

2) 조직과 구성원의 교환관계

고용노사관계는 법적인 측면과 법 외적인 측면으로 나뉠 수 있다. 근로기준법이나 노동조합및노동관계조정법 등이 규율하는 영역은 고용노사관계의 법적인 측면이며, 조직문화, 인사평가제도, 휴가사용에 관한 관행, 고용 및 해고에 관한 업계관행 등은 고용노사관계의 비법적인 측면이라 할 수 있다. 고용노사관계는 이러한 여러 측면들을 모두 포함하는 개념이 된다. 보다 간단히 설명하자면 고용노사관계는 조직과 구성원간의 교환관계라 할 수 있다. **버나드**(Barnard)에 따르면 구성원이 조직을 떠나지 않고 계속 공헌하려는 의사를 가지고 있으며, 조직도 구성원의 공헌에 상응하는 반대급부를 제공할 때 비로소 조직은 존속할 수 있으며 고용관계 역시 유지된다[3].

버나드 (Barnard, C.)

고용노사관계는 사회적 교환(social exchange)의 일종이다. 사회적 교환이란 둘 이상의 당사자가 이익이나 비용을 유발하는 유・무형의 대상을 서로 주고받는 일련의 과정으로 정의된다[4]. 구성원은 자신의 개인적 시간 중 일부를 떼어내어 조직을 위한 업무수행에 이바지한다. 이는 구성원 입장에서는 비용을 감수한 희생을 한 것이다. 조직은 그 희생의 대가로 구성원이 들인 비용에 상응하는 보상을 제공한다. 즉 사회적 교환으로서의 고용관계는 비용과 편익을 서로 주고받는 것이다[5].

구성원의 비용 : 시간과 노력의 희생 = 조직의 이익
조직의 비용 : 보상과 혜택의 제공 = 구성원의 이익

i) 경영학에서 근로자는 종업원이나 직원 내지는 노동자 등으로 불리며, 사용자 역시 기업이나 관리자 및 자본가 등의 다양한 명칭으로 불린다. 이 책에서는 이들 명칭을 별도의 구분 없이 사용하기로 한다.

3) 고용노사관계의 양면성[6)]

고용노사관계의 양면성
① 협력과 대립
② 경제와 사회
③ 종속과 대등
④ 개별과 집단

일반적으로 고용노사관계에서 사용자와 근로자의 관계는 서로 상충되며 이율배반적인 측면을 다수 포함하게 되며, 이를 **고용노사관계의 양면성** 혹은 이중성이라 부른다. 그 구체적 내용은 다음과 같다.

① 협력과 대립

근로자와 사용자의 관계는 본질적으로 협력관계이다. 생산을 위해서는 노동을 담당하는 근로자가 필요하고, 일터를 제공하기 위해서는 창업과 기업운영을 담당하는 사용자가 필요하므로 결국 서로가 서로의 존재에 의존하기 때문이다. 특히 사업장에서 발생하는 부가가치(value added)가 커질수록 기업의 고용안정성뿐만 아니라 노동의 대가를 더 많이 받을 가능성이 높아지므로 가치창출과정에서 자연스럽게 노사간의 협력이 달성될 수 있다. 그러나 생산된 가치를 분배하는 과정에서는 노동조합과 경영자 간에 경쟁적 대립과 갈등이 빈번하게 발생한다. 임금교섭을 예로 들자면 노동조합이 원하는 수준의 높은 임금인상률을 받아들일 경우 경영진의 입장에서는 수익성이 악화될 가능성이 있다. 이처럼 고용노사관계는 대립적 측면과 협력적 측면을 함께 가진다.

② 경제와 사회

고용관계는 기본적으로 기업의 경제적인 목적을 달성하기 위한 교환관계이다. 그 내용은 전술한 공헌과 반대급부간의 거래 개념으로 이해할 수 있다. 하지만 또 다른 한편에서 고용관계는 집단과 조직생활이라는 인간관계적 토대 위에서 형성되는 사회적인 측면이 존재한다.

③ 종속과 대등

생산이란 측면에서 보면 근로자는 종업원으로서 경영자의 지휘 · 명령에 따르는 종속적 측면을 갖고 있다. 근무규정이나 업무규칙을 준수해야 하고, 이를 지키지 않을 때 징계를 감수해야 한다. 하지만 노동력의 공급자로서의 근로자는 노동조합을 통하여 근로조건의 결정과 운영에 사용자측과 대등한 입장에서 교섭에 임할 수 있다. 즉 단체교섭이나 단체협약 등의 과정에서 근로자와 사용자는 법적으로 대등한 관계를 보장받고 있다.

단체교섭

④ 개별과 집단

종업원 개인과 경영자의 관계는 개별적 고용계약에 바탕을 둔 협동관계라 할 수 있다. 이는 경제적인 측면에서의 거래와 관련이 있다. 동시에 노동조합은 기업구성원들의 집단적 고용계약상의 이익을 대변하는 기능을 수행한다. 이는 사회적인 측면에서 개별근로자들을 대표하는 단체로서 사측과의 노사협약을 담당하는 노조의 기능과 관련이 있다.

2. 고용노사관계의 당사자[7]

일반적으로 고용노사관계의 주요 당사자는 근로자(노동자), 사용자(경영자), 그리고 정부이며, 그 중에서도 협의의 고용노사관계는 근로자와 사용자간의 관계를 지칭한다. 하지만 최근에는 국가적 차원의 고용노사관계에서 국민전체의 집장을 반영할 필요성이 제기되어 국민을 勞·使·政에 이어 네 번째 당사자로 포함시키기도 한다. 이하에서는 국민을 제외한 전통적인 고용노사관계의 세 당사자에 관해 살펴본다.

1) 근로자와 근로자단체

현행법에 의하면 임금이나 급료 기타 이에 준하는 수입에 의하여 생활하는 자를 모두 근로자로 정의하고 있다(노동조합 및 노동관계조정법 제2조 1항). 근로자단체의 대표적인 유형이 바로 노동조합이며, 이는 근로자가 주체가 되어 자주적으로 단결하여 근로조건의 유지·개선 기타 근로자의 경제적·사회적 지위의 향상을 도모함을 목적으로 하는 단체 또는 그 연합단체를 뜻한다. 노동조합은 대개 근로자 스스로의 의사에 의해 조직된 자주적인 단체이며, 일시적인 조직이 아니라 항구적 또는 영속적인 조직이라는 성격을 갖는다.

근로자단체인 노동조합은 대부분의 나라에서 전국적 단위의 연합단체를 결성하고 있는데, 미국은 AFL-CIO(American Federation of Labor and Congress of Industrial Organizations), 영국은 TUC(Trades Union Congress) 등의 단일 연합체인 반면, 우리나라의 경우에는 한국노동조합총연맹(www.inochong.org)과 전국민주노동조합총연맹(www.nodong.org)의 2개 상급단체로 양분되어 있다.

AFL-CIO의 로고

2) 사용자와 사용자단체

본래 사용자는 자본가의 의미로 사용되어 왔으나 20세기 이후 자본을 소유하지 않은 전문경영자 역시 사용자의 범주에 속하게 되었다. 현행법에서는 사용자를 '사업주, 사업의 경영담당자 또는 그 사업의 근로자에 관한 사항에 대하여 사업주를 위하여 행동하는 자'로 정의하고 있다(노동조합 및 노동관계조정법 제2조 2항).

한편 사용자단체는 고용노사관계에 있어서 그 가맹자인 사용자의 이익을 지키고 사회적 지위를 확립하기 위하여 조직된 공적단체이다. 물론 대부분의 경우 사용자단체는 법적인 보장을 받는 조직은 아니며, 근로자들의 노동운동이 활발해짐에 따라 이에 대응하여 조직되는 경우가 많다. 사용자단체의 주요 활동은 정부나 국회에서 이루어지는 노동정책수립 및 관련입법이 사용자측에 유리하도록 로비활동을 펼치는 것, 노동조합과의 단체교섭 과정에서 사측을 지원하는 각종 활동을 전개하는 것, 경우에 따라서는 사용자측을 대표하여 단체교섭에 참여하는 것 등이 있다.

우리나라의 사용자단체 유관기관
- 전국경제인연합회
- 대한상공회의소
- 중소기업중앙회

우리나라의 대표적 사용자단체로는 한국경영자총협회(www.kefplaza.com)가 있다. 본부는 서울에 있으며 전국 15개의 지역별 사용자총협회가 조직되어 있다. 주요 사업으로는 노동법의 제정과 개정, 국회 및 정당의 입법대책 사업, 고용정책 사업, 사회복지정책 미 인적자원관리 사업, 각종 교육사업, 안전보건 정책 사업, 국제협력 사업, 홍보사업 등이 있다.

3) 정부

산업화의 진전에 따라 근로자와 사용자의 갈등이 사회문제로 대두됨에 따라 고용노사관계에 정부의 개입이 필요하게 되었다. 이에 정부는 각종 법률과 정책 등을 통하여 고용노사관계에서 발생하는 여러 문제들의 해결을 시도하였다. 오늘날 대부분의 나라에서는 노동 3권으로 대표되는 단결권, 단체교섭권, 단체행동권을 법으로 보장하고 있으며 각종 노사분쟁 해결 제도를 마련하고 있다.

우리나라에서 고용노사관계를 총괄하는 기관으로는 고용노동부(www.moel.go.kr)와 산하의 지방고용노동청을 들 수 있다. 그 밖에도 노동문제의 조정과 심판을 주요 업무로 하는 중앙노동위원회(www.nlrc.go.kr)와 지방노동위원회 및 경제사회발전노사정위원회(www.esdc.go.kr), 최저임금위원회(www.minmumwage.go.kr) 등 다양한 기구가 운영되고 있다.

던롭 (Dunlop, J. T.)

3. 노사관계시스템 이론[8]

1) 이론의 의의

노사관계시스템(IRS, industrial relation system)은 미국의 **던롭**(Dunlop)에 의해 제안되고 코칸 · 카츠 · 맥커지(Kochan, Katz, & McKersie)에 의해 계승 · 발전

된 노사관계(고용관계) 분석의 기본 모형으로서, 고용관계의 전통적 이론에 경영전략과 의사결정 등에 관한 내용을 통합시킨 이론적 틀이다. 기존의 노사관계 연구에서 주로 노사분규나 교섭활동에만 초점을 둔 데 비해, 던롭의 이론에서는 노사관계를 다양한 이해관계자들의 다양한 행동법칙(rules)과 규범(norms)으로 설명하는 접근을 시도하여 노사관계를 보다 체계적이고 분석적으로 이해할 수 있도록 해 준다는 점에서 현대 노사관계론을 이해하는 기본 접근법이 되고 있다. 이하에서는 노사관계시스템론을 구성하는 핵심개념과 주제를 살펴보기로 한다.

2) 노사관계의 주체

던롭에 의하면 노사관계시스템은 노 · 사 · 정(勞 · 使 · 政)의 세 주체로 구성되어 있다고 한다.

① 근로자와 근로자조직

근로자와 그들의 연합체인 노동조합, 그리고 직장내에서 장기간 근속하면서 자연적으로 형성되는 각종 비공식조직들은 노사관계시스템을 구성하는 주요 주체가 된다. 근로자들이 노동조합을 결성하는 가장 기본적인 이유는 집단적 행동을 통해 공동의 이해관계를 추구하는 것이 효과적이기 때문이다. 노동조합의 집단행동은 사용자의 일방적 의사결정이 지배하던 노사관계시스템을 공동의사결정 및 분쟁해결방법을 포함하는 민주적 형태로 변모시키는데 기여한다.

[그림 1-1] 고용노사관계시스템의 구성

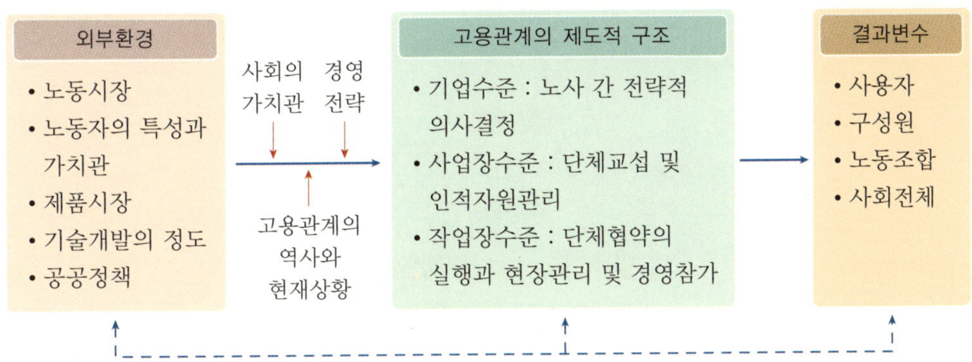

출처 : 김동원 등(2019), 수정인용

② 사용자와 사용자조직

여기서 사용자는 중간관리층에서 최고경영자에 이르기까지, 심지어 소유주(owner)도 포함되는 개념이다. 또한 각종 경영자단체 역시 노사관계시스템의 주요 주체라 할 수 있다.

③ 정부와 각종 단체

정부의 각종 기관들은 노사관계에 대단히 광범위하고 결정적인 영향력을 발휘할 수 있어 노사관계를 분석하는데 반드시 고려되어야 하는 주체가 된다. 정부의 개입양상에 따라 노사관계의 양상이 달라질 수 있기 때문이다. 정부 외에도 국제조직인 세계은행(World Bank), 세계노동기구(ILO), 비정부조직인 각종 시민단체나 종교단체, 정당 등이 노사관계에 영향을 미칠 수 있다.

3) 노사관계의 환경요인

노사관계에 영향을 미치는 환경요인으로는 노동시장, 노동자의 특성과 가치관, 제품시장, 기술개발의 정도, 공공정책 등이 있으며, 이들 환경요인과 더불어 사회의 가치관, 기업의 경영전략, 고용관계의 역사 및 현재의 상황 등이 사용자와 노동조합의 의사결정 및 단체교섭에 영향을 미친다.

구체적으로는 던롭은 노사관계 당사자들에 영향을 주는 환경요인 시장, 기술, 권력의 세 측면에서 분석하였다.

[그림 1-2] 던롭의 노사관계시스템 모형

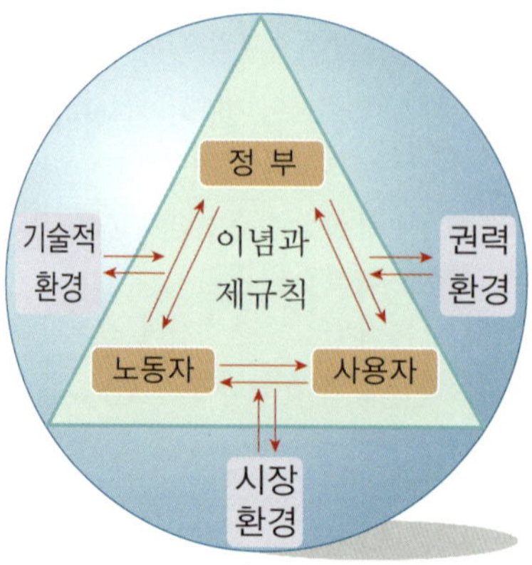

① 시장환경(market context)

이는 시장상황의 제약 또는 예산제약을 의미하며, 구체적으로는 제품의 형태와 시장수요, 원가구조, 수익률, 제품수명주기, 재무적 환경 등을 포함하는 개념이다. 또한 기업 활동의 환경이 경쟁적인지, 독점적 경쟁인지, 과점적 경쟁인지 등에 따라 노사관계는 영향을 받게 된다. 독점과 과점일 경우에는 사용자측이 유리한 반면, 경쟁적 환경인 경우에는 노동자에게 유리하다.

② 기술환경(technological contexts)

이는 생산과정에 관련된 환경요인으로서 경영관리의 형태, 근로자들이 형성하는 조직의 형태, 관리감독상의 제 문제, 노동력의 특성 등의 영향을 뜻하며, 구체적으로는 *a)* 생산물의 유형과 생산에 필요한 노동력의 규모 및 지역분포와 노동이동, *b)* 노동력의 숙련도와 교육수준, *c)* 노동력의 성별 및 연령별 구성, *d)* 기술의 노동집약성-자본집약성 여부, *e)* 고용기간과 이직률, *f)* 산업재해의 가능성, *g)* 교육훈련시스템 등을 포함한다.

③ 권력환경(power contexts)

던롭은 노사관계의 3주체간의 관계양상도 중요하지만, 노사관계의 본질은 보다 더 높은 차원, 즉 사회적 차원에서의 권력구조 및 권력관계의 영향을 받는다고 보았다. 구체적으로는 군부집단의 지배, 전통적 지배엘리트, 왕가, 독재자, 교회, 정당, 여론 등이 사회전체적인 차원에서 노사관계시스템에 영향력을 행사한다고 보았다.

4) 노사관계의 제도적 구조

① 규칙의 망

앞서 언급한 환경요인의 영향 하에서 노사정 주체들은 작업현장이나 노사관계에 관한 각종 (성문 또는 불문) 규칙(예: 단체협약문 등)을 제정하게 된다. 이러한 의사결정 및 교섭 방식을 규칙의 망(web of rules)이라 부르며, 이는 작업장 수준, 사업장 수준, 그리고 기업 전체 수준에서 규칙이 제정되는 절차, 규칙의 내용, 어떤 경우에 각 규칙을 적용할 것인가의 결정 절차 등을 포함한다. 노사간 상호작용의 결과는 사용자, 구성원, 노동조합, 그리고 사회 전체에 영향을 미친다.

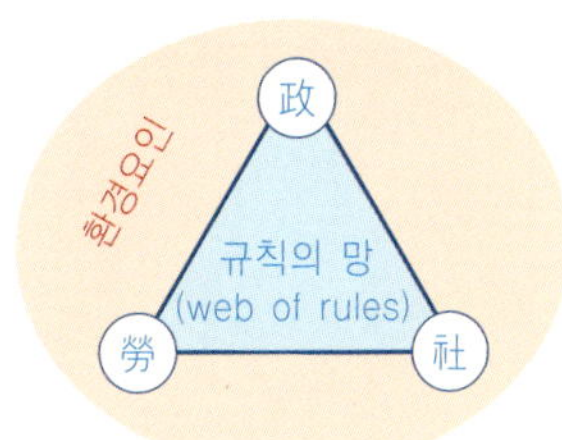

이들 규칙의 제정과 운용을 가능케 하는 방식으로 다음의 다섯 가지를 들 수 있다.

- 경영자층이 다른 두 주체(노동자와 정부)로부터 방해를 받지 않고 비교적 자유롭게 규칙을 제정하는 경우
- 특정의 정부기관이 노사양측의 참여없이 주도적인 역할을 하는 경우
- 각급 근로자(노동자)들이 여러 규칙제정에서 주도적인 역할을 수행하는 경우
- 정부의 별다른 간섭 없이 노사 양측이 공동으로 규칙을 제정하는 경우
- 3주체 모두가 규칙의 제정과 운용에 일정한 역할을 하는 경우

② 이데올로기

이데올로기(이념, ideology)는 노사관계시스템을 하나의 실체(entity)로서 종합하거나 결속하도록 돕는 것으로서, 각 주체의 역할과 위치를 정의해 주며 각 체계내에서 다른 주체의 위치와 기능에 대하여 각 주체가 지니는 인식을 정의해 주는 공통관념을 뜻한다. 노사 당사자들이 공통적 이데올로기를 가지지 못한다면 노사관계의 안정성을 담보할 수 없게 된다. 따라서 노사관계시스템이 전체로서 통합적 기능을 하기 위해서는 당사자 모두가 공유하는 이데올로기, 즉 사상과 신조가 있어야 한다.

5) 노사관계시스템 이론의 특징과 시사점

전략적 선택
환경에 순응하는 것이 아니라 환경을 고려한 주체적 의사결정을 수행하는 과정

첫째, 외부환경이 노사 당사자의 의사결정에 영향을 미치지만 고용관계의 내용과 구조를 결정하는 것은 시스템을 구성하는 **당사자(勞 · 社 · 政)의 전략적 선택**이라 할 수 있다. 즉 사용자, 노동조합, 구성원, 정부 등의 행위자들에 의해 이루어지는 주체적 선택이 고용관계의 핵심이라는 것이다. 예를 들어 과거의 관행 등은 기업의 고용전략에 일종의 제약요인으로 작용할 수 있지만, 가장 중요한 요인은 경영자의 선택일 수 있다. 초창기 던롭은 노사정 당사자의 협상력(bargaining power)에 초점을 두었으나 그의 이론을 계승한 코칸 · 카츠 · 맥커지에 의해 의사결정에서의 전략적 선택이 중요하게 부각되었다.

둘째, 고용관계의 분석수준을 세 수준(기업, 사업장, 작업장)으로 구분하였다. 과거 노사관계론에서는 사업장수준에서 노사간에 이루어지는 단체교섭이나 인사관리의 내용에만 논의의 초점을 국한하였으나, 던롭 모형에서는 기업수준에서 인사전략과 노동정책방향 수립, 사업장수준에서 인적자원관리와 단체교섭 및 쟁의조정, 작업장수준에서 단체협약의 준수 및 경영참가 등을 모두 노사관계시스템의 분석내용으로 포섭하였다.

6) 노사관계시스템 이론의 한계

던롭의 노사관계시스템 이론에서는 다양한 규칙들과 규범들이 어떻게 만들어지고, 왜 만들어지는지에 관한 설명이 부족하다. 또한 갈등과 변화, 즉 노사간에 발생하는 파업과 그에 따른 대규모 분쟁에 대한 설명이 미흡하다. 이러한 점에서 던롭 이론은 노사관계의 구조적 핵심을 안정성(stability)에 두었기 때문에 노사관계의 갈등(conflict)적 측면을 경시하였다는 비판을 받는다. 그리고 노사관계시스템을 경제시스템과 대등한 수준으로 취급하였는데, 그보다는 노사관계시스템은 경제시스템의 하위시스템으로 보는 것이 정확하다는 지적도 받는다.

제2절 고용노사관계의 역사

EMPLOYMENT AND INDUSTRIAL RELATIONS

1. 고용노사관계 역사의 개괄[9)]

일반적으로 고용노사관계는 다음의 역사적 단계로 구분할 수 있다.

1) 전제적 노사관계

자본주의 초창기인 19세기 중·후반의 노사관계는 명령과 복종의 원칙이 지배하던 주종관계와 유사했다. 관리자가 일방적으로 내리는 의사결정에 종업원은 따라야만 했으며 과학적 관리의 원칙에 입각하여 인간적 요소는 무시되었다. 하루 14~18시간의 중노동의 관행화로 인한 노동자 계층의 저항의식에 힘입어 노동조합이 결성되는 시기이다.

산업혁명 직후에는 장시간 노동 및 아동노동의 일반화라는 문제점이 드러났다.

2) 온정적 노사관계

자본주의가 점차 발전함에 따라 인간적이고도 가족주의적인 노동관행이 확산되기 시작하는 시기이다. 이 시기의 노사관계는 가부장적인 온정주의에 입각하여 한편에서는 관리자의 전제가 이루어지는 동시에 다른 한편으로는 종업원의 충성과 자주성을 이끌어내기 위한 다양한 노력이 전개되었다.

3) 근대적 노사관계(완화적 노사관계)

20세기 전반의 노사관계의 가장 큰 변화는 산별노조의 결성이라고 할 수 있다. 기존의 자본가-관리자 우위 질서에 큰 변화가 생기는 계기가 되었으며, 법에 의한 합리적 노동관행이 정착되었다. 그러나 여전히 기존의 가족주의적 전통이 잔존하고 있다는 점에서 합리주의와 온정주의가 혼재된 상태의 노사관계라 할 수 있다.

4) 민주적 노사관계

1930년 대공황 이후, 종업원을 대하는 경영진의 관점이 기존의 전제적·가부장적 관점에서 대등주의적 관점으로 전환되었다. 이 시기의 노사관계는 단체교섭의 활성화와 산업민주주의(노사가 산업관계에서 서로 평등하다고 보는 관점)의 정착으로 요약될 수 있으며, 근로생활의 질(QWL, quality of working life)이 강조되고 있다.

2. 한국 고용관계의 전개와 이슈

1) 한국 고용관계의 전개와 평가[10)]

① 고도성장기의 추격 전략

추격 전략
선진국으로부터 전수받은 기술과 낮은 인건비, 규모의 경제를 통해 성장을 추구하는 전략

지난 수십 년간 우리나라는 서구 선진국 혹은 일본 수준의 경제에 도달하기 위하여 노동력을 동원하고 자원을 대거 투입하며, 공장가동률을 높이기 위하여 장시간 노동을 마다하지 않았다. 여가시간보다는 임금소득을 올리는 것이 개인과 가정의 기본 행동방침이었으며, 모방할 해외 모델과 수입할 기술을 찾는 데 주력하였다. 시기별 차이점은 1987년 이전은 독재권력에 의한 병영적 통제와 재벌에 대한 통제 위주로 이러한 **추격 전략**(catch-up strategy)이 구사되었다는 점이라면, 1998년 이후는 재벌이 주도하면서 시장원리를 앞세운 추격과 국제경쟁력 확보 이데올로기가 확산되었다는 점이다. 1987년에서 1997년까지의 시기는 이 두 가지 원리가 병존했던 시기로 기록될 것이다.

② 포스트 1987 체제의 고용노사관계

사회경제와 개인들의 생활 패턴까지 좌우했던 추격 전략이 양극화와 모두의 피곤한 삶으로 귀결되었다면 이제는 새로운 행동과 경제사회의 패러다임을 창출할 필요가 있다. 그것은 탈추격(post catch-up)으로 요약되는 새로운 개념인데, 모방해야 할 대상을 놓고 '돌격 앞으로'를 외치는 것이 아니라, 현 단계 우리 공동체의 실력에 맞는 새로운 혁신 전략을 구상하는 것을 의미한다. 보다 창의적인 사회 구상이 필요하며, 공동체 중심의 행동원리들을 창출해 낼 것이 요구된다고 할 것이다. 그러한 점에서 생산 및 숙련 항목에서도 1987년 체제와는 달리 일터혁신과 기술혁신이 조화를 이룬 새로운 참여형 생산시스템의 모색이 필요하게 될 것이다.

노사관계 시스템의 주체 측면에서 보자면, 노동운동의 경우 1998년 이후의 신자유주의 공세에 대하여 허공(시장)에 주먹질을 한 꼴에 불과한 것은 아닌지 돌아볼 필요가 있다. 결국 파편화된 기업별 체제의 한계를 넘어서지 못하였는데, 포스트 1987 체제하에서는 연대의 원리를 어떻게 구현해 낼 것인가가 미래 노동운동의 활로를 좌우하게 될 것이다. 이는 한편으로는 대기업과 공기업 노조 등이 '이기주의자'라는 낙인을 벗어날 수 있는가, 그리하여 복지국가 건설의 중심 주체가 될 수 있을 것인가의 문제와 직결된다.

사용자의 경우 앞서 언급한 바와 같이 한편으로 국가의 도움을 받으면서 다른 한편으로는 자체적인 성과주의 임금체계와 아웃소싱, 노무컨설팅과 심지어 용역폭력 등에 힘입어 성공적으로 노동시장을 재편한 듯이 보이지만, 그만큼 사회적 요구와의 괴리가 커짐으로써 새로운 리스크를 안게 된 것에 주목할 필요가 있다. 결국 기업의 사회적 책임 차원은 물론이거니와 헌신하는 역량 있는 종업원을 확보하기 위해서도 새로운 포섭 전략을 구상할 필요가 있을 것이다.

노와 사의 이러한 주체적 변화와 더불어 단체교섭제도에서는 분명 산별교섭제도가 새롭게 자리매김할 필요가 있다. 다만, 서구식 산별교섭 제도가 단시일 내에 도입되기 어렵다는 점은 과거 10여 년의 경험을 통해 분명해졌기 때문에 '다원적 산별교섭 제도'를 구상할 필요가 있다. 다원적 산별교섭이란 이미 병원산업의 특성별 교섭이나, 금융 산별 교섭의 은행권과 비은행권, 공공은행과 민간은행의 구분 등에서 보이듯이 세분화된 접근을 통하여 산별의 의의를 살리면서도 현장에 기반한 교섭의제와 타결지점을 모색한다는 것을 의미한다. 아울러 사회적 대화 측면에서도 노사간의 실질적 대화 진전과 중앙에서 지역, 업종에 이르는 중층적 구조를 구축할 필요가 있다. 이러한 노력을 통하여 여러 연구자들이 주장하는 분권화된 조정

(decentralized coordination) 모델을 실현하기 위한 사회적 장치들을 마련해 나갈 것이 요구된다고 할 것이다.

[표 1-2] 노사관계 시스템의 주체와 제도 변화

	1987년 이전 체제	1987년 체제		Post 1987 체제
	(역사적 평가)	1기(1987~97)	2기(1998~2012)	(당위/목표)
노조 기본 특성	강제된 기업별 노조	노동운동의 폭발적 성장과 정체	시장에 대한 공허한 투쟁, 제한적 정치적 성장	노동의 위상 회복, 연대의 원리 실천
노동운동 전략과 조직	제도권 내 하위 파트너/지하운동	기업단위 조직과 교섭을 통한 분배 확충	산별 조직 확대/산별 교섭 전략은 제한적	초기업단위 노조의 발전과 정치사회적 지지 확보
노조에 대한 사회의 인식	선성장 후분배의 걸림돌, (잠재적) 빨갱이	노동권 확대의 선도자	집단 이기주의의 상징	복지국가 건설의 주요 주체
사용자의 대 노조 전략	공권력 의존	사업장 내 타협질서 구축	각개전투 통한 노조약화 전략	파트너십 전략, 사용자 간 조율 강화
인사노무관리의 기본 방침	억압적 노무관리 + 온정주의	내부노동시장 발달, 성과주의 도입	성과주의 확대, 내부노동시장 축소와 외주화	종업원 포섭 강화, CSR 확충
단체교섭 제도	제한적 교섭권	기업별 교섭의 발달	기업별 교섭의 안정화, 산별 교섭의 시도와 정체	다원적 산별 교섭과 기업별 조정 발전
사회적 협의	국가주도 일원주의	사회적 협의 맹아기	노사정위원회의 정립과 형식화	실질적 대화의 진전, 중층적 대화구조 구축
노사갈등 양태	극소수 공식 파업, 갈등의 봉쇄	갈등의 폭발과 게임규칙의 정립	제도권 내 안정, 법외노조, 비정규직 중심 극한 투쟁	갈등 사전조정 위한 사회적 인프라 확충

출처 : 조성재 등(2013), p.262.

2) 노동수요와 노동공급 측면의 주요 이슈[11]

① 노동공급의 측면

노동력 구조의 변화에서 우선 예측되는 것은 인구 증가율의 둔화와 고령화이며, 이에 따라서 노동력 구조의 고령화 및 청년층 노동력의 감소 등이 예상된다. 통계청이 발표한 장래인구추계자료에 의하면 2050년의 한국 인구는 지금보다 줄어든 4,812만여 명으로 이 때의 인구성장률은 −0.76%로 예상된다. 또한 65세 이상 인구비중은 2001년 7.6%, 2015년 13.1% 등 꾸준히 증가하여 2018년 현재 14%를 넘어 고령사회로 진입한 후 2020년 15.6%, 2030년 24.3%, 2050년 37.4%, 2060년 41%로 급격하게 고령인력이 증가할 것으로 전망된다. 저출생과 고령화로 인하여 부족한 노동력 공급을 충족시키기 위해 장애인, 외국인, 고령층 및 여성의 경제활동 참가율이 불가피하게 증가할 것으로 전망된다.

우리나라의 고령화 속도는 세계 최고 수준이다. 따라서 임금피크제나 퇴직연금제 등의 대응 전략이 필요하다.

이러한 인구구조의 변화는 연금 및 기금의 고갈속도와 노인빈곤률의 증가를 야기할 뿐만 아니라 전반적인 경제의 활력을 떨어뜨려 국가의 미래를 암울하게 한다. 따라서 향후 저출생과 고령화 사회에 대비하고 이를 극복하는 다양한 노력 등이 요구될 것이다. 저출생 트렌드를 극복하기 위해서는 노사정이 결혼과 출산 및 육아에 긍정적인 조직분위기와 각종 제도를 마련하는 한편 모성 보호, 일과 가정의 양립 등을 지원하기 위한 노력을 경주해야 하며, 고령화로 인한 노인 빈곤과 연금 고갈 및 사회적 부담 현상을 해결하기 위한 다양한 방법을 모색해야 할 것이다.

② 노동수요의 측면

노동력의 수요 측면에서 보면 글로벌 경쟁으로 인한 환경불확실성이 증가함에 따라 지식노동자에 대한 수요가 증대되고, 서비스 분야에의 취업비중이 높아지고 있으며, 비정규직 등의 유연노동형태가 등장 및 확산하고 있다. 산업별 취업구조 전망을 보면, 대부분의 선진국과 마찬가지로 건설 및 농림어업(1차 산업) 종사자 및 제조업종(2차 산업)의 종사자 비중은 지속적으로 감소하는 한편, 서비스업종 종사자의 비중은 지속적으로 늘어나고 있다. 또한 기업을 둘러싸고 있는 환경의 불확실성이 날로 증가함에 따라 기업들은 비용 절감과 환경적 적응성, 고용유연성 등을 추구하는 경향이 높아졌다. 이는 비정규직 등 다양한 고용형태의 출현을 가속화하였고 이러한 다양한 노동형태에 대한 기업의 의존도를 향후에도 지속시킬 것으로 전망된다.

인력 수요 측면에서의 변화는 향후 노동자들에게는 고용의 불안요인으로 작용할 수 있고, 고용형태에 따른 급여 및 근로조건 차별대우 등 다양한 불만을 야기할 수 있어 새로운 갈등의 불씨가 되고 있다.

[그림 1-3] 산업구조의 고도화

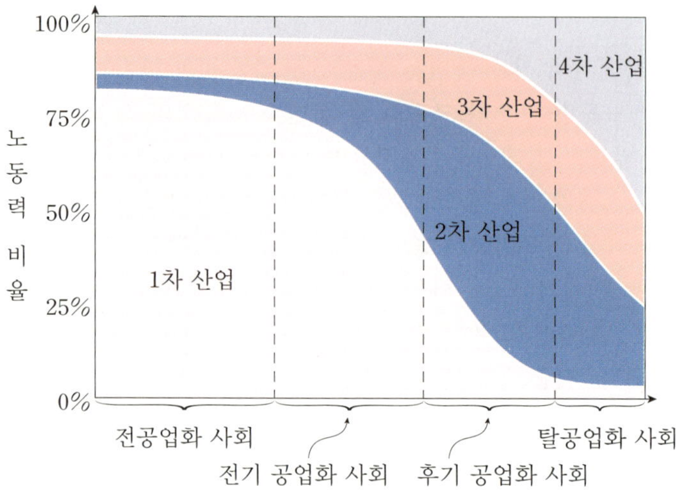

제3절 변화하는 고용노사관계

EMPLOYMENT AND INDUSTRIAL RELATIONS

1. 근로생활의 질[12)]

1) 의의와 중요성

근로생활의 질
= 작업생활의 질
= 노동생활의 인간화

근로생활의 질(QWL, quality of working life)이란 공정한 보상과 작업환경의 개선, 그리고 직장과 사회생활의 조화를 꾀하여 구성원의 인간적 존엄성을 확보하는 것이다. 이를 통해 조직효과성의 제고와 구성원의 자발적 경영참여를 꾀할 수 있다.

2) 등장배경

오늘날 산업화의 진전으로 생산성이 향상되었지만 다른 한편으로는 기술진보와 경제성장에만 집착한 결과 인간소외, 종업원 욕구구조의 변화 등

많은 변화가 야기되어 자아상실을 느끼는 종업원이 늘어났다. 이에 대한 반작용으로 근로생활 터전에서의 인간성 회복 움직임이 나타났다.

① 인간소외 극복

1950년대 트리스트(Trist)가 주도한 타비스톡(Tavistock) 연구소의 연구활동을 통해 작업조직의 개선에 관한 사회기술시스템이론이 등장하게 된다. 이 이론의 핵심은 기술이 근로자의 신체적 · 심리적 특성에 맞게 개발되어야 한다는 것이다. 그 영향으로 1960년대부터 유럽에서는 열악한 노동환경이 인간에게 주는 피해에 대한 사회적 관심이 고조되기 시작했다. 그 결과 분업화와 전문화로 인한 인간소외를 극복하기 위하여 노동의 질적 측면을 개선하려는 움직임이 일기 시작했다. 그 구체적 내용은 종업원이 누리는 부와 교육수준의 개선, 그리고 가정과 사회에서의 인간다운 삶에 대한 욕구로 나타난다.

열악한 노동환경

② 생산성 향상

종업원의 만족은 기업의 생산성, 나아가 이윤창출과도 밀접한 관련이 있다. 분업과 기계화로 인한 생산성 향상이 어느 정도 한계에 다다를 즈음 구성원의 근로생활의 질 향상을 통하여 생산성을 높여보려는 사용자들의 의도가 QWL 개념을 강조하게 된 또 하나의 배경이 된 것이다.

③ 종업원 욕구구조의 변화

과거에는 일하는 이유가 주로 경제적인 보상에 있었다. 그러나 오늘날에는 경제적 보상이 작더라도 자아개발과 직장의 분위기 때문에 회사에 나오려는 사람들이 많아졌다. 즉 종업원의 욕구구조가 경제적 측면에서 인간적인 상위욕구로 변화한 것이다.

3) QWL의 구성요소

월튼(Walton)에 따르면 근로생활의 질을 구성하는 요소는 일반적으로 다음과 같다[13].

① 보상과 처우의 공정성

좋은 일이란 근로자 개인과 그의 부양가족의 기본적 욕구를 충족시켜 주는 것이어야 한다. 여기서 핵심이 되는 것이 바로 보상이며, 인간답게 살 수 있는 기본적인 물질적 삶을 누리기 위해서는 적절하고 공정한 보상이 필요하다.

② 안전하고 건강한 작업조건과 직장 분위기

사람다운 삶의 요건 중 하나는 일하는 사람의 건강과 관련된 것이다. 삶의 질의 물질적 측면에서 건강한 삶을 누릴 수 있는 바탕이 마련되려면 충분한 소득이 있어야 하지만, 일하는 사람의 입장에서는 근무환경과 근로조건에서 오는 건강상의 문제가 최대한 고려되어야 한다.

③ 능력개발 및 능력을 발휘할 수 있는 기회

근로자 각자는 스스로의 능력, 기능, 지식, 창의력, 상상력 등을 마음껏 발휘할 수 있는 기회를 부여받아야 한다. 이를 위해서는 복합적 기술을 요하는 작업, 정보의 제공, 전반적인 직무내용의 조망, 계획에의 권한 등이 주어질 필요가 있다. 이를 통해 근로자는 일에 대한 만족과 조직에 대한 몰입을 넘어서 한 인간으로서 자아실현의 기회를 보장받을 수 있다.

사회적으로 바람직한 직무란 나의 일이 공동체에 도움이 되는 일이라는 뜻이다.

④ 매력적이고 사회적으로도 바람직한 직무

직무는 그 자체로 매력적인 동시에 사회적으로도 바람직해야 한다. 이는 곧 직무수행의 과정이 개인적 효용과 사회적 효용을 동시에 가져야 한다는 의미이다.

⑤ 고용 보장 및 성장가능성 보장

근로자는 직장생활을 통해 스스로의 능력신장, 새로운 지식과 기술을 얻을 수 있는 기회, 승진을 통한 자아실현, 안정적인 수익 등을 기대하게 된다. 좋은 직장이란 이러한 복합적 측면의 욕구(needs)를 충족시켜 주는 곳이 된다.

⑥ 직업생활과 사생활의 조화

직장생활, 즉 근로시간은 하루의 총 가용시간에서 비근로시간을 제외한 나머지 시간이 된다. 따라서 직장에서 보내는 시간이 길어질수록 비근로시간, 특히 가정에서 보내는 시간의 비중이 줄게 된다. 종업원의 직장만족도와 노동력의 재충전을 위해서는 직업생활시간과 개인생활시간의 균형, 즉 work-life balance가 필요하게 된다.

4) QWL 향상 프로그램

① 개인 차원

개인 차원의 QWL 향상 방안으로는 직무재설계를 통한 직무확대 및 직무충실화와 근로시간의 탄력적이고 유연적인 조정, 그리고 종업원 고충처

[표 1-3] **전통적인 직무설계와 QWL 직무설계의 비교**[14)]

전통적 직무설계	QWL 직무설계
• 개인의 작업내용을 명확히 하는 원칙 – 기술의 전문화 – 필요기술의 최소화 – 근로자의 훈련시간 최소화 – 모든 작업부하의 균등화 – 근로자에 대한 만족 제공 – 노조 요구에의 적합성 • 개인 작업을 특정 직무에 결합시키는 원칙 – 직무중의 작업의 수 및 다양성을 제한할 것 – 반복 작업을 최대한으로 할 것 – 훈련 시간을 최소한으로 할 것	• 작업사이클(공정주기)의 연장을 통한 단조로움의 극복 • 보조 작업의 통합을 통한 기술다양성(skill variety) 실현 • 책임과 권한을 작업자에게 위양하여 자율작업집단 형성 • 직무순환(1시간이나 반나절 등 일정한 주기로 직무 전환) • 작업조직 내에서의 직무전환(다기능 습득을 통한 기능적 유연성 달성) • 매트릭스 조직의 형성 • 공장 내 공장(작업 셀, production cell)의 형성(독립된 공장처럼 운영되는 독자적 생산조직)의 활성화
1인 1직무 원칙(one-man, one-job)	1팀 1직무 원칙(one-team, one-job)

출처 : Davis & Taylor(1977). 수정인용

리제도 등이 있다.

② 집단 차원

집단 차원의 QWL 향상 방안으로는 품질관리조의 활성화, **자율적 작업팀**의 형성, 참여적 리더십의 발휘 등을 들 수 있다.

자율적 작업팀
= 준자율적 작업집단

③ 조직 차원

조직 차원의 QWL 향상 방안으로는 보상의 공정성 강화와 경영참가제도의 도입, 탄력적 복지후생제도의 운영과 종업원에 대한 고용안정 보장, 그리고 직장과 가정 생활의 조화(work-life balance) 등을 생각해 볼 수 있다.

5) QWL 프로그램의 실행절차[15)]

QWL 활동을 실행하는 과정에서는 3S, 즉 정신(spirit), 구조(structure), 연구(study)의 세 관점이 필요하다. 이는 곧 적대감이나 저항이 아닌 공평과 민주성 및 각 주체에 대한 존중의 정신과, 노사간에 협조관계를 제도적으

로 정착시킬 수 있는 조직구조와 의사결정과정, 그리고 근로자의 인간적 및 사회적 측면을 이해하기 위한 연구와 학습을 의미한다. 이하에서는 이상의 관점을 적용하여 QWL을 정착시키는 조직내 프로그램의 진행절차를 살펴본다.

① 제1단계 : 최초 교육과 위원회 구성

노사 양측에서 QWL 활동을 이끌어갈 사람들을 대상으로 사전교육을 실시하고, 이후에는 최고경영층과 노조지도자들로 구성되는 QWL 위원회를 구성한다. 이 과정에서는 향후의 정책추진에 필요한 원칙들을 정리하게 된다.

② 제2단계 : 정보수집과 계획

질문지 작성시에는 항목과 척도의 설정, 그리고 조사결과의 분석과 진단 등에 있어 QWL 위원회 참가자들의 의견이 충분히 반영되어야 한다.

위원회에서는 본격적 활동에 앞서 관찰이나 면접 및 **질문지** 등의 방법을 활용하여 정보수집에 착수한다. 관찰과 면접이 일차적으로 실시되고, 이 결과를 확정하기 위해 질문지를 사용한다. 설문조사의 결과를 바탕으로 기업 전체의 QWL 활동 실시방안을 확정한다.

③ 제3단계 : 현장위원회 구성

QWL 활동을 전사적으로 한꺼번에 실시하게 되면 예상치 못한 문제점이 발생할 수 있다. 그 대표적 사례가 현장근로자와 관리자들의 심리적 저항감이다. 자신들에게 불리한 정책이 추진될 우려를 느끼기 때문이다. 이를 방지하기 위해 기업의 각 부문별로 세심한 작업이 진행되어야 한다. 대개 QWL 프로그램을 실시하기가 가장 용이한 곳을 선정하고 현장위원회를 구성하는데, 여기에는 부서장이나 관리자, 근로자대표, 노조대표 등이 참여한다. 현장위원회에서 QWL 활동을 계획하고 실시한다.

④ 제4단계 : 세부계획 작성 및 실시

QWL 위원회에서는 관리자와 근로자들 중 지원자를 대상으로 현장, 공장, 부서별 위원회를 구성한다. 여기서 각 위원회별로 실시해야 할 QWL 활동의 원칙들을 정하고, 이후 각 집단별로 자기 집단에 적정한 활동계획을 작성하여 위원회 승인 후 이를 실시한다.

⑤ 제5단계 : 의미해석 및 홍보

현장위원회의 시험적인 실시가 근로자 및 경영자에게 어떤 의미를 주는가에 대해 판단한다. 여기서 파악된 내용에 따라서 다음의 행동계획을 또 작성하게 된다. 한편 시험집단에서의 QWL 활동진행을 기업내 다른 집단

구성원에게도 홍보하고 이 활동의 지원자 내지는 지원집단에 확산시켜 나간다. 이러한 과정을 거쳐서 기업 전체에 QWL 활동이 확산되도록 한다.

6) QWL 향상의 효과

근로생활의 질이 향상되면 종업원의 직무만족이 향상되고 스트레스가 줄어들며(개인적 효과), 조직생산성이 향상되고 종업원의 조직충성심이 고양되며 종업원들의 결근과 이직이 감소되어 잦은 인력 유동으로 인한 종업원 교육 및 개발비용을 줄일 수 있다(조직적 효과). 이는 사회적 차원에서의 국가생산성 향상과 더불어 국민의 삶의 질 증진이라는 결과로 이어질 수 있다(국가사회적 효과).

2. 고용노사관계를 바라보는 시각[16)]

노사간 협력이 이루어지는 원리를 경제학적인 시각에서 '파이 굽기와 나누기(baking and dividing pies)' 라는 비유를 활용하여 설명할 수 있다[17)]. 노동자와 사용자는 고용관계를 통해 각자의 경제적 효용(보상, 이윤 등을 포함)이 가지는 절대적 크기를 극대화하려는 공통의 이해관계를 가지고 있다. 고용관계가 형성된 특정한 하나의 시점에서 이룩된 효용의 크기는 노동자와 사용자 측에 배분되며, 각 당사자는 자신의 이익을 최대화하려 한다는 것이다. 이 때 이룩된 효용을 **절대효용**(absolute utility)이라 한다.

절대효용
현 시점에서 내가 나누어 가질 수 있는 이익

그러나 공동의 이해를 극대화하는 과정에서 양 당사자간에는 이해관계의 충돌이 발생하게 된다. 단적인 예를 들어 종업원측이 수령하는 임금액수가 커질수록 사용자가 누리게 될 이윤의 규모는 감소하게 된다. 반대로 같은 조건 하에서 사용자측이 누리는 이윤액이 증가할수록 종업원이 수령할 임금의 크기는 줄어들 가능성이 있다. 따라서 노동자와 사용자측은 자신의 이익을 키우기 위해 상대방을 제압하려 할 것이며 그 결과 **상대적 힘**(relative power)이 더 강한 쪽이 더 큰 파이를 나누어 가지게 된다. 상대방보다 작은 파이를 가진 쪽은 다음번 협상에서 손해를 벌충하기 위해 더욱 강경한 협상태도를 고수할 가능성이 크다. 노사 양측이 상대적 힘의 크기 확대에만 급급하여 절대효용 극대화를 위해 과도한 갈등을 야기할 경우 양 당사자 모두 얻는 것이 없게 된다.

상대적 힘
상대방에 대항하여 내가 가지는 힘

그렇다면 이러한 이해충돌을 어떻게 줄일 수 있을까? 그 해답은 노사 쌍방이 각자의 절대효용이 아닌 **총효용**(total utility)에 초점을 맞추게 하는 것이다. 여기서 총효용이란 고용관계를 통해 도출되는 효용의 총 합이며, 고정

총효용
고용관계를 통해 도출되는 효용의 총 합계

[그림 1-4] **절대효용과 총효용의 개념도**

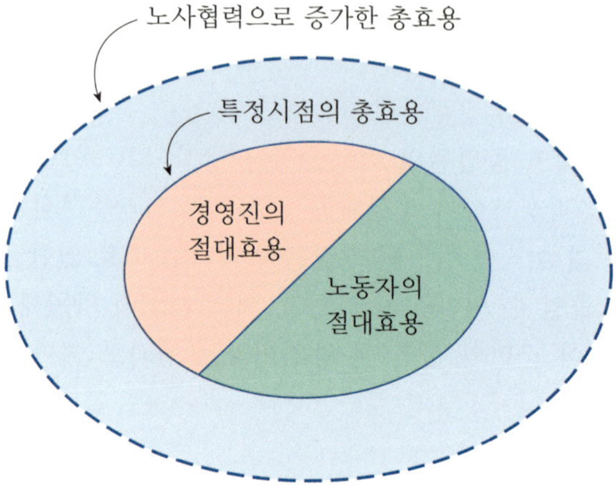

출처 : 김동원 등(2016), 수정인용

된 값이 아니라 노사간 협력의 정도에 따라 그 크기가 달라지는 변합(variable-sum)이다. 고용관계에서의 변합은 노사의 상대적 힘에 의한 함수가 아니라 노사의 조직적 힘(collective power)에 의한 함수가 된다. 따라서 기업의 총효용은 노사간 협조를 통하여 갈등을 생산적으로 해결하려는 정도에 따라 달라질 수 있다.

3. 고용의 질과 좋은 일자리[18]

1) '좋은 일자리'에 대한 관심이 증가하는 배경

고용의 질에 대한 관심은 비단 OECD 회원국들 같은 개발국가들뿐만 아니라 경제수준이 낮은 국가에서도 촉구되는데 이는 인간다운 노동의 조건 확립이라는 차원에서 노동의 질과 근로기준을 보호하기 위한 것이다.

최근 노동관련 국제기구나 학계에서 주요 논의의 주제가 되고 있는 '노동과 고용의 질'은, 고용의 양적 측면에서의 실업 감소라는 기존 이슈에 더해서, 고용의 질적 측면에 대한 정책적 관심이 높아진 것을 반영하고 있다. 노동의 분절과 고용의 위기라는 새로운 사회적 위험을 가져올 수 있는 세계화와 지식경제화가 본격적으로 진행될 21세기 노동정책의 과제는 무조건적인 일자리의 증가가 아니라 양질의 일자리 창출과 유지에 있다고 볼 수 있으며, 이는 국제노동기구(ILO)에서 사용하는 '**좋은 일자리**(Decent Work)'의 개념과 관련이 있다. 대부분의 사람들은 일생의 상당 부분을 임금근로자로서 일을 하게 되고, 이를 통해 생계를 이어갈 뿐 아니라 정체성을 찾고 자아를 성취하게 된다. 하지만 현대 산업사회를 살고 있는 다수의 노동자들은 다양한 측면에서 자신의 근로생애에 대해 불만스레 이야기하며 자신의 일에 대한 압박과 통제가 점점 더 강도를 더해 간다고 말하고 있다. 경제적으로는 점점 더 풍요로워지는 환경에 살고 있어도 직업, 즉 노동과 고용의 질에 대해서는 부족함을 느끼고 있는 것이다. 이러한 측면에서 'Decent Work' 이라는 정책개념은 경제개발의 단계 고하를 막론하고 종합적이고 보편적인 관점에서 거시 혹은 미시수준에서의 노동의 조건을 향상시키기 위한 국제적인 관심과 노력으로 볼 수 있다.

2) '좋은 일자리' 의 개념과 측정

보다 전면적이고 직접적으로 고용의 질을 측정하고자 하는 노력은 ILO에서 처음 이루어졌다. 1999년 ILO에서는 "남녀노소에 관계없이 모든 사람들이 자유, 평등, 안전, 인권이라는 보편적 조건하에서 보다 온전하고 생산적인 일을 할 수 있는 기회를 촉진"하는 것을 목표로 'Decent Work' 라는 이름 아래 노동의 질을 측정하는 지표를 개발하였다.

좋은 일자리는 다음의 네 개념을 포함한다. 첫째, 일자리의 창출이다. 즉 투자와 기업가정신 그리고 숙련개발 등의 기회를 포함한다. 둘째, 일터에서의 권리보장이다. 장애인이나 여성 등을 포함한 모든 근로자들이 자신의 이해관계를 대변할 수 있는 대표제도나 참여제도가 구비되어야 한다. 셋째, 사회적 보호(social protection)를 확보하는 것이다. 안전한 일터, 충분한 휴식과 자유시간, 가정과 사회가치의 보호, 실직에 대비한 보상, 충분한 건강의료보험 등이 포함된다. 넷째, 사회적 대화(social dialogue)이다. 근로자가 중심이 되는 강하고 독립적인 조직(노동조합 등)을 통해 생산성의 향상을 추구할 수 있으며, 일터에서의 갈등을 피하고 통합된 사회를 구축할 수 있다는 점을 강조한다.

3) 개인차원에서의 좋은 일자리

앞서 살펴본 ILO의 Decent work 관련 지표들은 국가나 기업차원의 측정지표들이 혼재되어 있는 측면이 있다. 개인차원의 좋은 일자리는 구성 요인들을 ① 직무/직업 특성, ② 고용안정, ③ 발전 가능성, ④ 보상, ⑤ 근무조건, ⑥ 관계라는 6가지 범주로 정리할 수 있다.

① 직무/직업 특성

주관적인 성향이 강하기 때문에 직무의 특성은 측정하기 어렵다는 문제를 갖고 있지만, 작업자를 만족시킬 수 있는 근본적인 요인은 그 직무의

[표 1-4] ILO의 좋은 일자리(decent work) 관련 측정지표

구분	측정지표
적당한 수입과 생산적 노동	① 빈곤근로자 비율 ② 시간임금 중간값의 2/3 이하 근로자의 비율
적절한(decent) 노동시간	① 장시간 노동 비율 ② 시간관련 과소고용 비율
고용안정성	① 재직기간이 1년 미만인 임금노동자 비율 ② 임시 임금노동자 비율
일과 가정의 양립	의무교육 연령 이하의 아동을 가진 여성들의 취업률
고용평등	① 성별 직종 분화 : 80% 이상의 근로자가 한쪽 성에 치우친 직종 ② 경영 행정 직종에서 여성이 차지하는 비율
안전한 작업환경	① 치명적 부상 빈도 ② 산업재해보험 적용을 받는 임금근로자 비율
사회적 보호	① 연금 수혜자 비율(65세 이상) ② 연금 가입자 비율(경제활동인구 대비) ③ 평균 연금액(중간 또는 최소 수입 대비)
사회적 대화	① 노조가입률과 사용자단체에 소속된 기업의 비율 ② 단체임금협약 적용률 ③ 파업과 직장폐쇄 빈도

출처 : 이영면(2018), p.29, 수정인용

자율성, 권한 그리고 독립성이다. 어떤 근로자가 지시받는 것만 기계적으로 수행하는 것이 아니라, 일을 하는 과정에서 의사결정을 할 수 있는 권한과 자율성이 있다면 그 사람은 그렇지 않은 사람보다 직무만족을 할 가능성이 높다고 가정할 수 있다. 자신이 하는 일 자체에 대한 만족은 개인 측면에서 좋은 일자리가 되기 위해 꼭 필요한 요건이며, 회사 측면에서는 생산성과 몰입도, 충성심을 높이기 위해 필요하다.

② 고용안정

자신의 일자리를 잃는다는 것은 대부분의 사람에게 심각한 사건이므로 일자리의 안정성이 좋은 일자리의 중요한 측면이라는 것은 분명하다. 일자리를 잃는 것은 급여가 없어진다는 것 이상의 경제적 손실을 의미한다. 새로운 일자리를 찾는다 하더라도 이전의 일자리에서 익히고 배웠던 기술과 지식이 덜 중요해질 수 있고, 기존에 형성하였던 사람들과의 인간관계가

약해질 수 있다. 따라서 고용안정은 직업선택이나 직무만족의 결정요인으로 빈번하게 언급되는 항목이다.

한국노동패널(KLIPS) 조사 결과에 따르면, 좋은 일자리의 1순위 조건으로 안정적인 일자리가 47.1%를 차지하는 것으로 나타날 만큼 우리나라에서는 고용안정이 좋은 직업에서 차지하는 비중이 매우 크다. 1990년대 후반 IMF 경제위기를 경험하면서 많은 기업에서 구조조정과 대규모 인력조정이 발생했던 것과 무관하지 않다. 이를 통해 최근의 공무원 시험 붐이 이는 현상을 설명할 수 있다.

③ 발전 가능성

발전 가능성은 직무만족 이론에서 매우 오래 전부터 중요한 동기요인으로 고려되어 왔다. 허쯔버그(Herzberg)는 이른바 2요인 이론에서 직무만족과 직무불만족을 별개의 차원으로 구분한 바 있다. 그는 직무불만족을 억제하는 위생요인(hygiene factor)들로 급여, 기술적 감독, 인간관계, 근무조건, 임금과 안정적 고용을 제시하고 있으며, 직무만족을 증대시킬 수 있는 동기요인으로 성취감, 인정, 직무 자체가 주는 흥미, 책임감, 직무의 도전성 외에 성장가능성과 발전성(승진)을 중요한 요소로 제시하고 있다.

④ 보상

대부분의 사람에게 일을 하는 가장 큰 이유는 생계에 필요한 경제적 수입원을 얻기 위한 것이다. 일을 통해 경제적 목적을 잘 충족한다는 것은 지금 하고 있는 일에 대한 만족도와 높은 관련성이 있다. 금전적 보상은 급여와 부가급여를 포괄하는 것이다.

⑤ 근무조건

근무조건은 크게 근무시간과 근무환경으로 구분해 볼 수 있다. 근무시간은 주로 직업선택의 요인으로, 근무환경은 직무만족의 결정요인으로 언급되고 있다. 과도한 근무시간이나 비정형적인 근무시간은 신체적·정신적 건강에 이롭지 못하며 일과 가정생활 간의 양립을 방해할 수 있다. 한편 근무환경은 직무만족의 결정요인으로 종종 언급되고 있는데 특히 업무과부하(workload)는 근무조직 내부에서의 업무수행뿐만 아니라 외부활동에도 지장을 초래하여 스트레스를 유발하는 것으로 알려져 있다

⑥ 관계

직업 종사자들은 사람들과의 관계 속에서 일을 한다. 선행 연구들은 대체로 두 가지 측면에서 관계의 문제를 제기하고 있다. 첫 번째는 일을 하는 과정에서 만나는 사람들 간의 인간관계이다. 상사와의 인간관계, 동료와의 인간관계, 고객과의 인간관계 등은 오래 전부터 직무만족에 영향을 미치는 요인으로 고려되었다. 두 번째는 사람들 간의 관계를 규정하는 제도적 측면이다. 자신의 주장을 표현할 수 있는 의사소통 통로가 존재하는지 여부는 인간관계와는 다른 측면을 규정한다. 노동조합은 이를 표현하는 대표적인 제도인데, 직무만족의 결정요인에 대한 연구들은 노동조합 유무

가 직무에 영향을 미친다고 지적하고 있다. 노동조합 이외에 다양한 형태의 의사소통 통로들이 조직 내에 존재할 수 있다. 노동자 대표와 고용주 대표가 공동으로 참여하는 노사협의회나 고용주 대표와 직원이 함께하는 모임, 직장생활의 애로사항이나 고충을 청원할 수 있는 핫라인, 신문고 등의 통로, 제안방 등 회사 전반에 대해 공식적으로 의견을 제안할 수 있는 제도 등이 이에 해당한다.

4. 제4차 산업혁명과 고용노사관계[19)]

1) 제4차 산업혁명의 의의

슈밥(Schwab, K.)

2016년 1월 세계경제포럼(World Economic Forum : WEF)에서 **클라우스 슈밥**(Klaus Schwab) **회장**이 '4차 산업혁명'이라는 개념을 처음 언급했다. 이후 한국 사회에서는 4차 산업혁명과 그것이 우리 사회 각계에 미칠 영향에 대한 논의가 활발히 이루어지고 있다.

4차 산업혁명에 대해서는 학자마다 조금씩 다르게 정의하는 경향이 있다. 그러나 다양한 논의들의 핵심을 요약해보자면 대체로 초연결(Hyperconnectivity)과 초지능(Superintelligence)이 그 논의의 중심에 있다고 할 수 있다. 초연결은 사람과 사람, 사람과 사물, 사물과 사물이 서로 긴밀하게 연결된 상황을 일컬으며, 초지능은 말 그대로 인간의 지능을 훨씬 초월한 지능을 가리킨다. 4차 산업혁명에서는 기계학습(Machine learning)으로 가능케 된 인공지능(Artificial intelligence : AI), 사물인터넷(Internet of things : IoT), 가상세계와 물리세계를 통합하는 사이버물리시스템(Cyber-physical system : CPS), 수많은 컴퓨터를 연결시키는 클라우드 컴퓨팅 등의 지능정보기술이 기존 산업과 서비스에 연결되고 융합된다. 4차 산업혁명에서는 세상의 모든 것이 인터넷으로 연결되고 인간과 사물의 데이터가 수집·축적·활용되며, 생산기기와 생산품 간 상호 소통체계를 구축하게 된다.

2) 제4차 산업혁명과 인사관리

① 채용 측면

채용과 관련해 인재경영의 중요성이 더욱 증대됨에 따라 전문능력을 겸비한 글로벌 핵심인재를 안정적으로 확보할 수 있어야 할 것이다. 생산의 자동화로 인해 엔지니어가 보유한 높은 수준의 기술적 능력에 대한 수요가 일선 조립라인에서까지도 증가할 것으로 예상된다. 또한 4차 산업혁명 시대의 채용은 창의성과 학습능력 중심의 채용이 되어야 할 것이다. 생산 자동화로 인해 기계전자시스템 관리와 개발에 요구되는 창의력, 비판적 사고, 타인과의 협업 능력, 문제 해결력, 자동화를 다루는 능력 등이 중요해질 것이다.

경력직/개방형 채용 증가도 충분이 예상할 수 있는 부분이다. 로봇 제어 기술이나 인공지능, 사물인터넷 등의 기술 등은 **기업 특수적인 기술**(Firm-specific skills)이기보다는 산업 보편성이 강조되는 시장 지향적인 기술(general skills)이다. 이로 인해 기업 간의 인력 이동이 더욱 빈번해질 것으로 전망된다. 또한 프로젝트 기반의 업무 형태가 확산되면서 단기계약직 채용도 활발해질 것으로 보인다.

기업 특수적인 기술
다른 기업에서는 사용되기 어렵고 특정 기업에서만 활용가치가 높은 기술을 의미함.

② 배치전환의 측면

배치 및 이동과 관련해서는 전환배치 필요성이 증가될 것이다. 생산의 자동화가 진척되면서 단순 반복적 업무를 수행하는 인력의 필요성은 축소될 것이다. 이에 따라 기존의 유휴인력은 다른 직무로 전환배치 해야 할 필요성이 증가할 것이다. 따라서 적재적소에 배치 및 이동시키는 능력의 중요성 역시 증대될 것이다. 소수의 핵심 인력이 대규모의 생산시스템을 관리하게 되기 때문에 핵심 인력을 효율적으로 성과를 낼 수 있도록 적재적소에 배치해야 할 것이다. 결과적으로 조직과 업무가 점차 자동화됨에 따라 자동화되는 조직을 이끌고, 관리하고, 스태핑(Staffing)을 할 수 있는 능력 자체가 기업의 중요한 차별화 전략이 될 것이다.

③ 평가와 보상의 측면

평가보상제도와 관련해서는 앞으로는 보다 개별화되고 정교한 평가 및 보상제도가 요구된다. 자동화를 위한 복잡한 기술 시스템의 유지를 위해서는 엔지니어 및 IT 인력의 분석력, 문제 해결력, 학습능력 등과 같은 종합적 사고력이 요구된다. 이 중 정량적으로 평가하기 힘든 영역에서는 정성적인 평가가 확대될 것으로 예상된다. 또한 4차 산업혁명이 불러일으키는 새로운 기술과 능력에 대한 평가는 평가를 위한 축적된 데이터가 없기 때문에 상대평가보다는 절대평가의 비중이 증대될 것이다. 협업성이 향상된 자동화 시스템 속에서는 인력 간의 협업이 생산성 향상을 위해 중요하기 때문에 동료 간 상호 평가도 증가할 것으로 예상된다.

개별 평가제도의 확산으로 개별적 보상제도 또한 더욱 광범위해질 것이다. 생산의 디지털화로 인해 생산직 근로자의 작업과정 및 작업결과가 실시간으로 전산화되는 것이 가능하고, 이에 따라 개별 성과 측정이 보다 용이해지기 때문에 개별적 성과급제가 더욱 확산될 것이다. 경력직 채용이 활발해지면 IT, 엔지니어링, 서비스 영역의 전문인력을 기업 내부에 효과적으로 보유하는 것이 중요해질 것이다. 이를 위해서는 개인의 요구에 세밀하게 부응할 수 있는 개별적 성과보상 시스템이 보다 널리 보급될 것이다. 복리제도에 있어서도 개인 맞춤형 유연복리제도가 더욱 활성화될 것으로 보인다.

④ 교육훈련

교육 및 훈련과 관련해서 기업들은 인재개발을 성장에 있어 가장 중요한 요소로 여기고 평생학습을 장려하고 학습조직을 구축하기 위한 노력을 할 것으로 보인다. IT와 제조업의 융합으로 인한 빠른 시장 변화에 신속히 쫓아가기 위해서는 다양한 산업에 대한 포괄적인 지식이 요구될 것이다. 이러한 포괄적인 지식이 효과적으로 학습되기 위해서는 근로자들의 자율성에 근거한 평생교육시스템이 뒷받침되어야 할 것이다. **고객맞춤형 대량생산**(mass customization)으로 인한 생산의 모듈화는 생산라인 및 활용 소프트웨어의 주기적인 변화를 초래하고, 이러한 변화에 적응하기 위해 근로자의 자율적, 능동적, 지속적인 학습이 요구된다. 따라서 근로자들의 자율학습 및 평생교육에 인센티브를 제공하는 교육훈련정책이 추구될 것이다.

고객맞춤형 대량생산
산업사회의 생산방식인 소품종 대량생산과 고객맞춤형 유연생산의 장점을 결합한 생산방식으로서, 대량고객화라고도 한다.

저숙련 근로자들은 고숙련 근로자들보다 높은 자동화 가능성에 맞닥뜨리고 있다. 따라서 저숙련 근로자들은 스스로가 새로운 기술을 배우지 않으면 해고에 직면하게 될 것이다. 기업은 핵심 능력을 개발하기 위해 지역사회, 정부, 공/사교육기관 등과의 광범위한 협력을 강화할 것이고 장기적으로 기초/평생 교육시스템을 기업의 재교육을 통해 보완해야 한다. 정부는 노동자들에 대한 직업교육을 강화시켜서 양질의 교육을 제공하고, 인공지능과 자동화에 따른 실직이 발생했을 때 근로자들이 다른 직업을 찾도록 재교육 기회를 제공할 것이다. 근로자들은 개인의 직업적 능력을 끊임없이 개발하려 할 것이다. 그들은 고용주와 관련 능력 개발과 기술훈련 기회를 포함하는 계약을 하길 원할 것이다.

⑤ 이직 및 유지관리

이직 및 유지 관리의 중요성도 커질 전망이다. 산업 간 융합에 따라 개방형 채용이 증가하고 개별 근로자의 협상력이 증가하면서 IT 인력, 엔지니어들의 이직이 잦아질 것으로 예측된다. 격해지는 시장 경쟁 속에서 핵심 인재를 영입하려는 글로벌 인재 전쟁이 더욱 가속화될 것이고 이 역시 핵심 역량을 가진 직원들의 잦은 이직을 초래할 수 있다. 이에 따라 기업의 핵심인재를 유지하기 위한 능력이 경쟁력 강화에 더욱 중요한 요소가 될 전망이므로 기업들은 유지 관리(Retention management)에 더욱 신경을 많이 쓸 것이다. 또한 핵심 인재를 기업 내에 유지시키기 위해 더욱 정교한 경력개발제도, 개별 보상제도, 개인맞춤형 유연복지제도, 유연근무제도 등이 적극적으로 도입될 것이다.

3) 제4차 산업혁명과 고용노사관계

① 기술결정론과 사회관계론 패러다임 비교

제4차 산업혁명은 노사관계에 어떤 영향을 주는가? 반대로 노사관계는 4차 산업혁명에 어떻게 개입할 수 있는가? 4차 산업혁명을 기술진보에 의존한 사회관계의 변화라는 수동적 관점에서 바라본다면 노동의 미래나 노사관계의 역할은 부정적으로 전망된다. 이를 기술결정론에서 바라본 4차 산업혁명이라고 할 수 있다. 전기차 생산 및 자율주행차 전환에서 가장 두각을 나타내는 미국의 **테슬라**(Tesla) 사례는 기술 진화에만 의존하면서 노동이나 노사관계의 역할을 최소화하거나 부차적인 것으로 간주되는 상황을 보여준다. 미국 직업안전위생국(OSHA)에 보고된 테슬라의 2015년 총 재해율(TRIR)은 업계 전체 사고율(자동차 제조업 전체의 6.7에 비해 100명당 8.8건)보다 31%나 높았다. 총 재해율은 100명의 풀타임 근로자에 대한 비치명적 상해의 평균 횟수를 나타낸다. 이것은 테슬라 공장의 근로자가 평균적인 자동차 산업 노동자보다 더 많이 부상당했다는 것을 의미한다.

테슬라(Tesla)
전기자동차와 에너지 저장장치를 제조하는 미국의 기업으로, 본사는 캘리포니아 실리콘밸리의 팔로알토에 있다. 주가 시총 총액으로 미국 최대의 자동차 회사이며, 세계 3-4위에 해당한다.

그러나 4차 산업혁명이 기술적 진보가 대세이고 사회적 관계는 이로 인해 불안정해진다는 일원적인 결정론은 과장된 측면이 있다. 기존 관계가 약화되거나 플랫폼 노동과 같이 새로운 관계로 대체되는 것만이 아니라 기존 사회관계 안에서 기술진화의 영향과 충격을 흡수하고 변형하면서 사회관계 스스로도 환경에 맞춰 변신해 가는 공진화(co-evolution)가 가능하기 때문이다. 아무리 디지털화가 진행되더라도 독일 완성차업계(BMW, Mercedes-Benz 등)의 경우에는 생산현장이 자랑하는 숙련형성의 공식인 일하면서 배운다(learning by doing)는 원칙에 입각하여 디지털 기술과 인적 노력을 접목시키는 노력을 지속해오고 있다. 즉 4차 산업혁명의 기술적 영향력이 이전과 비교해서 노동과 노사관계에 던지는 영향이 막대하지만 협력적 노사관계를 통해 충격과 불안정성을 줄여서 불확실성에 대응하고자 하는 것이다. 그리고 그런 노사의 공동노력은 학습과 학습을 통한 혁신역량의 배양으로 모아진다

② 포용적 일터혁신을 통한 대응

노사관계나 사회관계의 역사성과 인프라를 인정하면서 기술진보에 대응하려는 노력은 유럽적 배경을 가지고 있다. 유럽 경제는 지속가능한 성장

과 복지를 실현하기 위해 혁신과 생산성 증가에 대한 노력을 기울이고 있다. 이러한 노력은 단지 신기술을 도입하거나 비용절감을 통해 비교 우위를 확보하는 것으로는 충분치 않으며, 잠재적인 인력 활용 및 유연한 작업조직이 필요하다. 많은 유럽국가들(핀란드, 독일, 아일랜드, 영국, 벨기에 및 네덜란드)은 이러한 목표를 달성하기 위해 전 국가적으로 여러 프로그램이나 계획 등을 시작했는데 이러한 프로그램들은 **"사회혁명" 혹은 "일터혁신"**이라는 이름하에 시작되고 있다.

일터혁신(사회혁명) 지속가능한 성장과 복지의 실현을 위해 기술도입과 노동력 활용을 조화시켜 생산성을 증대시키는 현상

여기에는 주목해야 할 4가지 주된 이유가 있다. 첫째, 인구고령화로 인해 노동력 부족이 나타나는 상황에서 가까운 미래에 복지 및 사회보장 수준을 유지하기 위해서는 노동생산성 향상이 이루어져야 한다. 둘째, 지식기반 경제 및 부가가치를 높이기 위한 경쟁력의 한 부분으로서 잠재적인 노동자의 기술과 역량을 개발하고 활용할 필요성이 증대되고 있다. 셋째, 오직 조직혁신(적절한 조직운영 방식을 통한 기술 개발)과 기술혁명이 함께 발생할 때에 민간 및 공공조직이 이익을 실현할 수 있다. 넷째, 일터혁신 자체가 기술혁신보다 성공에 있어서 더 중요하게 여겨진다. 네덜란드의 에라스무스 대학교와 로테르담대학의 경영대학교의 산업분야에서의 연구에 따르면 급진적인 혁신에서 기술혁명이 차지하는 비율은 25%이며, 반면 네덜란드에서 불리는 사회혁명 혹은 비기술적 혁명은 75%로 나타났다.

일터혁신은 조직의 "사람, 과정 그리고 관계"라는 자원으로부터 최상의 자원을 동원해서 조직목표와 근로자 삶의 질을 동시에 제고하는 데 목적이 있고 이를 달성하기 위해서는 포용적(inclusive) 일터 환경을 조성하는 것이 중요하다. 포용적인 일터혁신이란 직원들의 동기부여와 근로조건을 향상시키는 것은 물론 외부 협력업체, 고객, 이해당사자들과의 관계도 혁신시키는 것이다. 포용적 혁신은 기술혁신을 초월하여 사회 및 조직혁신 등 비기술적 혁신을 포함해야 하고 혁신 주체들 간의 협력과 균형적 성장을 추구하는 것이다. 기술은 혁신을 촉진하는 계기지만 지속적인 추동력은 사람들로부터 나온다.

③ 한국 노사정에의 시사점과 대응과제

4차 산업혁명 관련 정부나 사회적 기구나 조직에 주요 산업의 노사가 직접 참여해서 협력하고 타협하고 논의하는 것은 기술혁신과 사회혁신이 같이 결합되어야 하기에 매우 중요하다. 우리나라에서 4차 산업혁명위원회가 정부의 공식적 기구로 곧 활동하고 있음에도 불구하고 과학기술계와 산업계 인사들이 주축을 이루고 있으며 노동계의 참여는 상대적으로 제한적인 것으로 보인다. 이는 과학기술이 선도하는 새로운 산업 생태계의 조성이 먼저 이루어지고 여기서 파생되는 사회적 문제들에 대해 사회적 주체

현재 4차산업혁명위원회는 대통령 직속기구이며, 민간위원 18인과 정부위원 6인으로 구성된다. 이들 중 노동계와 관련이 있는 인사는 당연직으로 포함되는 고용노동부장관 외에는 1인뿐이다.

들, 특히 노사정이 사후적으로 대응해 간다는 관점과 관련이 있다. 그러나 전술한 바와 같이 혁신은 기술과 사람을 모두 필요로 한다는 점에서 노동계도 4차산업혁명에 적극적인 준비를 해야 한다.

a. 단체교섭 방식의 변화

일자리 안정과 이를 유지해 주는 지속적인 혁신이 가능하기 위해선 전통적인 임금교섭만이 아닌 고용관계 강화를 위한 단체교섭이 더 중요해졌다. 여기에 더해 4차 산업혁명의 영향은 고용관계 전반의 노사간 재조정과 타협을 요구한다. 고용보장보다는 일터혁신을 통한 실질적인 일자리 경쟁력 제고와 임금수준보다는 임금체계의 합리적인 개편이 노사간 교섭 의제로 채택될 시점이다. 나아가 인적자원의 훈련과 사회보험의 강화도 이전보다 더욱 관심의 대상이 되어야 한다. 이런 새로운 교섭의제들은 개별 기업보다는 산업단위에서의 공동행동이 중요하다. 더 높은 임금을 위한 기업 간 경쟁보다는 비슷한 임금수준을 유지하면서도 전체적으로 임금이 안정적으로 상승되는 임금체계에 초기업단위에서 합의를 할 필요가 있다. 결국 업종 내지 산업단위의 노사간 교섭을 통해서 4차 산업혁명의 충격에 대비하고 그 기회를 충분히 누리는 자세가 필요하다. 업종별로 우선 4차 산업혁명 대비 공동협약을 마련해서 준비를 시작해야 한다.

b. 노동조합의 참여와 역할제고 방안

노동조합이 산업혁명 초기와 같이 **러다이트 운동** 방식으로 기술혁신을 막아 세울 수 없다는 것은 분명하다. 그렇다면 4차 산업혁명 앞에서 노조는 어떻게 대응해야 하는가? 크게는 노동운동의 관점을 분배과정 중심에서 생산과정 중심으로 전환할 필요가 있다. 생산과정은 경영자의 선택과 전략에 의존하고 노조는 제한적으로 실행과정에서의 근로조건이나 작업방식에 대한 문제제기에 머문 대신에 수익의 분배과정에선 주요 당사자로 교섭참여를 통해 자기 역할을 수행해 왔다면 이제는 생산과정에서 노동배제적 요인을 줄이고 근로자 개인이 가진 능력을 충분히 발휘할 수 있도록 프로세스를 개선하는 데 적극적인 의견을 개진할 필요가 있다.

경영과 노동의 분리는 곧 구상과 실행의 분리라는 대원칙에 기반하고 있었다. 그러나 4차 산업혁명은 단순 실행은 자동화와 로봇에 의해 효과적으로 대체될 수 있는 부분으로 변모시키고 있다. 독일에서 보는 것처럼 인간을 대체하는 로봇 작업이라기보다는 인간이 가진 능력과 조화를 이루는 로봇 작업이 가능하고 고부가가치 생산에선 더욱 인간과 로봇의 유기적 결합이 중요해지고 있다.

생산과정 재설계와 직업능력개발에 대한 투자, 그리고 상품과 서비스 혁

러다이트 운동 (Luddite)

19세기 초반 영국에서 있었던 사회운동으로 섬유 기계를 파괴한 급진파부터 시작되어 1811년에서 1816년까지 계속된 지역적 폭동으로 절정에 달했으며, 시간이 지나면서 이 용어는 일반적으로 산업화, 자동화, 컴퓨터화 또는 신기술에 반대하는 사람을 의미하게 되었다.

신과정에 노조가 참여하고 이를 통해 일자리의 경쟁력 확보에 직접 관여하는 주체가 되어야 한다. 이는 단지 교섭을 통해서만 될 수는 없고 직접 관련 프로그램이나 제도 도입에 대해 사용자와 협력할 필요가 있다. 단순 조립형 대량생산 체제에서 노조의 생산과정 개입은 사용자의 반발과 견제를 받았지만 유연표준생산을 전제로 하는 4차 산업혁명에서는 설비나 로봇이 표준을 담당하고 근로자는 유연을 담당하는 주체가 되어야 한다.

1) 김형배(2016), 『새로 쓴 노동법』(제25판), 서울 : 박영사, p.181.
2) 김동원 · 이규용 · 권순식 · 김동주 · 김윤호 · 김주희 · 손동희 · 송민수 · 유병홍 · 이수영 · 정흥준(2019), 『고용관계론』(제2판), 서울 : 박영사, pp.9～10.
3) Barnard, C. I. (1938). *The Functions of the Executive*. Cambridge, MA : Harvard University Press.
4) Homans, G. (1961). *Social behavior : Its elementary forms*. New York, NY : Harcourt Brace Jovanovich. p.13.
5) Cropanzano, R., & Mitchell, M. S. (2005). Social exchange theory : An interdisciplinary review. *Journal of Management*, 31(6), pp.874～900.
6) 김종철 · 박재춘 · 이공희 · 최영우 · 허찬영(2017),『고용노사관계론』, 서울 : 한경사, pp.20～21 ; 변상우 · 허갑수 · 채규옥 · 이상우 · 정현우(2017), 『글로벌 시대의 노사관계론』(제2판), 고양 : 피앤씨미디어, pp.7～8.
7) 김종철 등, 전게서, pp.21～24.
8) Dunlop, J. T. (1958). *Industrial relations system*. Boston, MA : Harvard Business School Press.
김동원 등, 전게서, pp.16～18. ; 변상우 등, 전게서, pp.10～11 ; 이영면(2015), 『고용관계론』(제5판), 서울 : 경문사, pp.138～166.
9) 박경규(2016), 『신인사관리』(제6판), 서울 : 홍문사
10) 조성재 · 윤진호 · 최영기 · 김동원 · 노용진 · 장홍근 · 이주희 · 신은종 · 진숙경 · 정경은 · 이정훈(2013), 『한국 노사관계 시스템 진단과 발전방향 모색』, 서울 : 한국노동연구원, pp.260～264.
11) 김동원 등, 전게서, pp.43～46.
12) 임창희(2014), 『인적자원관리』(제3판), 서울 : 비앤엠북스 ; 변상우 등, 전게서, pp.416～422.
13) 신건호(2004), "근로생활의 질(QWL) 향상을 위한 인사관리에 관한 연구", 「동중앙아시아연구」, 13, 145－171. ; Walton, R. E. (1973). Quality of working life : What is it? *Sloan Management Review*, 15(1), 11-21.
14) Davis, L, & Taylor, J. C. (1977). *Design of jobs : Selected Readings*, Baltimore : Penguin Books, pp.305～306.
15) 최종태(1996), 『현대노사관계론』(전정판), 서울 : 박영사, pp.741～760.
16) 김동원 등, 전게서, pp.166～167. 수정인용
17) Cooke, W. N. (1991). *Labor-management cooperation : New partnership or going in crisis?* MI : W. E. Upjohn Institute of Employment Research.
18) 방하남 · 이영면 · 김기헌 · 김헌준 · 이상호(2007), 『고용의 질』, 서울 : 한국노동연구원
19) 이장원 · 김기정(2017), 「4차 산업혁명의 노사관계 차원 과제와 대응전략」, 서울 : 한국노동연구원

CHAPTER 2
노동조합과 노동쟁의

제1절 노동조합
1. 노동조합의 의의와 역할
2. 노동조합의 조직강화수단
3. 노동조합의 형태
4. 사용자와 노동자의 노사관계 전략

제2절 노동쟁의
1. 노동쟁의의 개념과 노사갈등의 성격
2. 노동자의 쟁의행위
3. 사용자의 쟁의행위
4. 한국 노동쟁의의 특징
5. 노동쟁의의 해결방안

제1절 노동조합

1. 노동조합의 의의와 역할

1) 개념과 이데올로기[1]

① 개념

경영학에서의 **노동조합**(labor union, 노조)은 종업원(근로자)의 근로조건을 유지 · 개선하고 사회적 생활수준을 향상시키는 것을 목적으로 하여 자주적으로 결성된 항구적 단체를 의미한다. 이는 관계법령(노동조합 및 노동관계조정법)에서 규정하는 법적 정의와도 유사하다.

② 노동조합의 이데올로기

각 국가가 처한 역사적 상황과 지배적인 사상에 따라 노동조합의 이념(ideology)은 차이를 보이게 된다. 노동조합의 이데올로기는 크게 경제적 노동조합주의, 사회주의적 노동조합주의, 혁명적 노동조합주의로 구분된다.

a. 경제적 노동조합주의(business unionism)

이는 자본주의 체제를 인정하고 시장경제 체제 하에서 노동조합원의 임금 등 노동조건의 개선을 노조의 가장 직접적이며 중요한 목표로 삼는다. 입법을 통한 정치적인 수단보다는 단체협상 등 순수한 경제적인 수단을 중시한다. 노동계층 전부를 위하기보다는 노동조합원들만의 경제적인 지위 향상에 전력을 기울이는 특징을 갖고 있다. 미국의 AFL-CIO, 일본의 **렌고**(連合), 및 한국의 한국노총 등이 대표적인 예이다.

렌고(連合)
정식명칭은 전국노동조합총연합(일본어 : 全國勞動組合總連合)으로서 일본의 노동조합 중앙조직이다. 약칭은 전노련(일본어 : 全勞連). 국제 노동조합 조직에는 가맹되어 있지 않다.

b. 사회주의적 노동조합주의(social unionism)

이는 진보적인 성격이 강한 스웨덴, 덴마크 등 북유럽의 노동조합이 신봉하고 있다. 정치체제로서 자본주의보다는 사회민주주의를 선호하며, 선거 등의 정치적 수단을 통하여 사회체제를 점진적으로 변혁시키고자 한다. 의회를 통한 로비, 입법활동 등과 같은 정치적인 수단들과 더불어 단체협상과 같은 경제적 수단을 병행하여 사용한다. 주로 사회민주당 등의 정당과 노동운동을 연계하여 활동하고 있으며, 노동조합원뿐만 아니라 노동계층 전부를 위한 노동운동, 즉 요람에서 무덤까지를 정부가 책임지는 사회

전체의 복지체제 구축, 인간다운 삶과 양질의 일자리 창출을 목표로 한다. 핀란드, **스웨덴의 LO**, 한국의 민주노총 등이 대표적인 예이다.

LO
(Labor Organization)
스웨덴의 노동조합 총연맹으로서 전국 단위의 중앙노동조합이다. 사회민주당과의 제휴가 강하여 사민당의 장기집권 기간(1932~1976)동안 절반 정도의 각료가 노조지도자 출신이었다.

c. 혁명적 노동조합주의(revolutionary unionism)

이는 정부와 자본주의 체제를 전복시키고, 공산주의나 무정부주의 등 소위 '새로운 사회'를 건설하는 것을 목표로 한다. 부의 재분배, 체제변화 등 극단적인 구호와 정치적인 주장을 내세우고, 자본주의 체제 내에서 피고용자들의 지위와 대우가 향상되는 것을 거부하는 특징을 지닌다. 프랑스노동총연맹(CGT)이 대표적인 예이다.

2) 노동조합의 등장배경 : 직무불만족과 노조의 수단성[2)]

이하에서는 노동조합이 등장하게 되는 경영학적 배경을 직무불만족과 노조의 수단성이라는 두 개념을 활용하여 설명한다.

① 직무불만족과 그 결과

일반적으로 직무불만(job dissatisfaction)이 발생하면 종업원은 다양한 행위를 통해 이를 표출하고자 한다. 이론적으로는 불만에 대한 반응을 두 가지의 축으로 설명할 수 있는데, 이는 각각 능동적-수동적 표출행동과 파괴적-건설적 표출행동이 된다. 전자는 불만에 대한 반응의 적극성에 대한 것이고, 후자는 불만에 대한 표출행동의 목적이 현 상황의 전복인지 아니면 개선인지에 대한 것이다. 이상의 두 축에 의해 직무불만에 대한 결과로서 나타나는 반응을 이탈, 주장, 충성, 방관의 네 가지로 정리해 볼 수 있다.

[그림 2-1] **직무불만에 대한 반응**

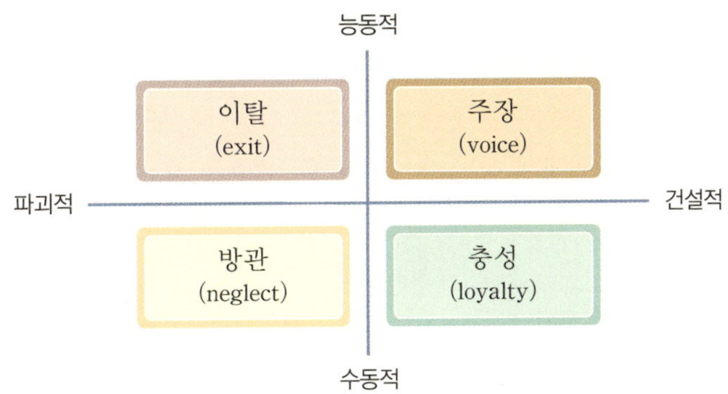

출처 : Robbins & Judge(2011)

a. 이탈(exit)

이는 조직을 떠나려는 행동으로서, 다른 회사에서 새로운 지위를 찾거나 사직하는 것을 포함한다. 상황이 개선되지 않을 것이라는 생각에 기초하여 조직구성원이 해당 직무나 조직을 떠날 생각을 하거나, 다른 직업을 찾는 노력 등을 하면서 조직을 이탈하려는 행동을 포함한다. 해당 일을 떠나거나 바꾸려는 노력은 고통스러운 것으로 매우 많은 노력과 정신력의 소모를 가져오게 된다.

통상적으로 노조활동은 voice에 해당하며, 이는 이탈(exit)에 대한 대체 개념이 된다. 따라서 노조활동이 활성화되면 이직률이 낮아진다는 논리도출이 가능하다.

b. 주장(항의, voice)

이는 상사나 노조에 상황의 개선을 위해 문제를 제기하고 항의하는 등의 건설적이고 능동적인 시도를 의미한다. 주장은 직무불만족에 대해 종업원들이 취하게 되는 정치적인 반응이라고 할 수 있는데, 불만족한 상태로부터 피하기보다는 상황을 변화시키려는 일체의 노력을 말한다. 주장은 위계적 관리 체계에서 상부에 호소하거나 그 밖의 여러 가지 행동을 포함하는데, 조직 행동에 있어 악화된 상황에 대한 시정과 이전 성과에 대한 보상 측면에서 중요한 역할을 하며, 많은 경우 이탈을 하기 전에 직무여건을 바꾸려는 시도로서 나타나는 측면이 있다.

프리만과 메도프의 기념비적 저서

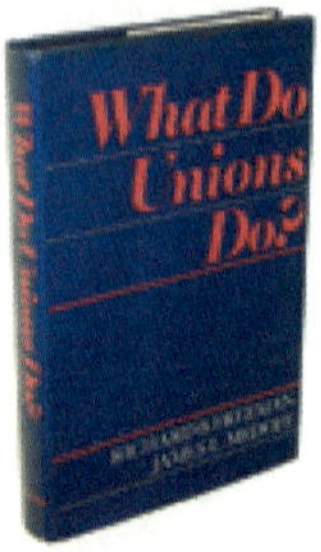

하버드대학교의 **프리만과 메도프**(Freeman & Medoff, 1984)에 따르면 EVLN의 네 가지 행동(즉 이탈, 주장, 충성, 방관)은 조직내부의 권력(Power)과 관련이 있는데, 그 중에서도 주장 메커니즘이 가장 큰 관련이 있으며 이를 통해 다른 행동에도 많은 영향을 미친다고 한다. 주장은 정보 공유의 기능을 통해 고용자와 피고용자간의 정보 비대칭을 해소하고 양방향 커뮤니케이션을 가능하게 하는 효과가 있다. 주장은 직접적 주장(direct voice)과 간접적(집단적) 주장(indirect/collective voice)으로 구분할 수 있는데, 직접적 주장은 조직이나 상부에 직접 불만을 제기하는 것이고, 간접적(집단적) 주장은 노조나 다른 이해관계자 그룹 혹은 고용자가 지지하는 구조(employer-sponsored channels) 등을 통해 자신의 불만족을 호소하는 것을 말한다. 간접적(집단적) 주장은 주로 직접적 주장에 대해 방법을 모르거나, 효과를 믿을 수 없거나, 조직의 보복에 대한 두려움이 있을 때 사용하게 되는데, 프리만과 메도프의 연구에서 노조가 이직률을 낮추는 효과가 있다고 한 것도 같은 맥락이다.

c. 충성(loyalty)

이는 수동적이지만 낙관적으로 상황이 개선되기를 기다리는 것으로서, 외부의 비판에도 불구하고 조직에 대한 신뢰를 가지는 것이다. 충성은 조직의 관점에서 일시적인 어려움이나 보상의 축소 상황에서 바람직스러운 것이라고도 할 수 있지만, 시간이 지나면서 이탈이나 주장으로 변화될 수 있는 잠정적인 태도로 볼 수도 있다.

d. 방관(태만, neglect)

이는 상황이 악화되는 것을 수동적인 태도로 허용하는 행위로서, 상습적으로 결근이나 지각을 하고 직무 수행 시 노력하지 않으며 실수가 많아지는 경우를 포함한다. 방관은 업무를 수행함에 있어 적당하거나 충분한 주의의무를 의도적으로 게을리하는 것으로서, 주의태만에서부터, 지각, 결근과 같이 조직에게 비용을 발생하게 하고 피해를 주는 부정적인 행동까지 의미한다. 다만, 일시적인 태만은 관리되고 적절한 수준일 경우는 낮은 조직성과에 대한 경고의 역할을 할 수도 있다.

② 노조의 수단성

무노조기업의 근로자들이 노조를 결성하는 이유는 직무불만족과 노조의 수단성이라는 두 개념으로 설명된다. 이를 수식의 형태로 표현하면 다음과 같다.

$$\text{노조화} = f(\text{직무불만족, 노조의 수단성})$$

앞서 설명한 대로 직원들은 고용안정, 임금, 승진, 상급자, 근로조건 등의 측면에서 불만을 느낄 때 이탈(exit)과 주장(voice) 가운데 하나를 선택하게 된다. 이때 이탈이 아니라 노조결성을 통한 주장을 택하게 되는 것은 노조활동을 통하여 자신들의 직무불만족을 해소할 수 있으리라는 수단성(instrumentality) 때문이다. 요약하자면 직원들의 직무불만족이 높고 노동조합이 이를 해소할 수 있다고 믿을 때 노조화의 가능성이 증가한다.

3) 노동조합의 기능과 역할

① 순기능과 역기능[3)]

노조는 구성원들이 가지는 불만을 자체적으로 해소 · 대변하는 의사대표기능(collective voice)을 가지고 있어 궁극적으로 이직을 감소시키고 근로조건을 개선하는 동시에 상호부조의 정신 하에 노사간 정보흐름을 원활히 하며, 기업의 경제적 효율성을 제고하고 소득분배의 공정성도 보장하는 등의 순기능을 갖는다.

그러나 노조는 다른 한편에서는 불필요한 분규의 발생으로 인하여 효율성을 저하시키고, 노조로 조직화된 근로자와 그렇지 않은 근로자간 소득분

하버드대학의 프리만(Freeman)과 메도프(Medoff)는 노조가 근로자집단의 의사대표기능(collective voice)을 수행하여 궁극적으로는 역기능[예 : 독점효과(monopoly effect)]에 못지않은 순기능을 가질 수 있음을 실증적 연구를 통해 입증한 바 있다.

배의 불균형을 야기하며 집단이익을 위해 사회적 이익을 희생시키기도 하는 등의 역기능도 가진다. 또한 구성원들의 의사를 독점적으로 반영하는 과정에서 이를 왜곡하거나, 불필요한 인건비 상승을 주도하거나, 경영위기 상황에서 필요한 각종 개혁수습책의 시행에 저항세력으로 작용하기도 한다.

② 전통적 3대 기능[4)]

일반적으로 노조의 3대 기능으로 일컬어지는 경제적 기능, 공제적 기능, 정치적 기능에 관해 조금 더 집중적으로 살펴보자면 다음과 같다.

a. 경제적 기능

이는 노동력의 판매자로서 사용자에 대해 발휘되는 교섭력과 협상력을 의미한다. 일찍이 노사관계시스템 이론을 정립한 던롭(Dunlop)에 의하면, 노동조합의 기본 성격은 바로 임금수준의 인상과 근로조건의 개선을 통한 효용 극대화와 관련이 있다고 한다. 이러한 관점에서는 노조의 가장 중요한 기능이 바로 조합원의 경제적 이익의 극대화에 있다고 할 것이며, 노조가 종업원의 경제적 이익을 위해 투쟁할 수 있는 이론적 근거를 제공해 준다.

공제적 기능의 이점
① 노조-구성원 간의 긴밀한 관계 형성
② 공제기금을 통한 조합교섭력 증대
③ 기금을 활용한 표준적 노동조건의 유지 가능

b. 공제적 기능

이는 노동조합의 구성원 간에 형성되는 대내적 관계로서, 조합원이 불의의 사고나 피해를 입는 경우를 대비하여 조합이 기금을 설치 · 운영하는 기능을 말한다. 이 기능에 의하여 노조는 조합원을 위한 각종 설비와 시설을 갖추는 것뿐만 아니라 자녀 학자금 조달, 퇴직 위로금과 연금의 지급, 생활원조 등 다양한 역할을 수행할 수 있다.

c. 정치적 기능

노동조합은 단순히 사용자측만을 상대(counterpart)로 삼는 것이 아니라 국가나 사회단체까지도 협상 및 교섭의 대상으로 삼는 경우가 있다. 노조의 정치적 기능은 그들에 의해 이루어지는 각종 법령의 제 · 개정 운동과 고용정책 · 사회보장정책 · 물가정책 등에 미치는 영향을 종합적으로 지칭하는 기능이 된다.

③ 현대적 3대 기능[5)]

이상의 경제적, 공제적, 정치적 기능은 과거의 노동조합 기능을 이해하는데는 적합하지만 오늘날의 노동조합은 이들만으로는 다 설명할 수 없는 여러 기능들을 수행하고 있다. 더욱이 노동조합으로서는 노동조합 자체를 조직하고 유지하는 기능이 가장 기본적인 기능인데도 불구하고 종래의 기

[그림 2-2] 노동조합의 현대적 기능

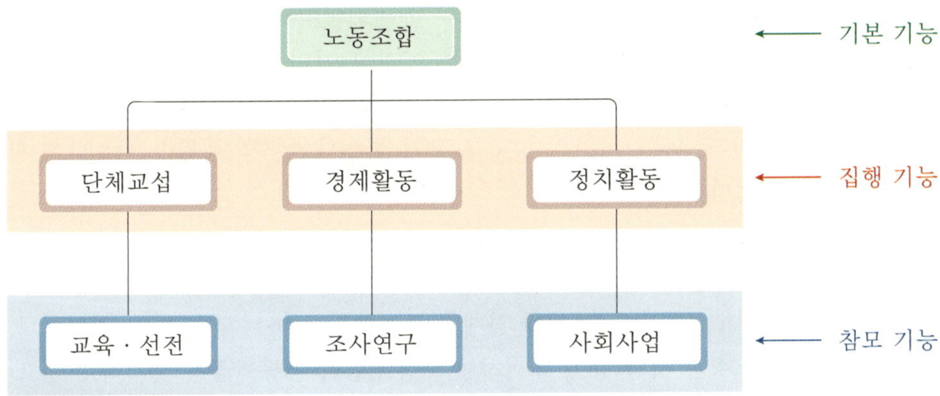

출처 : 변상우 등(2017), p.123, 수정인용

능분류상에서는 등한시되고 있는 것이다. 따라서 최근에는 노동조합의 기능을 기본기능, 집행기능, 참모기능으로 분류하는 관점이 대두되었다. 기본기능은 노조의 조직화 및 유지기능이고, 집행기능은 조합설립의 목적 중 하나인 근로조건의 유지와 향상에 집중하는 기능이며, 참모기능은 조합의 기본기능과 집행기능을 보조하는 역할이다. 이상의 세 기능은 앞서 살펴본 경제적, 공제적, 정치적 기능을 포괄하는 보다 넓은 차원의 기능구분이 된다.

학자에 따라서는 노조가 구성원들을 조직화(organizing)하는 역할과 그들에게 서비스를 제공하는(servicing) 역할을 한다고 보기도 한다. (김동원 등, 2016)

a. 기본 기능(제1차적 기능)

이 기능은 노동조합을 조직하고 그 조직을 유지 · 확장하는 기능을 말한다. 노동조합의 목적이 단체교섭을 통한 근로조건의 개선에 있다면 노동조합을 조직하는 기능이야말로 노조의 핵심기능이라 할 수 있다. 노동조합의 조직기능은 다시 '노동자 기능'과 '노동조합 기능'으로 구분할 수 있다. 노동자 기능이란 노동조합을 결성하기 위하여 비조합원인 노동자를 조직화(organizing)하는 기능이고, 노동조합 기능이란 노동조합이 조직된 후에 그 노동조합을 유지하는 기능이다. 기존 노동조합의 조직확장 기능은 노동자 기능에 해당되고, 이미 가입된 조합원을 관리하는 기능은 노동조합 기능에 해당된다.

b. 집행 기능(제2차적 기능)

집행 기능이란 노동조합이 결성된 후에 조합의 목적인 근로조건의 유지 및 개선을 위해 활동하는 기능으로 단체교섭 기능, 경제활동 기능, 정치활동 기능 등으로 분류할 수 있다.

ⅰ. 단체교섭 기능

노동 3권
① 단결권
② 단체교섭권
③ 단체행동권

노동 3권이 확립됨에 따라 기존의 공제기능 중심의 노조기능이 교섭을 중심으로 하는 기능을 중심으로 개편되었다. 노동조합의 주기능이 사용자 측과의 교섭기능이라는 점에는 이견이 거의 없으며, 근로조건의 유지 및 개선이 이루어지면 그 결과가 단체협약으로 작성되어 노사 양측을 구속하게 된다. 만약 의견의 일치를 보기 힘들다면 쟁의행위라는 수단을 활용하게 된다.

ⅱ. 경제활동 기능

경제활동 기능은 크게 공제기능과 협동기능으로 구분된다. 공제기능은 조합이 조합원의 생계에 경제적 보조역할을 하는 것으로서, 질병이나 재해 및 노령과 사망 등에 대비하여 노동조합이 공동기금을 준비하여 필요에 따라 조합원에게 지급하는 상호부조 기능이다. 한편 협동기능은 단체교섭기능이 생산 공장에서 근로자를 보호하는 것을 주목적으로 하는 데 반하여, 근로자가 취득한 임금을 보호하기 위해 소비측면에서의 보호를 고려한 생산 공장 밖에서의 노동자 보호기능을 뜻한다. 관련된 활동으로는 생산자협동조합, 소비자협동조합, 신용조합, 노동은행의 활동 등이 있다.

ⅲ. 정치활동 기능

노동조합의 정치적 기능은 경제적 기능과 불가분의 관계에 있다. 즉 노동조합의 경제적 목적 달성에 있어 정치적인 활동의 전개는 필수불가결한 측면이 있다. 근로자의 근로조건 개선이나 경제적 · 사회적 지위의 향상은 입법의 영향을 받게 되므로 노조는 정치적 발언을 통해 경제적 목적의 실현을 도모한다. 다만 세계적인 추세는 노동조합의 정치활동을 제한적으로 허용하는 것이라는 점에 유의할 필요가 있다.

c. 참모 기능(제3차적 기능)

참모 기능이란 교육, 선전활동, 조사연구 및 사회봉사활동 등으로서 이는 조합의 기본기능과 집행기능을 더욱 효과적으로 수행할 수 있도록 보조하는 것이다.

ⅰ. 교육 및 선전활동

조합원에 대한 교육활동

노동조합의 **교육활동**에는 조합간부에 대한 교육과 일반조합원에 대한 교육이 있다. 조합간부에 대한 교육에서는 주로 노동이론과 경영전반에 걸친 지식에 초점을 맞추어 리더십 개발과 단체교섭을 위한 효과적인 협상자로서의 자질을 키우는데 중점을 둔다.

선전활동은 뉴스레터, 사내신문 및 공식기관지의 발간과 홍보 등을 포함하여 조합원들에게 조합정신을 중심으로 단결하게 하고 적극적인 노동조합 활동을 유도하는 것을 목표로 한다. 또한 사회홍보 활동을 통해 일반여론을 노동조합에 유리하게 유도하는 노력도 포함된다.

ii. 조사 및 연구활동

이 활동은 조사부, 연구실, 기획실 등의 전문부서에서 노동조합과 노동관계에 대하여 각종 자료수집과 분석 등을 담당하는 기능을 뜻한다. 오늘날 단체교섭의 범위가 확대되고 노사관계 관련 공공정책 역시 복잡해짐에 따라 노동조합에서는 전문연구인력을 확보하여 경제동향과 임금 및 근로시간 등의 분야와 타 노동조합들이 획득한 근로조건 동향의 파악, 회사의 경영상태 등에 대한 조사와 연구활동을 수행하게 된다.

iii. 사회봉사 활동

현대 사회에서는 노동조합도 사회와 긴밀히 협력할 필요가 있다. 따라서 노동조합은 근로자의 어려운 문제를 상담해 주거나 지역사회에 봉사를 하기도 하고, 각종 휴양시설을 설치하거나 장학사업을 하는 등의 활동을 수행한다.

2. 노동조합의 조직강화수단

노조의 조직강화수단
숍 제도
+ 체크오프 제도

노조는 안전한 활동과 원활한 기능수행을 보장받기 위해 양적인 측면에서 많은 조합원을 확보하는 동시에 질적인 측면에서 조합운영에 필요한 자금을 조달하는 데 끊임없는 노력을 기울이며, 이러한 조직강화수단의 대표적인 것으로서 양적 측면에서의 숍제도와 질적 측면에서의 체크오프제도를 들 수 있다.

1) 숍(shop)제도[6)]

이는 기업이 신규인력을 채용할 때 지원자의 신분과 관련한 노동조합과의 제 관계 형태로서, 기본적으로 오픈 숍, 유니온 숍, 클로즈드 숍의 세 가지가 있으며, 이의 변형 형태로서 에이전시 숍, 프레퍼렌셜 숍, 메인터넌스 숍 등의 제도가 있다.

고용노동부 자료에 따르면 우리나라에서 조사대상 기업의 68.1%가 숍 규정을 두고 있으며, 그 중 51.5%가 오픈 숍 제도를, 44.2%가 유니온 숍 제도를 채택하고 있다[7)].

① 오픈 숍(open shop)

이 제도는 노동조합의 가입 여부에 관계없이 채용할 수 있으며 피고용인이 조합원이 되어야 하는 의무가 없는 제도이다. 이 경우 종업원은 노동조합에 자유롭게 가입하거나 탈퇴할 수 있다. 따라서 비노조원인 종업원은 노조의 단체협상 결과로 인한 혜택을 간접적으로 입을 수 있으므로 **무임승차**(free-riding) 문제가 발생할 수 있다. 이러한 연유로 미국의 경우에는 와그너법(Wagner Act, 1935)으로 오픈 숍 제도를 불법화하고 있다.

무임승차
혜택을 입음에도 불구하고 그 대가를 지불하지 않는 현상

한편 우리나라에서는 「노동조합 및 노동관계조정법」 제81조 2항에 근로자가 어느 노동조합에도 가입하지 아니할 것 또는 탈퇴할 것을 고용조건으로 하거나 특정한 노동조합의 조합원이 될 것을 고용조건으로 하는 행위를 부당노동행위로 규정함으로써 오픈 숍 제도를 적용하고 있다.

② 클로즈드 숍(closed shop)

이 제도는 인력을 선발하거나 채용할 경우 조합원 중에서만 고용하도록 하는 제도이다. 우리나라의 노동법에서는 이를 부당노동행위로 보므로 원칙적으로 금지하고 있다. 노조 가입이 채용의 전제조건이므로 가장 강력한 형태의 조합참가제도가 된다. 미국에서는 와그너법(Wagner Act, 1935)에서 클로즈드 숍이 인정되었으나 노조의 지나친 권력남용을 우려하여 이후 태프트-하틀리법(Taft-Hartley Act, 1947)에 의해 불법화되었으며, 1959년에 건축업에 한하여 다시 합법화되었다.

③ 유니온 숍(union shop)

이 제도는 취업 후 일정기간(예 : 견습 · 수습 기간)이 경과하면 본인의 의사에 관계없이 노동조합에 자동적으로 가입하게 되는 제도이다. 여기에는 새로 채용되는 근로자를 노동조합원으로 조직화하고 기존 조합원이 조합으로부터 탈퇴하는 것을 방지하려는 목적이 있다. 다만 근로자의 선택자유를 침해하지 않기 위해 근로자의 2/3 이상을 조직하고 있는 노동조합이 있을 경우에만 이 협정을 둘 수 있도록 「노동조합 및 노동관계조정법」에서 정하고 있다. 미국에서는 태프트-하틀리법(Taft-Hartley Act, 1947)에서 고용 후 일정기간 내의 가입을 30일로 정하고 있다.

④ 기타 숍 제도

종업원 자격제
숍제도와는 반대로 특정기업에 소속된 종업원에 한하여 당해 기업의 노조원이 될 수 있도록 하는 제도이다. 기업별 조합 중심의 노사관계에서 흔히 볼 수 있다.

이상의 오픈 숍, 클로즈드 숍, 유니온 숍 외에도 사측과 교섭을 벌이는 노동조합이 스스로를 (노조원과 비노조원을 포함하는) 모든 종업원의 대표자로 간주하고 노조원과 비노조원 모두에게 조합비나 교섭경비를 징수하는 에이전시 숍(agency shop), 채용시 노조원에게 우선순위를 부여하는 프레퍼렌셜 숍(preferential shop), 한 번 노조에 가입하면 일정기간 조합원 지위 유지해야 하는 메인터넌스 숍(maintenance shop) 등의 제도가 있다.

_ 보충학습 에이전시 숍의 성립요건[8)]

1. 노동조합의 교섭대표성과 비노조원의 무임승차 방지

에이전시 숍의 효용은 근로자계층 전체의 권익보호라는 집단노동관계 법리의 목적에 충실하기 위한 노조보호 규정을 운영함에 있어 필연적으로 동반되는 근로자 개인의 권리침해 문제를 줄여가면서 노동조합이 가장 큰 문제로 삼고 있는 소위 무임승차를 막을 수 있다는 것이다. 노조에 참여하지 아니하는 근로자들은 노동조합이 노력하여 얻은 단체협약의 결과물만을 누리면서 노조원이 되어 함께 파업에 참여하거나 노조회비를 부담하는 등의 부담은 회피하고자 하는 경향이 있을 수 있는데, 이에 대한 가장 효과적이면서도 개인 권리 침해라는 위헌 논란의 소지를 줄일 수 있는 대응책이 에이전시 숍이라 할 수 있다. 이처럼 에이전시 숍의 효용 내지는 성립 논거가 된 무임승차 방지는 결국 그 논리적 전제이자 성립 요건이 되었다. 즉, 단체협약 체결의 임무를 맡게 된 교섭대표 노동조합이 자신이 노력하여 체결한 단체협약의 혜택을 누리는 모든 근로자에게 무임승차를 방지하기 위한 비용 부담을 요구하는 것은 에이전시 숍의 핵심이자 첫 번째 성립요건이다.

2. 조합에 대한 비용 납부

두 번째 주요한 에이전시 숍 성립 요건은 비노조원 근로자의 노조에 대한 비용부담이다. 여기서 비노조원들에게 비용을 부담시킴에 있어 그 액수를 구체적으로 어떻게 정할 것인지가 관건이다. 무임승차를 방지한다는 취지에서만 생각하자면 직접 쟁의행위에 참여하고 조합비까지 납부하는 조합원에 비하여 비노조원에게는 더 큰 비용 부담을 지워야 한다는 논리도 가능할 것이나, 조합원들이 납부하는 금액을 초과하는 비용을 비노조원에게 부담시킨다면 사실상 노조가입을 강제함으로써 근로자 개인의 헌법상 보장된 단결권 중에서도 소극적 단결권을 침해하는 결과가 초래된다는 점에서 에이전시 숍이 이루어질 경우 비노조원들에게 부과되는 비용은 통상 노조원들이 조합에 대하여 부담하는 비용을 그 상한선으로 하여야 한다는 견해가 지배적[9)]이다.

2) 체크오프(check-off) 제도

체크오프 제도
조합비의 일괄공제 제도

이는 조합비의 일괄공제제도로서, 일반적으로 조합원의 2/3 이상의 동의가 있다면 조합은 세력확보의 수단으로서 체크오프 조항을 둘 수 있다. 클로즈드 숍이나 유니온 숍을 허용하는 조직에서는 대부분 체크오프제를 허용하고 있다.

우리나라의 「노동조합 및 노동관계조정법」 제22조는 조합원의 권리와 의무 조항에서 “노동조합의 조합원은 균등하게 그 노동조합의 모든 문제에 참여할 권리와 의무를 가진다. 다만, 노동조합은 그 규약으로 조합비를 납부하지 아니하는 조합원의 권리와 의무를 제한할 수 있다"라고 규정하고 있어 조합비 납부의무를 명백히 하고 있다. 우리나라의 현행법제에서는 조합비의 상한규정이 1997년 삭제되었으나, 대부분의 세계 각국에서는 근로자들의 조합비 부담을 경감하기 위하여 조합비 상한선을 조합원 월 임금액의 0.8%~2% 사이로 규정하고 있다.

3. 노동조합의 형태[10)]

노동조합은 결합방식에 따라 크게 단일조직과 연합체조직으로 구분할 수 있다. 단일조직은 다시 조합원의 자격에 따라 여러 형태로 분류해 볼 수 있다.

1) 단일조직과 연합체조직

① 단일조직(unitary organization)

단일조직은 개별 근로자가 개인 가입의 형식을 취하는 노동조합으로서 지부 또는 분회(일정지역, 기업체 또는 사업장 단위로) 등의 하부구조를 갖는다. 이때 각 지부나 분회는 하부조직일 뿐 상부단체의 구성원이 되는 것은 아니다. 따라서 지부나 분회는 의결권이나 집행권과 같은 자주적인 결정권을 행사할 수는 없다. 그러나 각 지부나 분회가 어느 정도의 독자성을 가지느냐 하는 것은 조직 내의 규약에서 결정되는 것이 보통이다.

② 연합체조직(federation)

연합체조직은 노동조합이 그 영향력 강화를 위하여 국가단위나 국제단위로 연합하여 형성하는 조직체를 뜻한다. 이 경우 전국적인 연합조직의 구성원인 노동조합을 '단위조합'이라고 하며, 지역적 또는 전국적 조직을 '연합조직'이라 한다. 따라서 연합조직의 구성원은 개개 근로자가 아니라 이 근로자를 조직하고 있는 독자적인 노동조합이 된다. 우리나라의 한국노총, 민주노총, 미국의 AFL-CIO, 영국의 TUC 등은 국가 단위의 연합노조이고, 세계노동연맹(WFTU)이나 **국제노동조합연합**(ITUC) 등은 국제적 단위의 연합노조이다.

국제노동조합연합(ITUC)
국제노동조합연합(國際勞動組合聯合, International Trade Union Confederation)은 세계 최대 노동조합 단체로, 2006년 11월 1일 국제 자유 노동조합 연합(ICFTU)과 세계 노동 연맹(WCL)을 합병하여 결성되었다. 전 세계 국가별 노동조합 305개, 노동자 1억 7,500만 명이 151개국에서 가입되어 있다.

2) 조합원의 자격에 따른 단일조직의 형태 구분

노동조합에 가입하는 조합원의 자격에 따라 노동조합의 형태를 구분할 수 있다. 대개 단체교섭결정권의 귀속주체와 구성원의 가입자격 및 가입범위와 가입방법 등에 따라 직업별 노동조합, 산업별 노동조합, 기업별 노동조합, 일반 노동조합으로 나뉜다.

① 직업별 노동조합(craft union)

직업별 노조의 예
전국교직원노동조합, 한국교원노동조합

a. 개념

동종의 직업을 가진 노동자들간에 형성되는 노동조합을 말한다. 숙련공

[표 2-1] 단위노조의 형태

조합특성	직업별 노동조합	산업별 노동조합	기업별 노동조합	일반 노동조합
환경	• 초기공업시대 • 산업자본시대 • 숙련공의 직업 독점 시대 • 도제제도의 전성시대	• 기계생산시대 • 직종의 분화시대 • 작업 분업화 시대 • 반숙련공 및 미숙련공의 다수 등장 시대	• 사용자 주도적인 노사관계 • 가족주의적 노사 패턴에서 갈등을 전제로 한 노사패턴으로의 이양기 • 국가관리 등 독점 공공사업체 등장	• 미숙련공 다수 등장 • 직업별 조합에서 제외되었던 산업 조직 • 직업별과 산업별의 중간
조직형태	• 1직업 1조합 • 횡단적 (작업장 초월)	• 1산업 1조합 • 횡단적(기업 초월)	• 1기업 1조합 • 종단적(기업 내)	• 지역별 전 산업 1조합 • 횡단적(기업 초월)
조직기반	• 숙련공	• 반숙련공 • 미숙련공	• 기업	• 미숙련공
조직성격	• 완전폐쇄적	• 개방적	• 폐쇄적	• 완전개방적
조직관리	• 공제활동 • 중앙집권화	• 조합민주주의	• 복지활동 • 조합민주주의	• 중앙집권적 관료주의
노동시장 통제방법	• 직업독점 • 도제제도	• 단체교섭 • 파업 • 경영참가	• 노사협의 • 단체교섭	• 입법규제 • 단체교섭 • 파업

출처 : 최종태(2000), 수정인용

의 기술이 필수적이던 생산방식 하에서 노동시장을 배타적으로 독점하여 교섭력을 높이려는 의도에서 출범하였다. 초기 산업화 단계에서 일반화된 노동조합의 형태로서 가장 오랜 역사를 가진 방식이다. 오늘날에는 대부분의 근로자가 기업별 노동조합에 속하게 되므로 현재는 교직원노동조합 등의 일부 형태로만 존속하고 있다.

b. 특징

직업별 노조의 경우 단결력이 강하고 동일직종의 근로자들로 조직되었기 때문에 단체교섭 및 임금협상이 용이하다는 장점을 가진다.

반면 노조가 지나치게 직업과 직종에 의해 배타적이고 독점적인 속성을 가지므로 근로자집단 전체의 경제 및 사회적 지위향상에는 부적절하며, 기업을 초월한 조직이기 때문에 사용자와의 관계가 희박하여 기업의 현실을 고려한 협상을 수행하기는 힘들다.

산업별 노조의 예
전국금융산업노동조합, 전국금속노동조합

② 산업별 노동조합(industrial union)

a. 개념

동일산업에 종사하는 근로자가 회사에 관계없이 결성하는 노조를 말한다. 20세기에 석유화학, 철강, 자동차 등 대량생산공업이 발달하고 그 안에서 미숙련공, 반숙련공, 숙련공 등이 복합적으로 존재함에 따라 그 필요성이 대두되었다.

여기서는 조합원 개인이 기업별 노조에 가입하는 것이 아니라 단위조직인 산업별 노조 자체에 개인단위로 가입하는 것이므로 초기업단위의 노조 조직과 노동운동이 일반화된다. 산별노조의 등장과 산별교섭에 관해서는 제3장에서 자세히 살펴본다.

b. 특징

산업별 노조(산별노조)는 기업과 직종을 초월한 거대조직으로서, 정책에 대한 압력단체로서의 역할을 수행할 수 있으며 해당 산업 내에서 기업간 교섭력을 통일할 수 있다는 장점이 있다. 하지만 직종간, 그리고 단위기업간 상충되는 이해관계로 인하여 응집력이 약화될 수 있다는 단점도 있다.

기업별 노조의 예
현대중공업노동조합, 예금보험공사노동조합

③ 기업별 노동조합(enterprise union)

a. 개념

동일기업에 종사하는 근로자들간에 결성되는 노동조합으로서 종단적 노조라 불리기도 한다. 기업별 노조는 단체교섭의 상대자인 사용자에 대하여 보다 직접적인 영향력을 행사할 수 있고, 기업의 근로조건을 전반적으로 일정한 수준 이상으로 개선 · 향상하는 것을 기본 목표로 한다.

기업별 노조를 company union이라 부르는 경우도 있으나, 김동원 등(2019)에 따르면 이 용어는 어용노조를 지칭하며 엄격한 의미에서의 기업별 노조는 enterprise union이라는 용어를 사용하는 것이 옳다고 한다.

b. 특징

기업노조는 일반적으로 다른 기업 노조와의 횡단적 연대의식이 형성되기가 힘들고 노동시장에 대한 지배력도 행사하기가 쉽지 않다. 또한 조합원 모두가 사용자와 종속관계에 있으므로 노동조합이 쉽게 어용화되거나 반조합화 될 가능성이 있다.

그러나 한 기업을 상대로 협상을 펼치게 되므로 근로조건에 대한 조정과 조직내 공동체의식의 형성이 용이하고, 노동조합이 회사의 사정에 정통하므로 무리한 요구로 인한 노사분규의 발생이 적다.

④ 일반 노동조합(general union)

일반 노조의 예
전국여성노동조합

a. 개념

숙련도나 직종, 산업에 관계없이 일반근로자를 폭넓게 규합하는 노조이다. 작업의 표준화, 전문화, 분업화가 가속화함에 따라 발생한 대량의 미숙련공들이 최저 생계수준을 확보하기 위하여 결성하였다.

역사적으로는 산업별 노조와 같이 대량생산체제의 성립과 더불어 창출된 미숙련 근로자를 조직하기 위하여 19세기 말 영국에서 발달하였으며, 미국의 노동기사단(knights of labor)이나 우리나라의 전국여성노동조합 등이 일반 노동조합에 해당한다.

b. 특징

최저임금이나 고용안정과 같은 일반노조의 요구사항들은 주로 입법활동을 필요로 하므로, 일반노조의 주된 통제수단은 입법규제가 된다.

통상적으로 일반노조는 내부 단결의 강도가 떨어져 단체교섭력이 약하다는 특징이 있으며, 대부분의 조합원이 유동적이고 교육훈련의 수준이 낮은 미숙련근로자이므로 이들을 규합하고 결속시키는 과정에서 등장하는 강력한 지도체제와 관료체제로 인해 조합민주주의가 희박해질 우려가 있다.

4. 사용자와 노동자의 노사관계 전략[11)]

노사간의 상호작용은 조직구조라는 하드웨어뿐만 아니라 각 당사자의 고용관계 전략(strategy)이라는 무형의 소프트웨어의 영향도 받게 된다. 이하에서는 사용자와 노동조합의 전략을 살펴본다.

인사조직분야에서 전략적 선택(strategic choice)이란 환경요인에 조직구성원들이 그대로 순응하는 것이 아니라 주체적인 의사결정을 수행할 수 있다는 의미이다.

1) 사용자의 전략적 선택

① 사용자의 협상전략

사용자가 선택할 수 있는 협상전략은 회피전략, 강압전략, 포용전략의 세 가지이다.

a. 회피전략(escaping strategy)

이는 사용자가 노조를 가급적 회피하려는 전략이다. 예를 들어 하청이나 아웃소싱 등을 통하여 노조원의 숫자를 줄이거나, 비노조공장에 대한 투자를 증가하여 노조가 있는 공장의 비중을 줄여나가고, 노조원의 탈퇴를 유도하여 노동조합을 무력화하는 등의 방법들을 포함한다. 이들 자체는 협상전략이라 할 수 없지만 사용자측의 BATNA(best alternative to a negotiated agreement)로서의 역할을 하므로 다른 협상전략의 보조수단으로 활용될 수 있다.

BATNA
협상결과에 대한 최고의 대안. 자세한 의미는 제3장을 참조할 것.

b. 강압전략(forcing strategy)

이는 사용자 측이 강력한 협상력을 바탕으로 노조에게 양보를 강제하는 전략이다. 강압전략의 목표는 노조로부터 즉각적이고 실질적인 양보(임금동결, 노조권한의 약화 등)를 얻어내는 데 있으며, 노조가 자발적으로 동의할 가능성이 낮거나 고용조건의 악화가 상대적으로 덜 중요하다고 판단될 때 주로 쓰인다. 여기서 사용가능한 구체적인 전술적 방법은 다음과 같다.

- 우월한 협상력을 과시하거나 노조를 위협
- 파업이나 공장의 폐쇄 등을 불사
- 상대의 실질적 양보를 얻어내기 위해 정보를 왜곡
- 노조의 분열을 조장(divide & conquer)

강압전략이 성공조건으로는 사용자 측의 강한 협상력과 절박한 조직변화의 필요성 등이 있다.

c. 포용전략(fostering strategy)

이는 노사 양측의 목표를 달성하기 위하여 노사합의에 의한 변화를 추구하는 전략이다. 포용전략의 목표는 노조와 직원들로부터 장기적이고 자발적인 변화노력을 이끌어내고 고용관계의 근본적 문제해결에 집중하는 것이며, 점진적인 변화가 목표이거나 노조가 사용자의 제안에 동의할 가능성이 크다고 판단될 때 주로 쓰인다. 여기서 사용가능한 구체적인 전술적 방법은 다음과 같다.

- 상호 정보를 공유하고 **관심사**(interest)**에 기반한 협상**을 실시
- 노사간의 관계개선을 위한 각종 프로그램 실시
- 포용전략에 대해 노사 양측 모두 각자의 소속집단 내에서의 지지를 획득

포용전략이 성공하기 위해서는 노사간의 신뢰 및 변화의 불가피성에 대한 노사간의 공감대 형성 등이 필요하다.

관심사에 기반한 협상이란, 각자가 주장하는 바(position)가 아니라 왜 그런 주장을 하는지의 이유에 초점을 두는 협상방식을 말한다.

② 사용자의 고용전략

경제환경의 변화에 적응하기 위해서는 고용유연성이 필요하며, 이를 위해 사용자가 취할 수 있는 고용전략에는 신자유주의적 전략, 이원화 전략, 사회조합주의적 전략의 세 가지가 있다.

a. 신자유주의적 전략(neo-liberal model)

이는 철저히 외부노동시장에 의존하여 고용유연성을 확보하려는 전략이다. 경기가 좋을 때는 추가고용을 통하여 노동력을 확보하고 경기가 나쁠 때는 해고를 통하여 인력을 축소하는 것이다. 이 전략은 노동력의 **수량적 유연성**(numerical flexibility)을 추구하게 되므로 노동력 규모의 확대와 축소가 반복된다. 주로 노조가 없거나 그 세력이 약한 경우, 특히 저임금 대량생산 부문에서 사용되는 전략이다.

수량적 유연성
노동인력의 양적 측면을 조절함으로써 환경변화에 대응하려는 전략이다. 고용규모나 근로시간의 변화를 그 수단으로 삼는다.

b. 이원화 전략(dualistic model)

이는 기업인력의 유형에 따라 서로 다른 전략을 구사하는 것이다. 즉 기업의 핵심인력에 대해서는 내부노동시장을 적극 활용하는 **기능적 유연성**(functional flexibility)의 확보에 집중하여 비교적 장기고용을 보장하며, 기업의 주변적 기능을 담당하는 인력에 대해서는 수량적 유연성의 확보에 집중하여 철저히 외부노동시장을 활용하는 방식을 통해 고용과 해고를 비교적 자유롭게 운영하는 것이다.

경제위기 이후 많은 수의 한국 기업들이 업무의 중요성에 따라 정규직과 비정규직을 구분하여 채용하고 관리하는 경향을 보이는데, 이러한 고용전략이 바로 이원화 전략에 해당한다.

기능적 유연성
근로자의 자질과 능력을 다양화시켜 환경변화에 대응하려는 전략이다. 교육훈련이나 직무설계 등을 그 수단으로 삼는다.

c. 사회조합주의적 전략(quasi-corporatist model)

이는 주로 내부노동시장을 활용하여 다기능공화를 통한 기능적 유연성을 확보하는 전략이다. 노조의 힘이 강력하여 기업의 고용결정과 정부의 노동정책에 영향력을 행사할 수 있는 환경에서 주로 적용된다. 이 전략이 쓰이는 대표적인 예로는 참여와 협력의 노사관계를 추구하는 한국의 소수 대기업과 노사공동결정제로 유명한 독일 및 스웨덴의 사례를 들 수 있다.

2) 노동조합의 전략적 선택

노동조합은 사용자가 혁신이나 구조조정을 시도할 때 절대반대, 불개입, 소극적 개입, 적극적 참여의 네 유형의 전략을 선택할 수 있다.

① 절대반대(just say no)

이는 기업의 경영혁신이나 구조조정이 노조에 부정적 영향을 미칠것으로 예상될 때 그 시행을 적극 반대하여 경영층의 실시의지를 꺾는 전략이다. 예를 들어 혁신의 결과가 근로자의 노동강도를 증가시키거나 노조원의 근무환경을 악화시킬 것으로 판단될 때 노조에서 혁신을 반대하는 것이다. 이러한 전략을 사용하는 경우는 대부분 회사의 경쟁력이 충분하여 현재의 제도만으로도 현상유지가 가능하다고 판단될 때이다.

② 불개입(sit tight/wait and see)

이는 혁신이나 구조조정이 노조나 구성원들에게 바람직한 결과를 가져올 것인지 확신이 서지 않는 경우 노조 지도부에서 찬성도 반대도 하지 않는 태도를 취하는 경우를 뜻한다. 동종업계나 인근지역에서 해당 제도를 실시한 전례가 없어서 그 결과에 대한 예측이 힘든 경우 사용할 수 있다. 노조가 불개입한 가운데 만약 회사측의 혁신정책이 노조와 구성원에게 큰 영향을 미치게 된다면 노조는 그 위상에 심각한 타격을 입게 된다. 구성원의 이해관계가 걸린 문제에 별다른 기여를 하지 못했기 때문이다.

③ 소극적 개입(protective involvement)

이는 혁신이나 구조조정의 실시에 대해 구성원들이 불이익을 당하지 않도록 노동조합 지도부에서 소극적인 개입을 하는 것이다. 개입의 구체적 내용으로는 단체협약에 규정된 사항이 조직변화과정에서 변경되지 않도록 하거나, 변화가 불가피한 경우 사전에 노조와 협의하도록 압력을 행사하는 것이다. 이 전략의 궁극적 목적은 제도 도입이 노조와 구성원에 미치는 부정적 영향을 최소화하는 것이므로, 제도가 성공하든 실패하든 노조의 위상을 지켜줄 수 있는 전략으로 인식되어 많은 수의 노동조합들이 실제로 채택하는 전략 중의 하나이다. 그러나 기업의 경쟁력이 한계에 달하여 구조조정의 전면적 실시가 필요한 경우에는 이러한 소극적 전략만으로 기업의 경쟁력 회복에 기여하지는 못한다는 점이 이 전략의 약점이라 하겠다.

④ 적극적 참여(participation)

이는 회사의 경쟁력이 위기에 달하여 기존의 경영방식을 유지하는 것보다 적극적인 혁신과 구조조정이 필요하다고 인식되는 경우 노조가 그 도입과 운영에 적극 참여하는 전략이다. 노조의 적극적 참여 결과 구조조정과 혁신이 성공을 거둘 경우, 노동조합은 조합원들의 이익을 적극적 수단을 통해 보호하였기에 노조원들의 지지를 획득할 수 있다. 다만 어용시비가 일 수 있다는 점은 한계로 꼽힌다.

제2절 노동쟁의[12]

EMPLOYMENT AND INDUSTRIAL RELATIONS

1. 노동쟁의의 개념과 노사갈등의 성격

1) 노동쟁의의 의의[13]

노동쟁의

노동쟁의(labor dispute)는 노사간 주장의 불일치로 인하여 발생한 분쟁상태이다. 대개 노사간의 이해대립이 협상을 통해 해결되지 않고 각 당사자의 실력행사에 따른 분쟁이 발생하여 주장의 관철을 위한 대립이 발생할 때를 의미한다. 대개의 노동쟁의는 노동자의 쟁의행위(예를 들면 파업이나 태업)와 그에 대한 사용자의 대항행위(예를 들면 직장폐쇄)를 포함하는 개념이다.

노동쟁의에서도 노사는 각기 합법적인 실력대결을 통해 양보를 얻어내고 타협에 이를 필요가 있다. 노동쟁의가 발생하면 노측은 임금의 손실을, 사측은 생산의 중단이라는 피해를 각각 입게 되므로, 쟁의기간을 최소화할 수 있도록 적극적인 문제해결 노력을 양측 모두가 기울여야 한다.

[그림 2-3] 노동쟁의와 쟁의행위의 유형

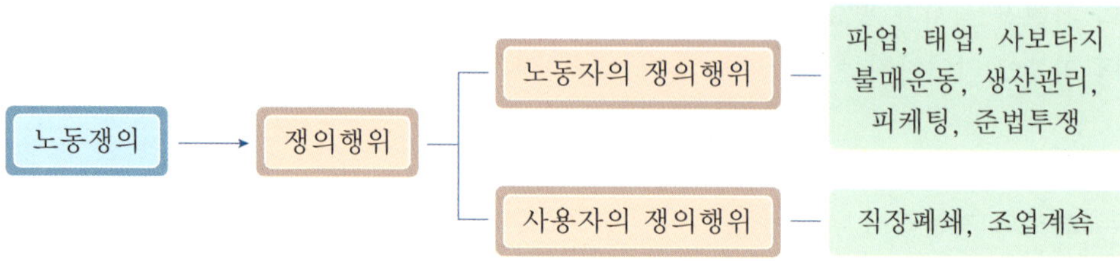

2) 노사갈등의 기본 성격

① 노사갈등에 대한 세 가지 관점[14]

노사갈등을 보는 시각에는 일원론적 입장, 급진적인 입장, 다원론적인 입장 등의 세 가지가 있다.

메이요(Mayo, E.)

일원론(unitarism)은 과학적 관리론을 주창한 테일러(Taylor)나 인간관계론을 집대성한 **메이요**(Mayo) 등으로 대표되는 관점으로서, 노사간에 갈등이라는 것은 근본적으로 존재하지 않는다는 시각이다. 즉 한 기업에서 노사간의 이해관계는 완전히 일치하며 서로간의 갈등이 생기는 것은 오직 경영자의 그릇된 경영방식에서 비롯될 뿐이라는 주장이다. 이 관점에 따르면 노조의 발생은 부실경영이 그 원인이 되며 경영자가 올바르게 경영을 하면 노동조합이 생길 이유가 없다. 즉 노조의 존재 이유와 노사갈등을 부정하는 시각이다. 이 관점은 허술한 경영을 하는 중소기업보다 체계적이고 치밀한 경영을 하는 대기업에 노조가 발생하는 비율이 평균적으로 더 높은 현상을 설명하지 못하는 한계를 가진다.

마르크스(Marx)로 대표되는 급진적인 관점에 따르면 노사간의 갈등은 자본주의 사회에서 피할 수 없는 것이며 자본주의 발달에 따라 노사갈등은 더욱 격화된다고 한다. 이들에 따르면 노사간의 갈등을 해결하는 유일한 방법은 무산계급의 혁명을 통하여 생산수단을 공유하는 공산주의 체제로 전환하는 것이다. 즉 급진주의는 자본주의 사회와 사용자의 존재가치를 인정하지 않는 것이다. 그러나 자본주의의 발달에도 불구하고 노사간의 갈등이 혁명으로 이어지지 않았다는 사실은 이 관점의 한계를 드러내고 있다.

다원론(pluralism) 내지는 신제도론(neo-institutionalism)에 따르면 한 기업 안에는 노동자와 사용자와 같이 서로 다른 이해관계를 가진 집단이 존재하는 것이 당연하며 갈등은 필연적으로 발생한다고 본다. 갈등을 필연적으로 보는 관점에서 다원론과 급진주의는 비슷한 측면이 있지만, 다원론에서는 노사갈등의 표출이 역설적으로 가진자와 못가진자의 긴장을 간헐적으로 해소시켜 주므로 혁명을 피할 수 있다고 본다. 즉 단체교섭이나 파업을 통하여 주기적으로 노사간의 갈등이 해소됨으로 해서 노동자계급의 불만을 줄이게 되어 오히려 자본주의를 공고하게 만드는 효과가 있다고 주장한다. 노동조합의 존재와 파업의 존재가 자본주의제도가 기능하는 데에 긍정적인 역할을 한다고 본다.

② 노사갈등의 기본 성격

노동쟁의는 노사갈등의 일종이며 이는 이론적 개념상 갈등(conflict)의 한 유형에 속한다. 최근 인사조직론의 이론적 관점에 따르면 서로 이해관계가 상이한 집단이 공존하는 경우 갈등이 필연적으로 발생하게 된다. 따라서 갈등을 무조건적으로 도외시하거나 없는 것처럼 취급해서는 안 된다. 오히려 앞서 살펴본 다원론 혹은 신제도론의 관점에서 살펴본 것처럼 노사갈등을 주기적으로, 그리고 건전한 방식으로 표출하여 노사간 긴장을 완화·해소해 나가기 위해 노력을 기울여야 한다. 즉 적절한 수준의 갈등은 순기능을 가짐을 명심해야 한다.

갈등과 성과의 관계

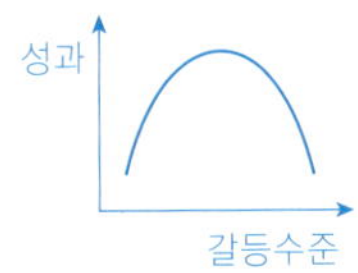

이를 위해서는 노사 양 당사자 모두가 갈등의 불가피성, 노사간의 다양성, 갈등의 수용가능성 등을 인정해야 할 것이다. 노사갈등의 불가피성(inevitability)이란 노사 각자의 욕구수준에 비해 조직이 보유한 자원이 한정된 점과 노사 각자의 입장차이로 인하여 서로 상반된 목적을 가질 수밖에 없음을 인정해야 한다는 의미이다. 노사갈등의 다양성(variety)이란 갈등의 양상이 동일하지 않다는 것이다. 실제로 파업이나 태업 등과 같이 눈에 보이는 노사갈등 외에도 이직이나 결근 등과 같은 비가시적 방법의 갈등상태도 실제 조직에서는 항상 존재할 수 있다. 끝으로 노사갈등의 수용가능성(acceptability)이란 대부분의 노사갈등이 자본주의 체제 내에서 순기능을 갖기에 받아들여질 수 있다는 것이다.

2. 노동자의 쟁의행위

노동자가 주체가 되어 행하는 쟁의행위에는 파업, 태업, 사보타지, 불매운동, 생산관리, 피케팅, 준법투쟁 등이 있다.

3) 파업(strike)

① 개념과 기능

이는 근로자가 단결하여 근로조건의 유지 및 개선이라는 목적 달성을 위해 집단적으로 노동의 제공을 거부하는 행위이다. 직장이탈과 농성을 수반하는 경우가 많다.

파업은 대개 다음의 두 가지 기능을 수행한다[15].

첫째, 상대방(대개 사용자)의 태도를 바꿀 수 있다. 즉 노동조합의 요구에 대해 매우 부정적 입장을 가지는 사용자라 하더라도 파업이 발생한 이후에 입장을 바꾸는 경우가 많다.

둘째, 노조 내부의 일반조합원과 교섭대표자 간의 관계를 조정하는데 도움이 된다. 노조지도부는 노조의 요구를 사용자가 받아들이기 어려움을 잘 알고 있지만 조합원들의 지지를 확보하기 위해 요구조건을 스스로 낮추기가 어렵다. 이러한 상황 속에서 파업을 결행한 다음 사용자가 그래도 요구를 받아들이지 않는다면 내부 조합원을 설득하여 요구수준을 낮추고 교섭에 임할 수 있는 것이다.

② 파업의 유형[16]

파업은 여러 가지 유형으로 구분할 수 있다.

a. 의사결정의 특성에 따른 구분

파업은 의사결정 특성에 따라 계산적 파업, 착오적 파업, 충동적 파업으로 구분할 수 있다. **노동쟁의에 대한 조정제도**는 계산적 파업보다는 착오적 파업이나 충동적 파업을 줄여주는 역할을 한다.

노동쟁의에 대한 조정제도
조정인(조정위원)은 격앙된 분위기에 있는 노사 당사자들이 객관적이고 이성적으로 사태를 파악할 수 있도록 도와주고, 쟁점사항에 대한 정보를 노사 쌍방에게 제공하므로 정보를 잘못 해석하는 착오나 충동적 파업을 억제하는 효과가 있다.

- 계산적 파업(rational strike)은 상황에 대한 정확한 이해와 목적지향적인 행동에 근거하여 수행되는 파업으로서 실제적 갈등(real conflict, 상대방보다 많은 권력이나 이익을 얻으려고 하거나 불만이나 긴장해소를 위해 의도적으로 파업을 실행)이나 유도된 갈등(induced conflict, 노조나 사용자가 자신들의 중요성을 과시함으로써 지위를 강화하거나 내부적 갈등의 봉합을 위해 일부러 파업을 유도하는 경우) 하에서 발생하게 된다.
- 착오적 파업(nonrational strike)이란 상대방의 의도나 행위를 오해하거나 파업으로 발생하게 될 결과를 잘못 추정하는 등 정확한 정보나 지식이 없거나 상황을 착오해서 발생하는 파업이다. 예를 들어 노조대표가 사측보다 경영상황을 낙관하여 과다한 요구를 할 때 발생하는 파업이 착오적 파업에 해당한다.
- 충동적 파업(irrational strike)이란 근로자들이 순간적인 감정에 흥분되어

방향성이나 목적성 없이 수행되는 파업이다. 산업재해사고가 빈번하게 일어날 때 근로자들이 흥분하여 일으키는 파업이 그 예이며, 대체로 노조의 조직과 지휘가 제대로 이루어지지 않는 파업이다. 노사간의 협상경험이 쌓이고 조직이 보다 체계화된다면 충동적 파업은 감소하게 된다.

b. 기타 파업의 유형 구분

파업은 다음의 여러 가지 방식으로 분류할 수 있다.

ⅰ. 조직상의 구분

파업은 노동조합의 조직과 지시하에서 이루어지는 조직파업과 노조의 규약 또는 지시에 위반하는 비조직파업으로 구분된다. 특히 노동조합에 의하여 주도되지 않거나 소수의 조합원들에 의하여 행해지는 파업을 **와일드 캣 파업**(wildcat strike)이라고 한다.

와일드캣 파업
살쾡이파업이라고도 번역한다. 노동조합의 허가 없이 노동자들의 일부가 비공인 파업을 하는 것으로서, 1968년 프랑스의 5월 혁명에서 주로 사용된 투쟁 방식이다.

ⅱ. 참가범위에 의한 구분

노동조합은 파업에 참가하는 피고용인들의 범위와 수를 조정하면서 여러 가지 전략적 투쟁을 벌일 수 있다. 전국적으로 전 산업에 걸쳐서 행하여지는 파업을 총파업(general strike)이라고 한다. 반면에 일정산업 또는 일정기업의 모든 피고용인들이 파업에 참가할 때 이를 전면파업이라고 하고, 그 일부만이 파업에 참가할 때 이를 부분파업이라고 한다.

ⅲ. 쟁의행위의 선후에 의한 구분

쟁의행위는 노사의 공방적 실력행사이다. 파업이 사용자의 직장폐쇄보다 선제적으로 행해질 때 이를 공격적 파업이라고 하고, 사용자의 직장폐쇄가 있은 다음에 행하여지는 파업을 방어적 파업이라고 한다.

ⅳ. 투쟁목적상의 구분

파업이 상대방인 사용자의 주장을 꺾고 노동조합의 주장을 관철하려는 목적을 가지고 행해질 때 이를 투쟁파업이라고 한다. 사용자에 대한 직접적인 투쟁목적이 없을 때 이를 시위파업이라고 한다. 또한 임금협상이나 단체협상에서 임금 등 근로조건에 관한 다툼으로 일어나는 파업을 경제파업이라고 하고, 사용자의 부당노동행위(즉, 단체협약 위반)를 시정할 목적으로 행하는 파업을 부당노동행위파업이라고 한다. 한편 파업의 상대방이 정부나 의회로서 정치적인 문제나 노동정책에 대하여 일으키는 파업을 정치파업이라고 한다.

ⅴ. 독자성 유무에 의한 구분

파업을 수행하는 피고용인들이 스스로의 주장을 관철하려고 할 때 이를 자조적(自助的) 파업이라고 하고, 다른 파업의 지원을 목적으로 하는 경우에는 동정파업 또는 연대파업이라고 한다.

vi. 기한에 의한 구분

기한을 정하지 않은 파업을 무기한파업이라고 하고, 일정한 파업기간이 정해져 있는 경우를 시한파업이라고 한다. 이러한 시한파업이 반복되어서 행해질 때는 파상파업이라고 한다.

힉스의 두 곡선 이론이 갖는 문제점

힉스의 분석이 의미를 갖기 위해서는 노사가 상대방의 곡선, 즉 행동유형을 사전에 정확히 알아야 한다. 그러나 현실에서 노사는 서로 자신의 입장을 그대로 보여주기보다는 과장을 하게 마련이다. 따라서 말로 하는 주장을 그대로 믿을 수가 없다. 결국 행동, 즉 파업이 발생한 후에야 상대방의 행동유형을 알게 되니 파업은 불가피하다는 결론에 도달한다.

③ 파업의 발생을 설명하는 여러 이론들[17)]

a. 힉스의 두 곡선

힉스(Hicks)는 노사간의 교섭과 관련하여 두 개의 곡선으로 파업을 설명하였다. 다음 [그림 **2-4**]에서 노동조합은 10%의 임금인상이 이루어진다면 파업 없이 교섭을 끝낼 수 있지만 5%의 임금인상은 5일의 파업 후에야 받아들일 수 있다. 임금이 동결되는 경우(인상률 0%)에는 무한대의 파업을 지속할 것이다. 이를 노동조합의 저항곡선(resistence curve)이라 한다.

반대로 사용자 입장에서는 임금이 동결되는 경우(인상률 0%) 노조의 주장을 파업 없이 받아들일 수 있지만 5%의 임금인상은 5일의 파업이 있은 후에야 받아들일 수 있다. 임금인상요구율이 10%라면 아무리 파업이 계속되어도 받아들일 수 없다. 이를 사용자의 양보곡선(concession curve)이라 한다.

힉스는 노사간에 상대방의 행동유형(그래프의 곡선)을 제대로 파악하지 못하는 교섭경험의 부족이 파업을 유발한다고 보았다. 노사가 서로 많은 교섭경험을 쌓아간다면 상대방의 행동을 정확히 파악할 수 있고 그 결과 파업을 피할 수 있다는 주장이다.

[그림 **2-4**] **힉스의 두 곡선**

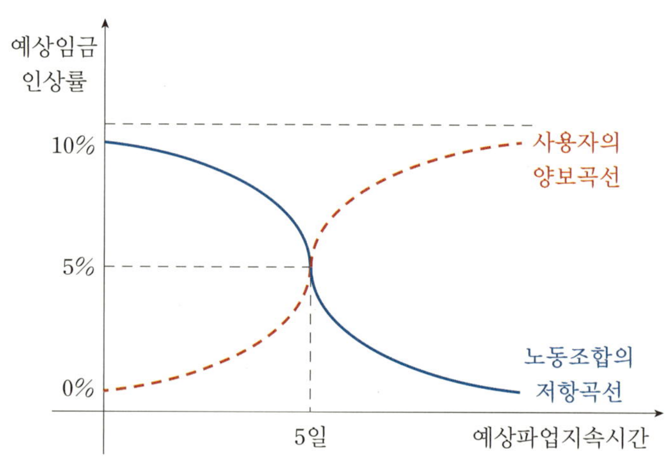

b. 파업비용이론

이는 파업을 하는 비용이 파업을 피하는 비용보다 저렴한 경우 파업이 발생한다는 이론이다. 환경이 안정적인 경우에는 과거의 관행이 적용되는 경우가 많기 때문에 몇 가지에 대해서만 새롭게 교섭을 하면 되지만, 단체협약유효기간(예: 2년) 내 환경이 급변하는 경우 교섭에서 많은 내용을 새로 논의해야 하므로 그 시간과 비용이 상당할 수 있다. 이럴 때는 차라리 파업을 통해서 노사가 서로 급한 상황에서 신속하게 협상을 진행하는 것이 더 효율적이라는 것이다. IMF 외환위기로 임금동결이나 삭감 내지는 대규모 구조조정 등을 실시했던 우리나라의 1998년 이후의 상황을 일부 설명할 수 있다.

파업비용이론은 케난(Kennan)이 주장하였다. 이 이론은 IMF 외환위기로 임금동결이나 임금삭감, 정리해고나 복지삭감 등을 동시에 논의해야 했던 1998년 이후의 우리나라 상황을 일부 설명할 수 있다.

c. 비대칭정보이론

이 이론은 전술한 힉스의 주장을 헤이스(Hayes)가 보다 구체화시킨 것이다. 단체교섭시 사용자는 대개 회사의 사정이 어렵다고 이야기하는데, 노조측에서는 정보의 비대칭으로 인해 해당 주장이 사실인지 파악할 수가 없다. 따라서 파업을 통해 사측 주장의 진위여부를 확인한다는 것이다. 만약 사용자가 거짓말을 하고 있다면 파업 발생시 신속하게 양보하여 조기에 파업을 끝내려 할 것이지만, 정말로 회사의 사정이 어렵다면 파업이 발생한다고 해도 쉽게 양보하지 않을 것이기 때문이다.

d. 소외이론

이는 외딴 지역에서 발생하는 파업을 설명하는 이론이다. 외진 곳에서 발생하는 파업은 보다 과격하고 더 오랜 기간 동안 지속된다는 것이 본 이론의 핵심주장인데, 지역적 고립감이 근로자의 소외감으로 이어져 파업의 과격화로 이어진다는 것이다. 이 이론은 주로 탄광지역에서 발생하는 파업을 설명하기 위해 도입되었으며 우리나라 1980년 **사북지역**의 파업, 구소련과 중국의 광산부문 파업 등을 설명하는데 사용될 수 있다.

사북파업

1980년 4월, 강원도 정선군 사북읍에 위치한 동원탄좌 소속 탄광노동자들이 저임금과 어용노조 등에 분노하여 일으킨 봉기를 뜻한다.

4) 태업(soldiering)

이는 근로자가 집단적이고 의도적으로 작업능률을 저하시키는 쟁의행위를 말한다. 구체적으로는 생산작업의 속도를 늦추어서 생산품의 양적 감소를 초래하거나, 고의로 불량품을 생산하거나, 서비스의 질을 떨어뜨리는 것이다. 태업은 사용자측에 경제적 압박을 가하는 수단으로 활용되며, 소극적 사보타지(passive sabotage)로 불린다.

5) 사보타지(sabotage)

이는 태업에 그치지 않고 의도적으로 생산설비를 파괴하는 행위를 뜻하며, 적극적 사보타지(active sabotage)로 불린다. 사보타지는 사업장에 대한 방해행위, 업무의 고의적 방해, 기계류의 파괴 등에 의하여 사용자의 생산 또는 사무를 의식적이고 적극적으로 방해하는 행위이다. 또한 적극적 사보타지의 한 형태로서 피고용인이 노조의 지시에 따라 불량품을 생산하는 경우도 있다. 파업이 노동력을 생산수단과의 결합상태에서 분리시키고 사용자의 노동력에 대한 지휘 · 명령으로부터 피고용인들을 완전히 벗어나게 하는 것이라면, 태업 또는 사보타지는 다만 사용자의 지휘 · 명령을 그대로 따르지 않게 한다는 점에서 차이가 있다.

영국의 한 토지관리인 Boycott이 소작료 체납인들을 영지에서 추방하려다 오히려 그들이 단합하여 배척함으로써 Boycott를 물러나게 한 데서 유래한 말이다.

6) 불매운동(boycott)

이는 사용자 또는 그와 거래관계에 있는 제3자의 제품구입이나 시설이용을 거절한다든가 그들과의 거래관계를 거절할 것을 호소하는 투쟁행위이다. 여기서 사용자의 제품 구매 또는 시설이용을 거부함으로써 사용자에게 압력을 가하는 것을 일차적 보이콧(primary boycott)이라 한다. 한편 사용자와 거래관계에 있는 제3자에게 사용자와의 거래를 단절할 것을 요구하고 이에 응하지 않을 때에는 소비자로 하여금 제3자의 제품구입이나 시설이용 또는 노동력 공급을 중단하도록 요구하는 것을 이차적 보이콧(secondary boycott)이라 한다. 대부분의 불매운동은 단독으로 사용되기보다는 파업을 지원하기 위한 부수적인 수단으로 행하여지는 경우가 많다.

7) 생산관리(생산통제)

이는 노동조합이 사용자의 의사에 반하여 공장시설이나 원자재를 점유하고 사용자의 지휘명령을 배제한 상태에서 기업을 경영하는 쟁의행위로서, 노조가 경영을 하되 수익은 회사를 위해 보관하고 임금을 종전대로 지급하는 온전한 형태와 회사 자체를 마음대로 처분하거나 수익금을 임금에 반영하는 극단적 형태로 나눌 수 있다. 생산관리는 단순한 노무거부가 아니라 사용자의 소유권과 경영권을 침해하는 것이다.

피케팅

8) 피케팅(picketing)

이는 파업이나 불매운동을 효과적으로 수행하기 위해 근로희망자들의 사업장 혹은 공장 출입을 저지하고 파업참여에 협력할 것을 호소하는 행위이다. 피케팅은 파업중 사업장의 사용자에 대하여 노동력의 제공을 철저히 차단함으로써 경제적인 타격을 확대하려는 것이다. 보통 피케팅은 사업장 또는 공장의 입구에서 플래카드를 들고 확성기 등을 사용하여 출입자를 감시하고 파업 비참가자들에게 파업에 참여할 것을 요구하는 형태로 실시된다. 파업의 배반자를 감시하는 동시에 제3자에게 파업 참여를 독려하는 평화적 설득을 그 목적으로 하며, 파업이나 보이콧 등과 같은 주된 쟁의행위의 보조적인 수단으로 사용된다.

9) 준법투쟁(work to rule)

피고용인들이 법 규정을 엄격하게 준수하거나 법 규정 그대로의 권리를 행사함으로써 그들의 주장을 관철시키고자 하는 쟁의행위를 준법투쟁이라 한다. 만약 준법투쟁이 단순히 당해 규정이 철저한 준수를 요구하는 수준이라면 작업능률이 크게 저하되지 않지만, 당해 규정이 객관적으로 요구하는 정도를 벗어나는 방법으로 준수되는 경우에는 작업의 능률이 저하되어 사용자에게 압력수단이 될 수 있다. 예를 들어 지하철 열차의 운행 전 규정에 정해진 모든 정비절차를 일시에 수행하여 지하철의 운행을 지연시키는 경우, 관행화되어 있는 연장근로의 실시를 거부할 경우, 연차 · 월차 · 병가 등의 집단적 사용을 요구하는 경우 등이 준법투쟁에 해당한다.

10) 기타 부수적 쟁의수단

노동조합은 조합원들의 쟁의행위 참가 및 설득을 위해 각종 전단 및 벽보 등의 배포, 부착, 현수막의 게시 등을 하기도 하며, 조합원들이 항의를 표시하거나 단결을 고취하기 위해 리본, 완장, 머리띠, 어깨띠 등을 부착하기도 한다. 또한 파업을 할 때 사용자의 의사에 반하여 사업장에 체류하는 직장점거를 할 수도 있는데, 이는 파업의 실효성을 담보하기 위하여 수반되는 부수적 쟁의행위이므로 연좌 또는 농성을 하는 파업의 형태로 나타나기도 한다.

3. 사용자의 쟁의행위

피고용인 측의 쟁의행위에 대항하여 사용자 측이 취할 수 있는 대항행위로는 직장폐쇄와 조업계속 등이 있다.

현행법에서는 쟁의행위시 직장폐쇄와 조업계속 등 사용자의 대항행위에 대해서도 규정하고 있다. 사용자는 노동조합이 쟁의행위를 개시한 이후에만 직장폐쇄를 할 수 있다고 규정하여 수동적이고 방어적인 직장폐쇄만을 사용자의 정당한 쟁의행위로서 인정하고 있다.

1) 직장폐쇄(lockout)

이는 사용자가 그의 주장을 관철시키기 위한 수단으로서 근로자를 직장으로부터 집단적으로 차단하고 근로자가 제공하는 노무를 총괄적으로 거부하는 쟁의행위로서 노조에게 임금손실로 인한 경제적 압박을 하는 동시에 노조의 쟁의 거점을 봉쇄하고자 하는 목적을 가지고 있다. 직장폐쇄는 노사간의 의견 불일치가 있는 경우에 사용자가 자기의 주장을 관철하기 위한 목적으로 행하는 것이므로 사용자가 경영상의 사정으로 휴업을 한다든가 사업장을 폐쇄하는 행위 또는 다수의 피고용인에 대하여 취업규칙 위한 등을 이유로 출근정지처분을 하는 행위는 직장폐쇄가 아니다. 또한 직장폐쇄는 일단 쟁의행위가 종료하면 노무의 수령이 거부되었던 피고용인들을 사용자가 다시 취업시킨다는 것을 전제로 하고 있다.

2) 조업계속

이는 사용자가 파업에 참가하지 않은 조직구성원을 활용하여 조업활동을 계속하는 것이다. 이를 통해 사용자는 파업이 지속되더라도 이에 굴하지 않고 고객에게 제품과 서비스를 공급할 수 있음을 보여줌으로써 파업의 위력을 약화시킬 수 있다. 즉 사용자가 조업을 계속할 경우에는 고객에게 제품을 공급할 수 있어 파업중에도 수익을 창출할 수 있는 반면에 노조 측은 파업으로 인한 임금이 지급되지 않아 경제적 손실을 보게 된다. 현행법에 따르면 사용자는 노동조합의 쟁의행위시에 파업불참자와 비노조원을 사용하여 조업을 계속할 수 있으나, 쟁의행위로 중단된 업무의 수행을 위하여 당해 사업과 관계없는 자를 채용 또는 대체할 수는 없다고 하여 쟁의중 신규로 피고용인을 채용하여 조업을 계속하는 일을 금지하고 있다. 단 노동쟁의가 필수공익사업장(예를 들어 철도, 항공운수, 수도, 가스사업, 석유정제공급, 병원, 혈액공급, 한국은행, 통신, 우정사업)에서 발생하는 경우 파업인원의 절반까지 신규인력이나 외부인력을 임시로 고용하거나 다른 회사에 외주를 주어서 조업을 계속하는 것을 허용하고 있다.

우리나라 노동쟁의의 현대적 특징
① 원만한 증감 추세가 반복
② 근로조건과 고용관련 파업이 많음
③ 제조업과 사회·개인서비스업에서의 파업이 많음
④ 노동쟁의의 장기화 경향

4. 한국 노동쟁의의 특징[18)]

1987년 이후 한국의 정치는 민주화가 이루어지면서 특별한 정치적 위기를 겪지 않았고 노동쟁의도 정치·경제·사회분야의 특별한 요인에 의하여 좌우되는 패턴을 보이지는 않는다. **우리나라 노동쟁의의 현대적 특징**을 살펴보면 다음과 같다.

첫째, 쟁의건수가 1987년을 정점으로 그 이후부터 차츰 감소하는 추세를 보이다가, 1997년 경제위기 이후 다시 증가하는 추세를 보였으며 2004년 이후 다시 감소하고 있다. 2009년과 2012년 잠시 증가세를 보이지만 그 폭이 크지 않으며 2013년 이후 다시 감소하고 있다. 즉 1987년 이후의 파업발생은 원만한 주기(cycle)를 보이면서 하락과 상승을 반복하고 있다.

둘째, 발생원인별 현황을 살펴보면 2007년의 경우 노사분규발생건수 115건 중 임금관련 분규건수가 24건(20.9%)이며 단체협약과 임단협 관련 78건(67.8%), 기타 13건으로 대체로 임금보다는 근로조건과 고용에 대한 이슈가 파업의 주요 원인인 것으로 나타났다. 이는 구조조정이 파업의 주된 원인이 되어온 경제위기 이후의 추세를 반영하는 것이다. 이러한 특징은 임금관련분규가 대부분을 차지하던 1980년대 후반의 파업과는 대비되는 점이다.

셋째, 업종별 현황을 보면 최근까지 제조업에서의 파업이 전체 파업의 가장 큰 비중을 차지하였으나, 2010년과 2013년의 경우 사회 · 개인서비스업에서의 파업이 가장 빈번히 발생하고 있다. 전반적으로 제조업, 사회 · 개인서비스업, 운수 · 창고 · 통신업, 금융 · 보험 · 부동산업의 순으로 파업이 자주 발생하고 있다.

넷째, 노동쟁의의 강도를 말해주는 건당 지속일수는 1987년 5.3일에 불과하였던 것이 그 후 계속 증가하여 2000년 이후에는 30일 정도로 증가하는 추세를 보이고 있다. 노동쟁의의 장기화경향은 1999년까지는 비교적 타결이 용이한 편인 임금인상을 요구조건으로 내세운 파업이 많았으나, 2000년대 이후에는 상대적으로 조속한 타결이 어려운 고용과 근로조건을 이슈로 한 파업이 많아지면서 나타나는 현상으로 보인다.

5. 노동쟁의의 해결방안[19]

노동쟁의는 노사 쌍방의 경제적 손실은 물론이고 국민경제에도 손해를 가져온다. 따라서 가급적 노사 쌍방의 노력과 대화에 의하여 사전에 방지하는 것이 필요하다. 쟁의조정은 노사 쌍방이 자주적으로 해결하기 어렵고 쟁의로 인하여 사회전체의 질서와 안녕이 위태로울 때 부득이하게 국가 등 제3자가 협상타결을 위해 조력을 하는 것을 의미한다. 다만 쟁의조정에 지나치게 의존한다면 노사 당사자들은 스스로 양보안을 내는 등 협상에 적극적인 자세를 보일 필요가 없어지는 **냉각효과**(chilling effect)가 발생하며, 많은 노력이 수반되는 당사자간의 협상보다는 정부의 중재에 갈수록 더 의존하

냉각효과
당사자가 직접 협상에 나설 필요가 없어 적극적인 자세를 보이지 않음

중독효과
당사자간의 협상보다는 정부의 중재에 의존

는 **중독효과**(narcotic effect)가 나타난다. 기존의 연구에 따르면 노사간의 자주적인 협상을 촉진하는 방법으로는 파업의 가능성을 열어두는 것이 가장 효과적인 방법이라는 것이 확인되고 있다.

1) 알선(conciliation)

알선은 분쟁 당사자가 서로 만나서 대화하고 문제를 토론하게 하는 것으로서 가장 간단한 쟁의조정 방법이다. 알선자의 목적은 분쟁당사자의 중개자가 되는 것이며 당사자들을 만나게 하면 스스로 분쟁을 해결할 수 있는 방안을 모색하리라는 가정하의 방법이다. 알선자는 갈등해결안을 제시하지 않는 것이 일반적이다.

우리나라에서는 정부가 노사갈등에 개입하는 정도가 비교적 큰 편이다. 우리나라의 「노동조합 및 노동관계조정법」에서는 조정, 중재, 긴급조정 등의 제도를 두고 있다. 긴급조정은 쟁의행위가 공익사업 내지는 국민생활에 위협을 가할 경우에 실시한다.

2) 조정(mediation)

조정은 갈등해결에 있어 제3자인 조정자가 참여를 하지만 중재의 중재자와 달리 조정자의 경우 갈등당사자들의 갈등해결에 조언자 또는 자문의 역할을 수행하며, 최종적인 결론은 갈등당사자들의 합의로 결정이 나도록 한다. 대부분의 조정의 경우 법적인 효력이 인정되지 않는 경우가 많으며, 제3자가 갈등해결에 있어 그 권한이 거의 없다는 점에서 중재와 가장 큰 차이를 가진다.

조정의 기능은 다음과 같다.

첫째, 조정은 격앙된 상태에 있는 당사자의 흥분을 가라앉히고 이성적인 상태로 사태를 파악하도록 도와주어서 비이성적 쟁의를 방지한다.

둘째, 조정은 쟁점사항에 대한 정보를 노사쌍방에 제공하여 우발적 쟁의를 억제하는 효과를 가진다.

셋째, 조정은 당사자와 함께 쌍방이 받아들일 수 있는 해결책을 모색한다.

넷째, 조정은 필요시에는 어느 일방 혹은 쌍방이 명예롭게 양보(graceful retreat)할 수 있도록 명분을 함께 탐색한다.

다섯째, 조정은 갈등의 비용을 상승시킴으로써 갈등을 줄이는 방향으로 행동하도록 유도한다. 예를 들면 조정안에 대하여 어느 일방은 수용하였으나 다른 일방은 거부하려고 할 경우, 거부한 측이 여론의 질타를 받게 됨을 주지시켜서 양측이 모두 조정안을 수용하도록 유도하는 경우이다.

3) 중재(arbitration)

중재는 갈등의 해결에 있어서 갈등당사자들의 직접적인 갈등해결이 아닌 중립적인 제3자가 갈등당사자들의 동의를 얻어 협상에 개입하여 분쟁당사자들이 쉽게 해결점에 도달할 수 있도록 도와주는 갈등해결방법이라고 할 수 있다. 중재는 갈등을 해결하는데 있어서 당사자들의 자발적인 참여보다 제3자인 중재자에게 전권을 위임하고 그 결과에 승복하는 형태로, 소송과 유사하지만 법적인 효력이 없는 경우가 있다는 점에서 소송과 차이를 보인다.

1) 김동원 · 이규용 · 권순식 · 김동주 · 김윤호 · 김주희 · 손동희 · 송민수 · 유병홍 · 이수영 · 정흥준(2019), 『고용관계론』(제2판), 서울 : 박영사, pp.56~57.

2) Hirschman, A. O.(1970), Exit, Voice, and Loyalty : Responses to decline in firms, organizations, and states. Cambridge, MA : Harvard University Press.

Farrell, D. (1983). Exit, voice, loyalty, and neglect as responses to job dissatisfaction : A multidimensional scaling study. *Academy of Management Journal*, 26, 596~606.

김동원 등, 전게서, p.249. ; 손태원 · 공도훈 · 여경태(2014), "조직공정성 유형별 불공정성 인식이 반응행동(EVLN)에 미치는 영향", 「조직과 인사관리연구」, 38(1), 25~67.

3) Freeman, R. B., & Medoff, J. L. (1984). *What do unions do*? NY : Basic Books.

4) 박경규, 전게서, pp.507~509.

5) 변상우 · 허갑수 · 채규옥 · 이상우 · 정현우(2017), 『글로벌 시대의 노사관계론』(제2판), 고양 : 피앤씨미디어, pp.122~127.

6) 김동원 등, 전게서, pp.62~63.

7) 고용노동부(2014), 「단체협약 실태조사」, pp.292~293.

8) 최윤희(2013), "에이전시 숍 법리와 우리 노동법에의 도입 검토", 「일감법학」, 26, 495~521.

9) 김형배(2012), 『노동법』, 서울 : 박영사, pp.156~157 ; 임종률(2013), 『노동법』, 서울 : 박영사, pp.71~72.

10) 변상우 등, 전게서, pp.128~137.

11) 김동원 등, 전게서, pp.82~87.

12) 이영면(2015), 『고용관계론』, 서울 : 경문사, pp.300~304.

13) 김동원 등, 전게서, pp.132.

14) 김동원 등, 전게서, pp.133~134.

15) 김수곤(1992), 『한국현대노사관계론』, 서울 : 경문사.

16) 김동원 등, 전게서, pp.135~136.

17) 이영면, 전게서.

18) 김동원 등, 전게서, p.144.

19) 한국행정학회 온라인 용어사전(http://www.kapa21.or.kr/epadic/epadic_view.php?num=834) ; 김동원 등, 전게서, pp.145~147.

CHAPTER 3
단체교섭과 단체협약

제1절 단체교섭

1. 단체교섭의 의의
2. 단체교섭의 유형
3. 단체교섭의 방법
4. 협상의 이론

제2절 단체협약

1. 단체협약의 개념과 기능
2. 단체협약의 내용
3. 단체협약의 체결과 관리과정
4. 고충처리제도

제1절 단체교섭

EMPLOYMENT AND INDUSTRIAL RELATIONS

1. 단체교섭의 의의[1]

1) 의의

단체교섭

단체교섭(collective bargaining)이란 노동조합과 사용자가 양자의 단체적 가치를 전제로 하여 근로자의 임금이나 근로시간 및 그 밖의 근로조건에 관한 협약의 체결을 위해 집단적 타협을 모색하고 또 체결된 협약을 관리하는 절차와 행위이다. 이 용어는 영국의 포터(Porter, B.)가 1891년 그의 저서 "Cooperative movement in Great Britain"(영국의 협동조합운동)에서 처음 사용하였으며, 그는 노동자들이 개별교섭을 벌이기보다는 노동조합이라는 조직을 통하여 단체로 사용자와 협상을 하는 것이 더욱 유리한 경제적 결과를 얻는 길이라 보았다.

이상의 정의에 따르면 단체교섭은 노동자의 교섭력을 강화하는 전략 중 하나로 볼 수 있으며, 영미식의 시장경제적 이해관계조정모델에 입각하여 노사간의 경제적 거래관계를 안정적으로 제도화하는 장치이다. 노동 3권의 상호관계상 근로조건 향상을 위한다는 기본적인 목적에 비추어 볼 때 집단적 노사관계의 핵심은 단체교섭 내지 협약체결에 있다고 판단된다. 따라서 단체교섭은 노동 3권 가운데 가장 중핵적인 권리로서, 단체교섭을 전제로 하지 않은 단결이나 쟁의행위는 무의미하다(大判 1990.5.15).

예를 들어 사용자측은 임금을 1인당 5만원 인상하는 것을 목표로 삼는 반면 노조측은 1인당 7만원 인상을 목표로 할 때 사용자의 교섭태도를 결정하는 분모의 값은 5만원과 7만원의 차이인 2만원이 된다. 이 값이 파업비용보다 크다면 회사측의 협상태도는 강경해진다.

2) 단체교섭제도의 성격

① 단체교섭은 노사간 교섭력(bargaining power)을 중심으로 진행되지만, 이 경우 교섭력은 정당성의 한계를 벗어나지 않는 것이어야 한다. 일반적으로 교섭력은 교섭태도에 의해 결정되며, 교섭태도는 이론상 다음의 공식을 통해 계산할 수 있다.

$$\text{조합의 교섭태도} = \frac{\text{사용자에 동의하지 않음으로 인한 비용(cost)}}{\text{사용자에 동의함으로 인한 비용(cost)}}$$

$$\text{사용자의 교섭태도} = \frac{\text{노조에 동의하지 않음으로 인한 비용(cost)}}{\text{노조에 동의함으로 인한 비용(cost)}}$$

공식의 분자에 해당하는 '동의하지 않음으로 인한 비용'은 곧 파업발생으로 인한 손실(사측은 영업손실, 노측은 임금손실)을 뜻하고, 공식의 분모에 해당하는 '동의함으로 인한 비용'은 노사가 각각의 상대방에 양보할 때 발생하는 손실을 뜻한다. 만약 분자보다 분모가 큰 경우, 즉 상대방의 주장에 따를 때 발생하는 손실이 파업의 손실보다 크다면 노사간에는 타협이 사라지고 강경한 협상태도가 주류를 이루게 되어 결국 분쟁이 발생하게 된다.

② 단체교섭에서 힘의 논리가 일정부분 개입하는 것이 사실이지만, 노사 쌍방간 이성과 애정이 전제된 기반 위에서 서로의 목적실현을 위해 진지한 자세를 견지하여야 한다.

③ 단체교섭은 노사간 이해가 상충되는 임금, 근로조건, 노동시간 등에 대한 협상과정인 반면, 노사협의는 생산성 향상, 복지증진, 고충처리 등 노사공통의 이해사항에 대한 협의과정이다.

④ 단체교섭은 노사당사자간에 책임과 의무를 다하려는 노력의 과정으로서, 산업민주주의를 정착시키고 노사분규에 따른 손실을 절감하는 효과가 있다.

2. 단체교섭의 유형[2)]

1) 일반적 교섭유형의 분류

단체교섭은 노동조합의 조직형태와 당사자의 수 및 교섭의 방향에 따라 다음과 같이 분류할 수 있다.

① 기업별 교섭

기업별 교섭
기업별 노조와 사용자간 교섭

이는 기업 내 조합원을 협약의 적용대상인 교섭단위로 하여 기업별 노조와 사용자간에 단체교섭이 이루어지는 방식으로서, 우리나라와 일본에서의 단체교섭 대부분은 이에 해당한다. 개별기업의 특수성이 교섭내용에 잘 반영된다는 장점이 있는 반면, 노조의 교섭력이 사용자에 비해 취약하다는 단점이 있다.

한국도로공사와 한국도로공사노동조합 간의 교섭, 도요타자동차회사와 도요타자동차회사노동조합 간의 교섭 등이 이 유형에 해당한다.

② 집단교섭

유럽에서 흔히 볼 수 있는 형태로서, 복수의 단위노조와 복수의 사용자

집단교섭
복수의 단위노조와 복수 사용자간 교섭

가 업종, 기업규모, 지역 등을 기준으로 집단연합전선을 형성하여 교섭하는 방식이다. 여기서 노조간 연합은 상위단위노조인 산별노조나 연합노조를 의미하는 것이 아니라, 개별노조간 연대를 의미한다. 일반적으로 노동조합이 상위노조에 소속되어 있지 않거나 상위노조가 없는 경우 단위노동조합들이 교섭력을 보강하기 위하여 집단을 형성함으로써 이와 같은 교섭방식을 취하게 된다.

1960년대부터 버스업계에서는 지역별로 다수의 버스사업주와 노조가 각각 교섭대표를 선출하여 집단교섭을 실시하고 있다.

통일교섭
산별 또는 연합노조와 사용자단체간 교섭

③ 통일교섭

이는 전국에 걸친 산별노조나 하부단위 노조로부터 교섭권을 위임받은 연합노조와 이에 대응하는 산업별, 지역별 사용자단체간의 교섭을 의미한다. 산업별 교섭 또는 복수사용자교섭이라고도 하며 영미를 비롯한 유럽각국에서 사용되고 있다. 일반적으로 노조측의 협상력이 강하다는 장점이 있지만 협상 결렬 시 파업 참가대상이 한 국가의 특정산업조합원 전체가 되므로 국민경제 전반에 미치는 손실이 지대하다는 단점이 있다.

금융노조와 은행연합회, 금속산업노조와 금속산업사용자협의회, 보건의료노조와 병원협회 등이 실시하는 협상이 통일교섭의 사례이다. 실제 2007년 금융노조와 은행연합회 간 통일(산별)교섭끝에 은행창구 영업시간이 조정된 바 있다.

대각선교섭
상부노조와 개별 사용자간 교섭

④ 대각선교섭

이는 단위노조가 소속된 상부단체(예 : 산별노조나 지역별노조)와 개별 사용자간에 이루어지는 교섭형태를 말한다. 사용자단체가 조직되어 있지 않거나, 조직되어 있더라도 각 기업에 특수한 사정이 있을 경우에 사용된다.

대학교직원의 산별노조인 전국대학노조가 개별대학교의 사용자와 벌이는 교섭이 그 사례가 된다.

공동교섭
단위노조와 상부노조가 공동으로 사용자측과 교섭

⑤ 공동교섭

이는 기업별 단위노조 또는 지역별 단위노조가 그 상부단위 노조와 공동으로 참가하여 기업별 사용자측과 교섭하는 방식을 말한다. 거대 사용자의 근로자들이 다수의 지역별 노조로 결성되어 있을 때, 근로조건의 통일을 기하기 위하여 지역별 노조들과 이들의 연합체가 공동으로 단일사용자와 교섭하는 경우에 활용된다. 대개 노조에 가장 유리한 노동조건을 제시하는 특정기업과 선 교섭을 실시한 뒤 그 결과를 상부단위 노조의 구성단위가 되는 개별기업 노조를 통해 타 기업에 강요하는 이른바 유형교섭(pattern

[그림 3-1] 단체교섭의 일반적 유형

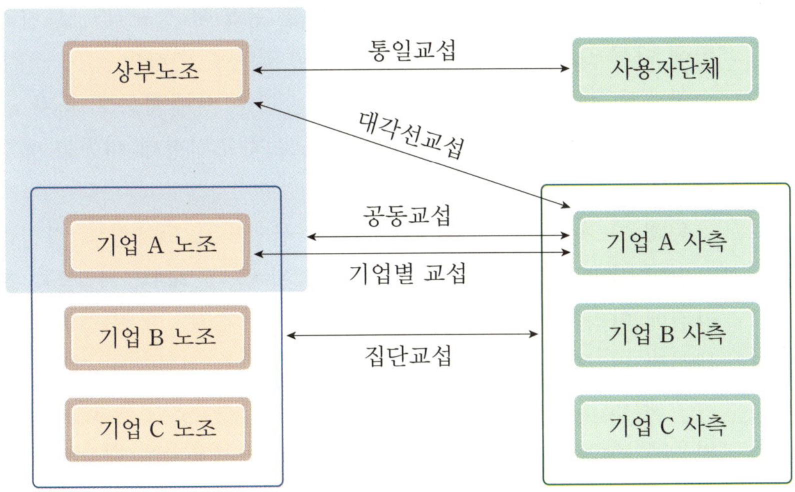

bargaining)을 활용하는 전략과도 관련이 깊다.

육상상하차업무 종사자들을 조합원으로 하는 19개 지역단위 항운노조와 이들의 연합체인 항운노련이 공동으로 사용자인 대한통운과 벌이는 교섭이 그 예이다.

2) 우리나라에서의 산별교섭 현황과 기업의 대응[3)]

① 산별교섭의 대두

우리나라에서는 1997년 경제위기 이후 노동조합의 조직구조가 기업별 노동조합에서 산별노동조합으로 전환하는 추세이다. 실제 한국노총과 민주노총은 이미 90년대 말부터 산별노조의 건설 전략을 세워 꾸준히 추진하여 왔고, 그 결과 양대 노총에 속한 많은 수의 조합이 산별조합으로 전환 또는 신설되었다. 그 중 산업별 단체교섭을 하고 있는 대표적인 산별노조는 한국노총 산하의 금융노조와 민주노총 산하의 보건의료노조 및 금속노조라고 볼 수 있다. 반면 전통적으로 산별노동조합의 뿌리가 깊은 유럽을 비롯한 선진국들은 산별교섭을 탈피해 기업(단위사업장)별 교섭으로 전환하는 추세에 있으며, 산별노조가 잘 발달되어 있는 독일에서도 산별교섭 대신 기업별 교섭으로 분권화되어 가고 있다.

정확한 규모는 계산이 어렵지만, 양대노총의 홈페이지에서 산별조합 및 조직원 수에 관한 통계현황을 확인할 수 있다.

② 한국에서 산별노조의 발생 배경

우리나라에서 산별노조가 활성화되는 배경은 다음과 같다.

첫째, 외환위기와 금융위기 등의 경제적 충격 이후 노동자들이 기업별 노동조합의 한계를 의식하게 되었다. 세계화 및 1997년 외환위기는 기업의 대폭적인 구조조정과 노동력 유연화를 유도해 정규직 근로자가 급감하고 이에 따른 노조의 수단성(instrumentality) 감소로 인하여 노조 조직률 역시 지속적으로 하락하는 결과로 이어졌다. 이는 상대적으로 보다 큰 협상력을 가지는 것으로 알려져 있는 산별노조로의 조직형태 이동을 촉발하는 요인이 된다.

둘째, 노동법의 개정으로 그 동안 산업별 노동조합의 결성을 제약하던 요인이 사라지게 되었다. 복수노조 설립 금지, **제3자 개입금지 조항** 등이 사라짐에 따라 노동조합 총회의 특별결의로 조직형태 변경과 단체교섭권 및 체결권 위임이 자유롭게 되었다.

제3자 개입금지 조항
1980년 노동법 개정 때 신설한 조항으로, '근로관계를 맺고 있는 근로자나 해당 노동조합 또는 법령에 의해 정당한 권한을 가진 자를 제외하고는 누구든지 노동조합의 설립·가입·탈퇴 및 사용자와의 단체교섭에 관해 관계 당사자를 조종·선동·방해하거나 기타 이에 영향을 미칠 목적으로 개입하지 못한다'고 규정함으로써 노동조합을 탄압하는 대표적인 근거로 이용되었다.

셋째, 노조 전임자 임금지급이 금지되고 복수노조가 허용됨에 따라 기존의 노동조합의 기반이 크게 흔들려 정부와 사용자를 대상으로 하는 교섭력을 회복하기 위하여 산별노조의 결성이 노동계 차원에서 추진되고 있다.

③ 산별교섭의 장점과 단점

산별교섭은 해당 산업별로 요구되는 임금 및 근로조건에 관하여 통일된 교섭결과를 도출할 수 있다는 장점을 가진다. 또한 노동자의 단결력을 강화시켜 압력단체로서의 교섭력을 확보할 수 있다는 이점도 가진다.

반면 산업을 구성하는 기업마다 경영환경과 성과 등에서 차이가 존재하므로 산별교섭 이후 교섭내용을 실행에 옮기는 과정에서 직종간의 이해대립과 반목의 가능성이 크며, 산별조합의 조직 자체가 비대하므로 오히려 역설적으로 기업별 교섭에 중앙교섭을 추가하는 다층교섭의 형태로 고착화되는 경우가 많아 사회적 교섭비용이 증가할 수 있다.

④ 산별교섭에 대한 기업측의 대응방안

산별노사관계의 안정을 위해서는 사용자단체들의 역할 정립과 기능제고가 매우 중요해질 것이다. 따라서 사용자단체는 산별·집단교섭에 임하기에 앞서 첫째, 교섭전제조건에 대한 논의를 먼저 진행할 것을 요구해야 한다. 예를 들어 합리적인 수준의 교섭위원 선정, 타사 문제나 상급단체 지침 등을 이유로 한 쟁의행위를 하지 않을 것, 이중교섭 및 이중쟁의행위 금지 등을 교섭의 전제조건을 제시함으로써 교섭의 효율성을 높이기 위해 노력해야 한다.

둘째, 사용자단체는 산별교섭에서 다룰 수 있는 내용범위를 정해야 한다. 산별협약의 내용으로는 전문, 교섭원칙, 평화조항(평화조항의 내용은 다음 절에서 설명) 등으로 한정토록 하고, 부득이할 경우 고용, 임금, 근로시간 등 구체적인 항목들에 대해서는 원칙적이고, 선언적인 수준에서 가이드라인을 제시하는 방향으로 유도할 필요가 있다. 여기서 평화 조항은 기업의 특수한 부분을 다루는 기업별 교섭 시 파업을 해서는 안 된다는 내용을 구체화해야 할 것이다.

셋째, 개별 기업들은 적극적으로 개별기업 차원에서 단체교섭을 추진하도록 노력하는 한편 산별교섭의 실시에 대하여는 장기적으로 그 장단점을 검토함과 동시에 특정한 사안에 관해서는 기업별 교섭이 보다 현실적이고 효과적임을 각 노조원에게 주지시킬 필요가 있을 것이다.

3. 단체교섭의 방법[4)]

1) 단체교섭의 절차

① 노동법 상의 규정과 효과

노동법에서는 단체교섭의 절차, 즉 그 시기, 장소, 참가인원 등에 관하여 명확한 규정을 두고 있지 않다. 따라서 단체교섭의 절차에 관하여는 이를 단체협약 등에서 단체교섭의 개시 이전에 정하고 있는 경우가 일반적이다.

단체협약에 의하든 또는 노동관행에 의하든 단체교섭의 절차가 정립되어 있고 노동조합이 그러한 절차에 의하여 사용자측에게 단체교섭을 구하고 있는 경우에 만약 사용자측이 정당한 이유없이 단체교섭을 거부한다면 이는 부당노동행위가 된다.

② 일반적 단계

대개 일반적인 단체교섭은 예비단계, 초기단계, 중간단계, 최종단계 등을 거쳐 합의에 도달하게 된다.

예비단계에서는 단체교섭을 본격적으로 진행하기 전에 노사당사자 간에 교섭의 시점, 교섭담당자의 수, 교섭의 장소 등에 관한 합의를 이루어야 한다. 보통 교섭담당자의 수는 교섭의 효율성과 신속성을 위해 소수로 하는 것이 바람직하며, 출석하는 교섭위원 뿐만 아니라 사무담당자와 방청자 등의 인원을 사전에 단체협약에서 명시할 필요가 있고, 단체협약에 이러한 규정이 없을 경우에는 교섭개최 전에 노사대표자 간의 협의에 따라 미리 결정하는 것이 좋다. 교섭위원의 자격은 대개 관리처분권한이 있는 자가 출석하는 것이 원칙이다.

임금 등과 같이 노사간 대립적 이해관계를 전제하는 교섭시에는 교섭참가자의 수를 제한할 필요가 있다.

초기단계에서는 사측이 노동조합 측으로부터 요구사항을 정식으로 전달받는 것이 관례이다. 대부분의 경우 노조측은 임금, 근로시간, 각종 수당과 복리후생제도 등 다양한 사항을 요구하는데, 노련한 협상가라면 단순히 요구 자체에 집중하는 것이 아니라 이러한 사항을 요구하게 되는 근거, 즉 노조측의 협상에 임하는 취지 내지는 진의를 파악하는 것이 중요하다.

중간단계에서는 초기단계에서 전달받는 요구사항을 토대로 노사 양측이 서로 양보할 수 있는 최고의 한도와 받아들일 수 있는 최저 수준을 설정하여 본격적으로 주고 받는 거래(deal)에 돌입하게 된다. 일반적으로 이 시기에 사용되는 단체교섭 기법에는 교섭기한의 설정을 통한 심리전술, 상대방의 힘이 강할수록 교섭을 여러 차례 나누어 상대방의 힘을 소모시키는 지연전술, 온건파와 강경파로 협상대표를 나누어 역할을 분담하는 '좋은 경찰 *vs.* 나쁜 경찰' (good cop, bad cop) 전략, 수집된 자료나 정보의 순차적 공개전략, 하나의 교섭사항에 대한 의견접근이 어려울 경우 의제를 변경하여 새로운 교섭분위기를 연출하는 전략, 상대방이 이해하기 쉽고 단순하며 명확한 언어를 구사하는 방법 등이 사용될 수 있다.

Good Cop, Bad Cop

최종단계는 그 동안의 단체교섭 내용이 노사 쌍방의 기본목표에 근접했다고 판단될 때 양측 교섭대표가 협상을 최종 타결하는 단계로서, 여기서 단체협약문이 발표된다.

2) 성실교섭의무

① 개념

성실교섭의무란 노동조합과 사용자 또는 사용자단체가 단체교섭에 있어서 신의에 따라 성실히 교섭하고 단체협약을 체결하되 그 권한을 남용하여서는 아니될 의무를 말한다. 사용자가 부담하는 단체교섭의무에는 단순히 단체교섭에 응할 의무 뿐만 아니라 교섭의 과정에서 합의형성을 위하여 성실하게 노력할 의무도 포함된다. 이러한 성실교섭의무의 법적 근거는 민법상의 신의칙(信義則)에서 찾을 수 있다.

대한민국헌법 제33조

① 근로자는 근로조건의 향상을 위하여 자주적인 단결권·단체교섭권 및 단체행동권을 가진다.
② 공무원인 근로자는 법률이 정하는 자에 한하여 단결권·단체교섭권 및 단체행동권을 가진다.
③ 법률이 정하는 주요방위산업체에 종사하는 근로자의 단체행동권은 법률이 정하는 바에 의하여 이를 제한하거나 인정하지 아니할 수 있다.

② 관련 법 규정

노동조합과 사용자 또는 사용자단체는 신의에 따라 성실히 교섭하고 단체협약을 체결하여야 하며 그 권한을 남용하여서는 아니된다(제30조 제1항). 또한 노동조합과 사용자 또는 사용자단체는 정당한 이유없이 교섭 또는 단체협약의 체결을 거부하거나 해태하여서는 아니된다.(동조 제2항)

③ 취지

단체교섭권은 **헌법 제33조** 제1항에 근거하여 사용자와의 실질적인 대등성을 확보하고 노사자치주의를 실현하기 위하여 노동조합에 인정된 권리이다. 이러한 단체교섭권을 구체적으로 실현하기 위하여 법은 사용자와 노동조합에게 성실교섭의무를 부과하고 있는 것이다. 노동조합의 성실교섭의무의 위반은 사용자의 정당한 단체교섭의 거부권행사의 사유가 될 뿐이므로 법 제81조 제3호에서 부당노동행위로서 규정하고 있는 사용자의 단체교섭거부를 고려할 때 실질적으로 성실교섭의무는 사용자가 부담하는 의무이다.

④ 성실교섭의무의 이행자

a. 사용자 또는 사용자단체와 노동조합

사용자(사용자단체)가 단체교섭에 있어 성실교섭의무를 이행하는 것은 당연하며, 위반한 경우는 부당노동행위에 의한 규제와 대상이다. 또한 노동조합도 사용자에 대하여 성실교섭의무를 부담한다.

b. 단체교섭의 담당자 또는 위임을 받은 자

노동조합과 사용자 또는 사용자단체의 이익을 위해서 성실교섭의무를 지게 되며 자기 개인의 사적인 목적을 위하여 단체교섭을 해서는 아니 된다.

⑤ 내용

a. 합의달성을 위한 노력의 의무

사용자는 단체교섭과정에 있어서 합의달성을 위해 진지하게 노력해야 할 의무를 진다, 따라서 ㉠ 단체교섭을 처음부터 거부하는 행위 ㉡ 주로 서면에 의한 회답만 하는 행위 ㉢ 조건을 부과하는 행위 ㉣ 체결권한이 없는 자를 교섭담당자로 하는 행위 등은 성실교섭의무의 위반이 된다.

단체교섭의 성공조건

① 노사일체의 의식 : 공동운명체
② 노사협의제의 활성화
③ 성실한 교섭태도
④ 진실성(진정성)의 확립

b. 설명의무와 자료제공 의무

사용자는 교섭사항과 관련하여 노동조합측에 필요한 설명을 하거나 관련 자료를 제공해야 한다. 따라서 기업비밀 준수 등을 이유로 한 관련 자료의 제공거부행위는 성실교섭의무의 위반이 된다. 다만 개별근로자의 비밀보호 또는 그 필요성이 있는 경우에의 거부는 동 의무의 위반이라고 할 수 없다.

c. 단체협약 체결의무

사용자는 교섭의 결과 합의가 성립되면 이를 단체협약으로 체결해야 한다. 따라서 사용자에게 단체협약의 체결을 의무지우는 것은 아니지만 합의가 달성된 이상 그 내용을 단체협약화하지 않는 것은 성실교섭의무의 위반이 된다.

⑥ 한계

법상 사용자 또는 사용자단체와 성실교섭의 의무를 부과하고 있더라도 무조건적으로 사용자와 노동조합이 동 의무를 지는 것은 아니다. 즉, 사용자 또는 사용자단체는 교섭거부의 정당한 사유가 존재하면 정당하게 이를 거부할 수 있다.

a. 주체

사용자는 교섭권한이 없는 노동조합 또는 그로부터 위임을 받은 자가 교섭을 요구하는 경우에는 이를 정당하게 거부할 수 있다.

b. 교섭내용

사용자에게 처분할 권한이 없거나 근로조건과 관계없는 사항에 대하여 사용자는 이를 정당하게 거부할 수 있다. 다만 처분권한의 여부와 근로조건 관련여부는 반드시 사용자의 실질적인 권한이 있을 필요는 없으며 관련사항에 영향을 줄 수 있는 것이라면 교섭사항이라고 보는 것이 통설의 입장이다.

c. 교섭방법 및 절차

교섭방법 및 절차에 대하여 협약 등에 정함이 있거나 관행이 있는 경우에는 노사당사자는 그에 따라야 한다. 따라서 이를 무시하거나 또는 장기간에 걸친 협의의 결과 더 이상 정상적인 교섭이 기대될 수 없는 경우에는 정당하게 이를 거부할 수 있다.

4. 협상의 이론

1) 협상의 의의와 중요성

① 의의

협상(negotiation) 이해관계가 있는 사람들이 상호 교류를 통하여 서로의 이해를 충족시켜 나가는 합의의 과정

협상(negotiation)이란 이해관계가 있는 사람들이 상호 교류를 통하여 서로의 이해를 충족시켜 나가는 합의의 과정으로서, 교섭(bargaining)이라고도 한다. 협상은 갈등관리의 한 수단으로 등장하였다. 갈등이 부정적인 결과를 초래할 것으로 예상되어 그 수준을 낮출 필요가 있을 때 협상을 사용할 수 있다.

② 중요성

협상은 이해관계가 있는 사람간의 교류를 통하여 서로 원하는 것을 충족시켜 가는 과정이라는 점에서 그 의미가 있다. 또한 협상의 과정에서 당사자간의 이해의 정도가 높아진다는 점에서 향후 원만한 인간관계를 맺어가는 기초가 되고, 다양한 긴장(tension)을 해소하는 수단으로 작용하기도 한다.

협상이 가장 현명한 갈등해결의 수단으로 여겨지는 이유는 갈등 당사자 모두에게 공명정대한 방식으로 문제가 해결되었다는 인상을 주고 향후 발생가능한 잠재적 갈등을 억제하는 효과가 있으며 협상의 과정에서 각자가 보여준 행동방식에 따라 앞으로의 대응전략을 수립하는 데 도움이 되기 때문이다.

2) 협상의 유형과 전략

① 협상의 유형

협상은 크게 분배적 협상과 통합적 협상의 두 유형으로 나뉜다.

분배적 협상(distributive bargaining)은 제한된 자원을 두고 누가 더 많은 부분을 차지할 것인가를 결정하는 협상이다. 여기서는 각자의 협상 입장에 따라 목표수준(최종적으로 얻고자 하는 수준)과 저항수준(더 이상 양보가 불가능한 수준) 사이에서 타결이 이루어진다.

반면 통합적 협상(integrative bargaining)은 서로가 모두 만족할 수 있는 선에서 상호 승리(win-win)를 추구하는 협상이다. 여기서는 서로의 이해관계에 대한 파악과 정보공유를 통해 각자의 니즈(needs)가 모두 충족되는 선에서 타결이 이루어진다.

협상의 유형
① 분배적 협상 : 자동차 가격 협상, 노사간 단체교섭 등의 win-lose 협상
② 통합적 협상 : 성과급 협상 등의 win-win 협상

[그림 3-2] **분배적 협상**

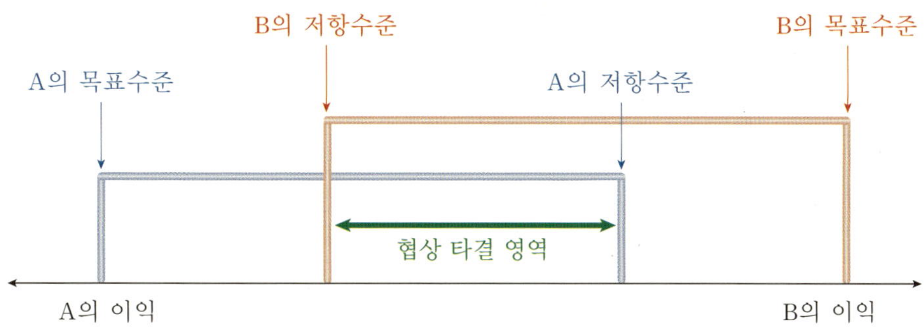

출처 : Robbins & Judge(2015), 수정인용

이하에서는 분배적 협상과 통합적 협상을 교섭의 특징에 따라 비교하기로 한다.

a. 목표와 관심사의 방향

분배적 협상의 목표는 상대방보다 더 많은 몫을 챙기는 것인 데 반해 통합적 협상에서는 쌍방의 만족을 목표로 한다. 따라서 분배적 협상에서와는 달리 통합적 협상에서는 쌍방의 관심사가 같은 방향을 향한다.

b. 정보공유의 정도

분배적 협상에서는 상대방을 이롭게 할 수 있는 정보공유를 최소화하려 하는 반면, 통합적 협상에서는 상호승리를 위해 정보공유를 권장한다.

c. 협상의 초점

분배적 협상은 각자의 입장(position)에 집중하지만, 통합적 협상에서는 그러한 입장을 갖게 된 배경이라 할 수 있는 이해관계(interest)에 초점을 둔다.

d. 관계의 초점

분배적 협상에서는 단기적인 관계를 상정하여 협상을 진행하지만, 통합적 협상에서는 협상파트너와의 장기관계를 가정하여 협상을 진행하게 된다.

[표 3-1] **분배적 협상과 통합적 협상의 비교**

교섭의 특징	분배적 협상	통합적 협상
목표	제한된 파이(pie)의 더 많은 영역을 갖는다.	서로 모두 만족할 만큼 파이를 가져간다.
동기	상대를 꺾고 이겨야 한다.	나와 상대방 모두가 이길 수 있다.
주요 관심사의 방향	서로 반대	서로 조화
정보공유의 정도	최소화 : 정보공유는 상대방을 이롭게 할 뿐이다.	최대화 : 정보공유는 각자의 이해를 충족시킨다.
협상의 초점	각자의 입장	서로의 이해관계
관계의 초점	비교적 짧은 기간	비교적 긴 기간

② 협상의 기술과 전략[5)]

협상에는 내 주장의 효과적 전달과 상대방의 설득을 위해 다양한 기법들이 동원된다. 이를 크게 언어적 전술, 비언어적 전술, 비신사적 술수 등으로 나누어 볼 수 있다.

언어적 전술에는 약속, 위협, 권고, 경고, 보상, 처벌, 규범적 호소, 공약, 자기폭로, 질문, 명령, 예시적 언어구사(자신의 행동에 대한 사전 통지), 적극적 경청 등이 있으며, 비언어적 전술에는 침묵, 안면의 직시, 신체적 접촉 등이 있다. 또한 비신사적 술수에는 속임수, 심리전, 상황적 압력 등이 포함된다.

한편 협상시에는 개인의 성격적 특성이나 감정 및 성별이나 지위 등의 다양한 변수가 협상과정 및 결과에 영향을 줄 수 있으므로 유의해야 한다. 분노하는 높은 직위의 사람이 분배적 협상에서 더 좋은 결과를 얻는다는 연구결과가 이를 뒷받침하고 있다.

3) 협상의 단계와 절차

일반적으로 협상은 크게 사전준비, 기본적 절차와 규칙의 설정, 조건의 제시와 설명, 교섭과 문제해결, 합의와 실행 등의 절차를 거쳐 이루어진다.

① 사전준비단계에서는 협상의 원인이 되는 갈등의 본질과 역사적 배경 및 협상의 목적에 대한 숙고가 필요하다. 이 과정에서는 상대방 입장에서 **협상결과에 대한 최고 대안**(BATNA, best alternative to a negotiated agreement)이 무엇이 될지를 면밀히 고려할 필요가 있다. 이는 협상 당사자가 현재의 협상이 결렬될 때 취할 수 있는 대안들 가운데 최고의 가치를 갖는 것을 뜻한다. 누구나 BATNA 이상의 제안에 대해서만 협상에 임할 것이므로, 이의 분석은 매우 중요하다.

BATNA는 협상에서 일종의 마지노선 역할을 한다.

② 기본적 절차와 규칙의 설정 단계에서는 협상주제, 협상자와 협상시간 및 협상장소 등에 대한 세부적 내용이 마련된다.

③ 조건의 제시와 설명 단계는 각자의 초기 입장이 교환되고 그에 대한 상대의 견해를 경청하며 기존 주장을 확대하거나 해명하거나 보강하거나 정당화 할 수 있다.

④ 이후 토론과 양보가 이루어지는 교섭과 문제해결 단계를 거쳐, 최종적으로 협상 내용에 대한 공식적 합의와 실행이 뒤따르게 된다.

4) 협상에 영향을 미치는 요인들[6)]

일반적으로 자신과 상대방에 대한 지각(perception)은 협상에 영향을 미친다. 협상에 임하는 사람들은 자신이 상대방보다 힘이 강하다고 여길 때 더 많은 요구를 하고 더 적은 양보를 하려는(즉 분배적 협상을 하는) 경향이 크다. 반대로 상대와 나의 역량이 대등하다고 여길 때는 통합적 협상을 하게 된다.

감정과 정서가 개입되는 협상의 결과도 좋지 못하다. 부정적 감정은 협상전망을 어둡게 보게 하고, 긍정적 감정은(통합적 협상을 유도한다는 장점에

_ 보충학습 3.1 대안적 분쟁해결 방법(ADR)[7)]

최근에 가장 주목받고 있는 협력적 갈등해결방법에는 제3자에 의한 대안적 갈등해결방식(Alternative Dispute Resolution : ADR, 이하에서는 'ADR' 이라 함)이 있다. ADR은 'Alternative Dispute Resolution' 의 첫 머리글자로 전통적인 법원소송과 판사와 배심원에 의한 재판을 통한 갈등해결이 아닌 그 외 갈등해결방법을 통칭하여 이르는 말이다.

ADR은 활용기법에 따라 크게 협상, 조정, 중재로 구분할 수 있다. 먼저, 협상(negotiation)은 갈등당사자들의 자발적인 합의와 대화로 갈등을 해결한다는 점에서 조정과 유사하지만 그 과정에 제3자인 조정자가 참여하지 않는다는 차이를 보이고 있으며, 그 결과에 대한 법적인 효력이 없고 결정의 모든 책임에 대해 갈등당사자의 자유의사에 맡기는 특징을 지니고 있다.

다음으로 조정(mediation, 중재로 번역되기도 함)은 갈등해결에 있어 제3자인 조정자가 참여를 하지만 중재의 중재자와 달리 조정자의 경우 갈등당사자들의 갈등해결에 조언자 또는 자문의 역할을 수행하며, 최종적인 결론은 갈등당사자들의 합의로 결정이 나도록 한다. 대부분의 조정의 경우 법적인 효력이 인정되지 않는 경우가 많으며, 제3자가 갈등해결에 있어 그 권한이 거의 없다는 점에서 중재와 가장 큰 차이를 가진다.

마지막으로 중재(arbitration, 조정으로 번역되기도 함)는 갈등의 해결에 있어서 갈등당사자들의 직접적인 갈등해결이 아닌 중립적인 제3자가 갈등당사자들의 동의를 얻어 협상에 개입하여 분쟁당사자들이 쉽게 해결점에 도달할 수 있도록 도와주는 갈등해결방법이라고 할 수 있다. 중재는 갈등을 해결하는데 있어서 당사자들의 자발적인 참여보다 제3자인 중재자에게 전권을 위임하고 그 결과에 승복하는 형태이다.

그 밖에도 Robbins & Judge(2016)에 따르면 알선(conciliation)도 있는데 이는 협상당사자 간 비공식적 의사소통 연결역할을 하는 알선자를 통하여 문제해결을 돕는 것이다.

도 불구하고) 과신 오류를 범할 가능성을 높임으로 성급한 결정의 원인이 된다.

남자와 여자의 협상 스타일(분배 *vs.* 통합)에서는 큰 차이가 없는 것으로 알려져 있다. 그러나 젠더에 따라서 협상의 결과에는 차이가 있는데, 이는 곧 남자가 여자에 비하여 더 나은 협상결과를 얻어 낸다는 것이다. 그 이유는 일반적으로 여성이 남성에 비하여 경제적 이해관계의 충족보다는 인간관계의 유지에 더 큰 가치를 두기 때문이다.

제2절 단체협약

EMPLOYMENT AND INDUSTRIAL RELATIONS

1. 단체협약의 개념과 기능

1) 단체협약의 개념

근로자의 임금 기타 근로조건은 당초 노사간의 자유계약에 의해 결정되는 것이다. 그러나 실제로는 노사간 평등한 입장에서 계약을 체결하는 것이 거의 불가능하므로 근로자들은 실제적 행동을 확보하는 동시에 협상력을 극대화하기 위하여 노동조합이라는 단체를 만들고 이 단체의 힘에 의하여 사용자와 대응한 입장의 교섭을 벌여 임금 기타 근로조건을 결정하게 된다. 이렇게 결정된 내용을 문서화하는 것이 바로 단체협약이다. 즉 **단체협약**(collective agreement)이란 노동조합 또는 그 연합체와 사용자 또는 사용자단체간에 체결되는 집단적 근로관계에 관한 계약으로서, 근로조건의 기준을 정하고 협약 당사자간의 권리와 의무를 규제하는 자체 규범이 된다.

단체협약의 범위
단체협약은 임금, 근로시간, 근로자의 대우, 조합원의 범위, 숍(shop)제, 노동조합 활동의 절차와 요건, 단체교섭의 절차, 쟁의행위에 관한 사항 등 다양한 내용범위로 구성될 수 있다.

2) 단체협약의 성격[8)]

단체협약의 성격을 형식면, 내용면, 사회면으로 나누어 살펴보면 다음과 같다.

① 형식면

단체협약은 그 형식상 합의의 성격을 가진다. '근로계약' 역시 노사간의 합의라 할 수 있으나 이는 개인으로서의 근로자가 사측과 체결하는 합의인 반면, 단체협약은 근로자집단이 사용자와 체결하는 단체적인 약속으로서의 성격을 갖는다. 한편 '**취업규칙**'은 다수 근로자가 대상이라는 점에서 단체협약과 비슷하지만 이는 사용자에 의해 주도된다는 점에서 단체협약과 차이가 있다.

취업규칙
취업규칙이란 근로계약관계에 적용되는 근로조건이나 복무규율 등에 대하여 사용자가 일방적으로 작성하여 자신의 근로자들에게 공통적으로 적용하는 규칙을 의미한다. 복무규율과 임금 등 근로조건에 관한 준칙의 내용을 담고 있으면 그 명칭을 불문하고 취업규칙에 해당되며, 10인이상의 근로자를 사용하는 사용자가 작성하여 고용노동부에 신고해야 한다.

② 내용면

단체협약은 후술하는 바와 같이 규범적, 채무적, 조직적 내용으로 구성된다. 규범적 내용은 노동력의 가치를 얼마로 평가할 것인가의 측면에서 주로 임금 및 근로조건에 관하여 강제적 효력을 갖는 단체협약의 내용영역이다. 채무적 내용은 노동조합과 사용자 사이의 권리와 의무에 대한 것이고, 조직적 내용은 노사 공동기구 설치 등에 관한 운영상의 협정내용을 뜻한다.

③ 사회면

사회적 측면에서의 단체협약은 노사간의 대립과 분쟁을 잠정적으로 중지하고자 하는 일종의 휴전협정과 같은 속성을 뜻한다. 단체협약이 지속되고 노사가 서로의 의무를 성실히 이행하는 동안에는 노사간의 이해충돌이 수면 아래에 잠재되어 있을 뿐 드러나지는 않게 된다.

3) 단체협약의 기능

단체협약의 성실한 이행과 운용은 고용관계의 안정에 지대한 영향을 미친다. 따라서 단체협약은 다음의 네 가지 기능을 갖는다.

① 근로조건의 개선기능

노동조합의 단결권 혹은 쟁의행위는 투쟁력을 배경으로 하여 이루어진 것이므로 단체협약에서 정해진 근로조건상의 기준은 개인 근로자와 사용자 사이의 교섭에서 기대할 수 없는 보다 좋은 근로조건의 확보에 도움이 된다.

단체협약 주체로서의 노동조합
노동조합 설립의 실질적 요건과 형식적 요건을 충족한 적격조합은 단체협약의 당사자가 될 수 있다. 다만 반드시 법인격일 필요는 없다.

② 산업평화의 기능

단체협약이 성립되면 그 유효기간 중 노사 쌍방이 이를 존중하고 준수할 의무를 지게 되므로 그 기간 중에는 불필요한 분쟁을 피하고 산업평화를 유지시키는 기능을 하게 된다. 즉 단체협약에 의해 일정기간 동안 근로조건 등에 관한 일정기준을 설정해 놓으면 그 기간 내에는 무의미한 분쟁을 피할 수 있고 그 기준을 유지하기 위해 노사는 협약내용을 성실히 준수할 의무를 지는데, 이를 단체협약의 평화기능이라 한다.

③ 경영안정화의 기능

단체협약은 유효기간 중에는 조합원인 근로자의 임금, 기타 급료, 근로조건 등 근로자의 대우에 관한 사항 등이 일정수준으로 유지 · 고정되므로 기업의 입장에서 근로자에게 지불되는 비용이 예측가능하게 되어 경영의 안정화를 도모할 수 있다. 또한 단체협약이 산업별로 이루어질 경우 당해 산업에 속해 있는 기업간의 노동조건 평준화를 통하여 기업들의 불필요한 경쟁을 방지할 수도 있다. 이 역시 단체협약이 노사관계에 있어서 일정한 질서를 형성하고 경영을 안정화시키는 기능을 하게 되는 것이다.

④ 민주화 기능

단체협약은 노사의 공동의사에 의한 새로운 기업 질서로서 근로계약이나 취업규칙에 우선하는 것이다. 이를 단체협약의 우위성이라 부른다. 즉 단체협약을 통해 근로자의 권익신장과 경영참여 확대가 가능하게 되어 기업을 소유주의 전제(專制)에서 벗어나게 하고 민주적 운영방식을 제도화할 수 있다.

_ 보충학습 3.2 평화의무와 평화조항

평화의무란 단체협약의 유효기간 중에는 단체협약에서 정한 사항의 개정과 폐지를 목적으로 쟁의행위를 하지 않을 의무를 말하는데 이는 단체협약에 명시적으로 규정되어 있지 않아도 발생한다. 평화의무와 혼동하기 쉬운 용어로 평화조항이 있는데, 평화조항은 '쟁의행위 개시 전에 사적조정을 거친다' 와 같이 쟁의행위를 미연에 방지하고 분쟁의 평화적인 해결을 목적으로 쟁의행위의 구체적인 방법 · 절차 등을 단체협약에 명문으로 규정하는 조항을 말하는 것으로 단체협약에 명문화하지 않더라도 그 의무가 발생하는 평화의무와는 구별된다.

평화의무는 단체협약에서 정한 사항에 대해서만 쟁의행위를 하지 않을 의무를 말하는 것이므로 단체협약에 정하지 않은 사항이나 단체협약 체결 당시에는 도저히 예견할 수 없는 사정의 변경이 있고, 이에 대하여 노동조합에 책임이 없는 경우에는 평화의무가 소멸하므로 쟁의행위가 가능하다. 노동조합이 평화의무를 위반하여 단체협약 유효기간 중 쟁의행위를 하는 경우 손해배상 책임을 부담하게 되나 쟁의행위 자체가 정당성을 상실하는지 여부에 대해서는 논란이 있다.

그러나 우리나라 행정해석과 판례는 평화의무를 위반한 쟁의행위에 대해서 헌법상 단체교섭권의 본질적 내용을 침해하고 단체행동권의 내재적 한계를 일탈한 것으로서 정당성을 상실한다고 본다. 따라서 정당한 쟁의행위에 부여되는 민사 · 형사상의 면책을 받을 수 없고, 사용자는 노동조합에 대하여 손해배상을 청구할 수 있으며, 쟁의행위의 중지를 청구할 수 있게 된다. 다만, 노동조합의 지휘 · 통제를 받지 아니하고 일부 조합원이 자의적으로 쟁의행위를 한 경우, 이는 단체협약의 당사자인 노동조합의 쟁의행위가 아니므로 노동조합은 이에 대하여 아무런 책임도 지지 않는다.

<관련판례> 단체협약이 형식적으로는 유효한 것으로 보이지만 단체협약을 무효라고 주장할 만한 특별한 사정이 인정되는 경우에도 노동조합으로서는 단체협약의 유효기간 중에 사용자에게 단체협약을 무효라고 주장하는 근거를 제시하면서 기존의 단체협약의 개폐를 위한 단체교섭을 요구할 수 있다고 보아야 할 것이며, 이러한 경우 사용자로서는 기존의 단체협약의 유효기간이 남아 있고, 따라서 노동조합의 위와 같은 행위가 평화의무에 반하는 것이라는 이유만을 내세워 단체교섭 자체를 거부할 수는 없다.(2003.02.11., 대법 제3부 2002두9919)

(윤여림 공인노무사, 매일노동뉴스 2006.01.12.)

2. 단체협약의 내용[9)]

1) 규범적 부분

단체협약은 본래 협약당사자인 노동조합과 사용자간의 계약이지만, '협약당사자가 아닌 개별조합원' 과 사용자를 구속하는 속성 또한 갖는다. 이를 규범적 효력이라 한다. 이는 집단적 의사를 근로자의 개별적 의사에 우선시키는 효력이다.

현행 노동조합 및 노동관계조정법 33조는 단체협약 중 "근로조건 기타 근로자의 대우에 관한 기준"에 대해서 규범적 효력을 인정하고 있다. **임금**, 근로시간, 휴일 및 휴가, 안전보건 및 재해보상, 인사이동 · 복무규율 · 징계 등 인사와 관련한 사항, 후생복리, 작업환경 그리고 근로관계의 종료에 관한 규정 등이 이에 해당한다.

만약 단체협약에서 정한 임금조건보다 낮은 수준을 적용받는 종업원이 있을 때는 협약기준에 의한 임금을 청구할 권리가 있다.

만약 단체협약의 내용과 기타의 노동계약, 예컨대 근로계약의 내용에는 유리원칙의 효력이 미친다. 이는 단체협약에서 정한 근로조건이나 종업원의 대우를 위반하는 근로계약은 무효가 되는 반면, 단체협약보다 유리한 근로계약조건이 있는 경우 이를 단체협약보다 우선 적용시키는 원칙으로서 근로자를 보호하는 역할을 한다.

2) 채무적 부분

단체협약의 채무적 부분이란 단체협약에서 협약당사자(노동조합, 사용자, 사용자단체 등) 상호간의 권리와 의무를 규정하는 영역을 뜻한다.

일반적으로 채무적 부분에 속하는 것으로는 평화의무, 평화조항, 조합활동에 대한 편의제공조항, 단체교섭의 절차 및 기타 규칙, 숍 조항, 쟁의행위에 관한 사항 등이 있다.

3) 조직적 부분

단체협약의 조직적 부분이란 노사의 공동기구 설치 등에 관한 조항을 뜻한다.

소비협동조합이나 공제조합 등을 구성하고 운영하는 과정에서 사용자에게 그 기금의 일부를 부담케 하거나, 사용자에 의한 해고 또는 징계권의 남용 방지를 위하여 해고협의기구나 징계관련 위원회를 두는 것은 (**노사협의의 대상**을 복지나 교육훈련 및 고충처리 뿐만 아니라 해고 및 인사에 관한 사항 등으로 확대한 근로자참여협력법 등의 제정으로 인하여 오늘날 단체협약의 조직적 의의가 약화되었음에도 불구하고) 여전히 중요한 의의를 가진다.

1997년 노사협의회의 기능이 인사에 관한 협의까지 포함하게 되어 단체협약의 조직적 부문이 갖는 중요성은 다소 약화되었다고 볼 수 있다. 그러나 징계권 남용의 견제역할은 여전히 필요하다.

[표 3-1] **단체협약의 내용 분류**

유형	기 준	내 용
규범적 부분	근로조건 기타 근로자의 대우에 관한 기준(개별적 근로관계에 있어서 실현되는 부분)	임금, 임금지급방법, 근로시간, 유급휴일, 유급휴가, 상여금, 경조금, 기타 복리후생, 재해보상의 종류와 산정, 퇴직금, 정년제 등
채무적 부분	사용자와 노동조합의 관계를 정하는 부분, 즉 협약당사자의 권리와 의무에 관한 사항(집단적 노사관계에 있어서 적용)	평화의무 및 평화조항, 단체교섭, 조합활동사항, 숍(shop) 조항, 시설이용에 관한 조항, 노동쟁의에 관한 조항 등
조직적 부분	제도 및 기관의 조직과 운영에 관한 단체협약 부분(개별적 근로관계와 집단적 노사관계 모두에 적용)	조합원의 해고동의협정, 경영협의회, 고충처리기관 등의 조직과 운영, 각종 인사관련 협의기관 구성과 운영

출처 : 변상우 등(2017), p.219, 수정인용

3. 단체협약의 체결과 관리과정[10)]

단체협약제도는 협약의 체결(contract negotiation)과 협약의 관리(contract administration)의 두 부분으로 구성된다. 전자는 임금, 노동시간, 작업조건 등에 관한 근로자와 사용자간의 계약 체결을 위한 협상 단계이고, 후자는 체결된 계약에 대한 관리 단계로서 주로 고충처리 및 중재 과정을 의미한다. 일반적인 단체협약의 과정을 도식화하면 [그림 **3-3**]과 같다.

1) 협약체결[11)]

① 협약의 절차

여기서 소개되는 협약의 절차는 단체교섭의 절차로도 이해할 수 있다.

한국노동연구원에서 발간한 보고서에서는 노사협상의 절차를 교섭준비, 예비교섭, 본 교섭, 마무리교섭 및 타결, 교섭의 평가 등 5단계로 나누고 있다. 이는 앞서 <단체교섭> 목차에서 살펴본 '교섭단계'와 유사한 면이 있지만 보다 실무적인 측면의 협상절차 구분이라 평가된다.

a. 교섭준비

노동조합은 단체교섭이 조직의 강화 및 조합원 관심사의 결집 등 노동조합 발전의 계기가 될 수 있는 좋은 수단으로 인식하고 교섭준비에 임할 필요가 있다. 이를 위해 노동조합 집행부는 평상시의 활동을 통해 조합원들의 요구나 불만사항을 파악하는 것이 필요하다. 그리고 노사간의 관계, 기업의 경영실적, 노조의 능력 및 조직력, 사용자의 대(對)노조관 등을 종합적으로 고려하여 교섭항목을 선장하고, 교섭위원을 선정하며, 교섭전략 역시 수립하여야 한다. 부적절한 교섭대표자의 선정, 철회명분을 찾기 어려운 교섭안의 제시, 교섭전략의 미흡 등 교섭준비의 미비는 교섭을 장기화시킬 뿐만 아니라 교섭의 효과성을 저해하여 노사 모두에게 손실을 안겨주기 때문에 바람직한 단체협약안을 작성하기 위해서는 사전준비를 철저히 할 필요가 있다.

b. 예비교섭

교섭사항은 대부분 금전적인 사항과 비금전적인 사항으로 나뉘는데 금전적인 사항이 대개 교섭의 핵심이 되므로 비금전적인 사항을 먼저 다루는 것이 일반적이다.

예비교섭은 교섭위원의 상견례로 시작된다. 노동조합측은 교섭 요구안을 사용자측에 제시하고 입장을 설명한다. 사용자측은 기업의 경영여건, 노사관계에 대한 평가와 향후진로 등을 밝히게 된다. 노동조합측의 교섭요구안이 교섭이 시작된 다음에 공개되는 경우에는 사용자측도 교섭안을 시차를 두고 제시하는 것이 일반적이다.

예비교섭에서는 본 교섭의 일정, 교섭장소, 본교섭에서 다룰 안건들의 우선 순위, 쟁의조정제도의 활용 등에 대한 합의가 필요하다. 특히 쌍방이 교섭에서 지켜야 할 기본적인 자세나 의사진행과정 등 교섭규칙을 사전에 정하는 것이 바람직하다. 예비교섭단계에서는 노사간의 공동관심사나 공동이익범위내에 있는 사항들을 처리하고 본 교섭에서 다룰 안건들을 가급적 줄일 수 있도록 노력할 필요가 있다.

c. 본 교섭

본 교섭은 사용자측이 노동조합의 교섭요구안에 대응해서 처음으로 제안을 하면서 시작된다고 볼 수 있다. 본 교섭은 예비교섭보다 공식적인 성격이 훨씬 강하다. 본 교섭은 예비교섭의 진행과정을 통해서 쌍방의 입장이 어느 정도 파악된 상태에서 진행되며, 따라서 본 교섭에 임하기 전에 노사 쌍방은 교섭목표, 전략, 전술을 재정리할 필요가 있다. **노동조합측**의 교섭요구안과 사용자측의 제1차 제안은 향후 교섭진행에 매우 중요한 의미를 가진다. 만약 노동조합측의 교섭요구안이 사용자측이 받아들이기 어려운 비현실적인 내용과 수준이라면 사용자의 제1차 제안도 자연히 비현실적이기 쉽고 이때 교섭은 처음부터 교착상태에 빠질 가능성이 크다. 노동조합측이 지나치게 높은 요구를 하거나 지나치게 많은 교섭사항을 요구할 때 사용자측이 끝내 받아들이지 않는다면 교섭은 파국으로 빠질 가능성이 높다.

노동조합측의 교섭요구안이 현실성이 없고 반면 사용자측의 제1차 제안이 현실성을 가지고 있다면 노동조합은 제1차 수정제안을 제시할 때 심사숙고하는 자세가 필요하다. 우선 교섭방향에 문제가 있는지를 재검토하고 교섭방향을 수정하기 위하여 조합내부의 분위기를 파악해야 하며, 동시에 교섭위원의 권한과 전략전술에 대해서도 재검토하는 자세가 필요하다.

본 교섭에서 노사의 요구안과 대안제시는 수정요구안에 대해서 대안을, 수정대안에 대해서 다시 수정요구안을 제시하는 형태로 진행되는 경우가 대부분이다. 그러나 노사는 이러한 요구안과 대안 제시에 있어서 신중한 자세가 필요하다. 지나치게 빈번한 요구안과 대안 제시 과정은 오히려 교섭의 진지한 분위기를 저하시키는 결과를 초래한다. 따라서 요구안과 대안 제시에 앞서 교섭위원들이 내부적으로 충분히 검토할 시간을 가져야 할 것이다.

d. 마무리교섭 및 타결

마무리교섭은 본교섭에서 상당한 진전은 있었으나 핵심적인 쟁점사항에 대한 교섭이 공전상태에 들어가는 시점부터 시작된다. 노사는 미합의된 사항들을 하나 하나씩 합의에 도달시키려고 하기도 하지만 대체로 교섭에 부여된 시간의 제약 때문에 일괄타결하는 경우가 많다. 따라서 마무리교섭단계에서 교섭위원들에게는 고도의 판단력이 요구된다.

마무리교섭은 대체로 협약 만료기간 직전에 진행되는 경우가 많다. 이 단계에서 노사는 쟁점사항에 대해서 마지막으로 입장을 정리하게 되는데 대체로 교섭타결을 위해서는 교섭목표를 낮추고 그에 따라 전략을 수정하교섭의 공전상태를 타개하기 위해서 교섭에서 핵심적인 역할을 하는 소수의 교섭위원으로 소위원회를 구성하여 소위원회에 권한을 위임할 수도 있다. 또한 교섭대표끼리 담판을 하는 경우도 있다.

게 된다. 동시에 상대방에 대해서 새로운 제안을 수락하도록 압력을 가하게 된다. 교섭 마무리단계에서 교착상태에 빠지는 경우 노사교섭대표가 단독 또는 1~2명의 교섭위원과 함께 비공식적으로 만나 **막후교섭**을 할 필요도 생긴다. 막후교섭은 매우 민감한 사안이거나 공개적으로 논의되기 어려운 사안을 다루는 데도 이용된다. 이렇게 해서 노사가 사안들에 대해 최종적으로 합의에 이르게 되면 단체협약(contract agreement)이 작성된다.

e. 교섭의 평가

단체협상이 끝난 다음 협약문구가 최종적으로 도출되면 교섭과정상에 나타난 문제점을 노사 모두 정리하고 교섭과정의 평가서를 만들어 다음번

[그림 3-3] 단체협약과정

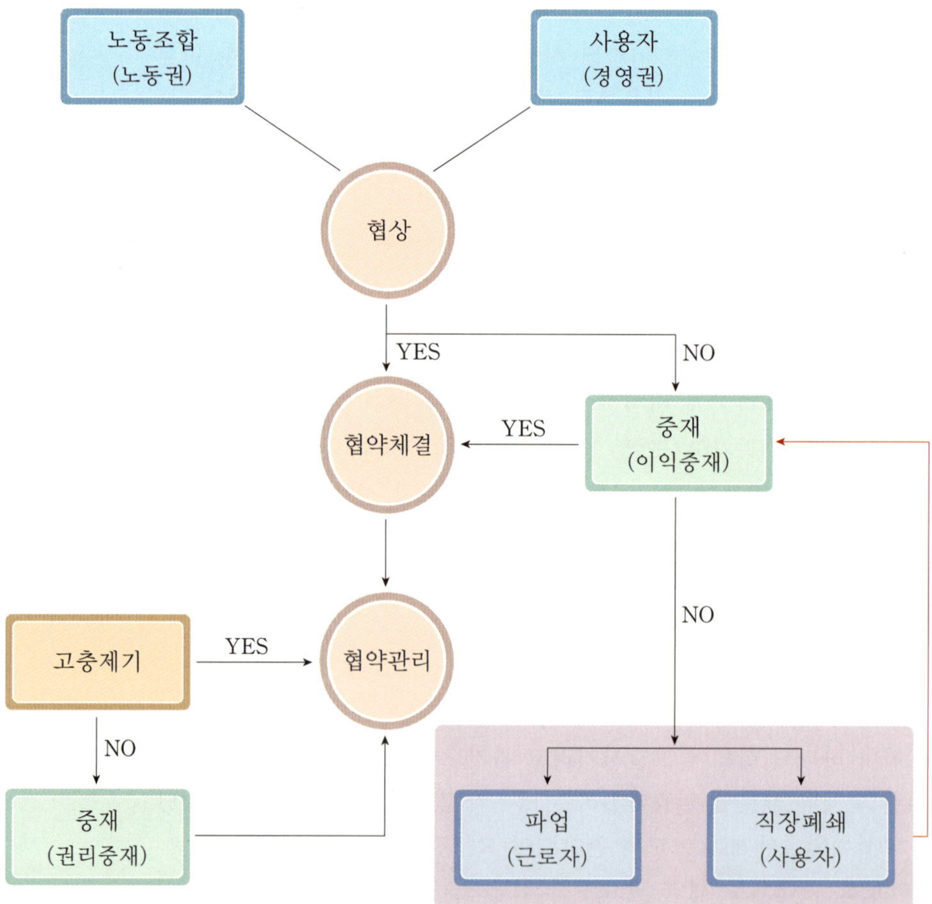

출처 : 최종태(2000)

의 협상에 자료로 이용하여야 한다. 교섭위원 전원이 평가과정에 참여하여 교섭준비와 교섭의 방향 및 교섭전략의 적절성을 평가하는 것이 바람직하고, 이후에는 교섭결과를 조합원들에 의해 평가받는 작업도 필요하다.

② 단체협약시 주의사항

단체협약의 체결에 있어서 다음의 사항에 유의해야 한다.

- 협약의 내용을 명백히 하고 협약조항의 합법성과 타당성을 충분히 검토해야 한다.
- 단체협약의 체결과 운용 역시 교섭의 과정이므로 노조간부들의 관련 지식과 자질향상을 위해 노력한다.
- 단체교섭 및 단체협약과 노사협의의 기능을 구분하여 단체협약 자체의 고유기능을 바르게 이해할 필요가 있다.
- 체결된 단체협약 내용에 대한 분쟁이 종종 발생하므로 분쟁의 예방과 해결방법을 구체화할 필요가 있다.

2) 협약관리

이는 체결된 협약의 해석과 적용에 대한 분쟁이나 다툼을 관리하는 노사관계에서의 사법(司法)활동으로서, 고충처리제도와 중재제도 및 쟁의제도로 구성된다.

4. 고충처리제도[12)]

1) 고충처리제도의 개념

① 의미

미국에서 유래한 고충처리제도(grievance procedure)는 단체협약의 해석이나 적용 혹은 단체협약에서 형성된 기준에 관해서 개개의 조합원이 불편함이나 불만을 느끼는 경우 이를(많은 시간과 노력이 소요되는) 단체교섭이 아닌 비교적 간단하고 신속한 절차에 의해 해결하는 것을 목적으로 하는 제도이다. 여기서 고충이란 집단적이고 공식적인 불만으로서 개인적 성격보다는 업무나 집단에 관련된 불만이 사용자측에 제시되는 것이다.

우리나라에서는 고충처리제도를 「근로자참여 및 협력증진에 관한 법률」에서 규정하는 제도만으로 이해하는 경향이 있으나, 이는 노사협조를 전제로 일상 경영활동에 있어서 근로자의 고충을 처리하는 제도만을 지칭하므

권리분쟁과 이익분쟁
1. 권리분쟁 : 법령, 단체협약, 취업규칙 등에 의하여 이미 확정된 권리에 관한 노사간 해석 및 적용과 준수 등을 둘러싼 분쟁으로, 체불임금 청산, 해고자 복직, 단체협약 이행, 부당노동행위 구제 등이 이에 해당된다.
2. 이익분쟁 : 근로조건의 기준에 관한 권리의 형, 유지, 변경 등을 둘러싼 분쟁으로, 임금인상이나 단협 갱신 및 단협 체결 등이 이에 해당한다.

로 단체협약을 전제로 노조(혹은 조합원)와 사용자간의 **권리분쟁**을 신속히 처리하는 일반적 의미의 고충처리와는 차이가 있다.

② 고충의 원인 · 영향 · 징후

고충의 주요 원인으로는 적은 임금과 승진기회의 지연, 노력과 공헌에 대한 대가 부족, 이윤분배의 불균형, 인사고과에 대한 불공정성 지각, 근로조건의 열악함, 과중한 업무부담, 장래에 대한 기대감과 만족감의 결여 등이 있다.

그리고 이러한 고충이 조직에 미치는 영향으로는 근로자의 사기저하, 타인의 불평 및 불만 증가, 노사갈등의 발생, 품질의 저하와 국제경쟁력 악화 등이 있다.

일반적으로 고충의 징후로 지목되는 지표들은 대부분 종업원의 능률저하와 관련된 작업계획의 차질, 빈번한 지각과 계획적 결근, 조직 내 갈등과 상사와의 불화, 작업의 기피 등이 있다.

③ 고충처리의 주요 방법

미국이나 유럽에서는 고충처리를 단체교섭 및 단체협약의 연장이라는 차원에서 접근하며, 독일과 일본에서는 노사협의회에서 고충문제를 다루고 있다. 그러나 일반적으로 어떤 고충처리기관을 설치할 것인가 하는 것은 당사자의 자유로서 노사간의 협약 내지 협의에 의해 결정되는 것이 보통이다.

고충의 해결방법은 제3자의 중재에 의한 방법과 노사간 직접 해결 등이 있다. 제3자에 의한 중재기관으로서는 상임중재자, 임시중재자, 중재위원회 등이 있으며, 직접해결기관 내지 제도로는 직장위원회제도, 경영협의회, 고충처리위원회 등이 있다. 일반적으로 고충문제는 우선 직접해결기관을 통해 처리하고, 여기서 해결이 안 될 때 제3자에 의한 중재를 사용한다.

2) 고충처리기구 및 절차

우리나라는 독일이나 일본과 같이 노사협의회를 통하여 고충처리가 이루어지고 있다.

① 고충처리기구

오늘날 모든 단체협약은 어떤 형태이든 고충처리기구를 갖고 있다. 이 기구의 목적은 다음과 같다.

- 협약기간 중 발생한 분쟁 해결
- 분쟁을 처리하기 위한 질서 확립
- 개별 종업원의 고충을 처리하는데 있어서 조합의 역할 규정

[표 3-2] 고충처리기구의 5단계

단계	조합대표	회사대표	경영자의 결정을 위한 제한시간	조합승인을 위한 제한시간
1단계	작업자와 조합위원	감독자	3일	3일
2단계	조합 · 공장위원	부장 혹은 공장장	5일	5일
3단계	고충처리위원회 대표	인사담당이사	5일	5일
4단계	고충처리위원회 대표 및 전국노조대표	최고책임자	10일	10일
5단계	중립자에 의한 중재			

출처 : Mills, D. Q. (1982). *Labor-management relations*(2nd edi.), McGraw-Hill.

- 양 당사자로 하여금 고충협의의 결과가 최종적이며 또한 구속력 있는 결정에 도달할 때까지 단계적으로 항소할 수 있도록 허용

[표 3-2]에서 확인할 수 있듯이 미국은 고충처리기구의 5단계를 두고 있는데, 일반적으로는 3단계에서 고충처리가 이루어지는 경우가 많다.

통계적으로 고충처리단계의 빈도는 3단계가 45%로 가장 많고, 2단계 및 4단계가 각 가 20%, 1단계가 8%, 5단계까지 두는 경우는 4%에 불과하다.

② 고충처리위원

우리나라는 「근로자참여 및 협력증진에 관한 법률」에서 모든 사업장에 고충처리위원을 두도록 규정하고 있고(단, 일부 예외 있음), 그 역할은 개인의 신상과 관계되는 각종 애로사항 등 근로자의 고충을 구두 또는 서면으로 접수하여 처리하는 것이다.

③ 고충처리절차

고충처리기구와 고충처리절차에 관해서는 반드시 단체협약에 세부적인 규정을 마련해 두는 것이 필요하다.

a. 고충처리의 제1단계

제1단계 고충처리는 단체협약의 위반에 대해 불만이 있는 종업원이 그것을 고충으로 정식 제기하는데서 시작된다. 그는 자신이 속해 있는 부서의 **일선감독자**에게 문제제기를 할 수도 있고, 조합위원을 통하여 제기할 수도 있는데 보통은 후자의 경우가 일반적이다. 고충을 제기받은 조합위원은 이를 일선감독자에게 정식으로 알리고 해결을 위하여 협의한다.

일선감독자
= first-line supervisor

b. 고충처리의 제2단계

만약 문제가 제1단계에서 해결되지 않으면, 다시 조합측은 제2단계 절차를 밟아 공장위원 혹은 기업위원을 통해 문제를 제기하며, 다시 고충처리위원회 등의 절차를 밟아 위로 올라가게 된다. 이처럼 고충처리에 있어 여러 단계를 두는 이유는 문제를 더 높은 차원에서 또는 새로움 측면에서 다각적으로 신중하게 검토하자는 데 있다.

c. 고충이 노사고위계층에서 해결되지 않을 경우

고충이 노사 간 최고위층에서도 해결되지 않을 경우에는 다음 세 가지의 대안이 있게 된다.

- 노조가 일시적 또는 영구적 문제가 되는 고충처리를 포기
- 단체협약이나 법규상 한도 내에서 파업과 같은 실력행사 발동
- 제3자인 중재자에게 조정 의뢰

여기서 중재에 의한 경우는 1인의 중재자 또는 노사대표 각 1인과 제3의 중재자 1인으로 구성하는 것이 일반적이다.

1) 변상우 · 허갑수 · 채규옥 · 이상우 · 정현우(2017), 『글로벌 시대의 노사관계론』(제2판), 고양 : 피앤씨미디어, pp.160~195.
고용노동부(2004), 「단체교섭의 방식과 방법」
2) 박경규(2019), 『신인사관리』(제7판), 서울 : 홍문사
3) 박성준(2007), 「산별노조 · 산별교섭의 실태와 문제점」, 한국경제연구원 정책연구(2007－04)
4) 고용노동부(2004), 「단체교섭의 방식과 방법」 : 변상우 등, 전게서, pp.160~195.
5) 백기복(2014), 『조직행동연구』(제6판), 서울 : 창민사
6) Colquitt, J. A., LePine, J. A., & Wesson, M. J. (2014). *Organizational behavior:Improving performance and commitment in the workplace* (4th ed.). McGraw-Hill.
Robbins, S. P., & Judge, T. A. (2015). *Organizational behavior* (16th ed.). Upper Saddle River, NJ: Prentice Hall.
7) 한국행정학회 온라인 용어사전(http://www.kapa21.or.kr/epadic/epadic×view.php?num=834); Davis, B. D., & Netzley. M. (2001). Alternative Dispute Resolution: A Business and Communication Strategy. *Business Communication Quarterly*. 64(4): 83-89.; Robbins & Judge, *Op Cit*.
8) 노동조합사전편찬위원회(1985), 「노동조합의 기초 활동」, 형성사, pp.613~616.
9) 김형배 · 박지순(2019), 『노동법강의』(제8판), 서울 : 신조사, pp.522~532.
10) 최종태, 전게서.
11) 박경규, 전게서; 한국노동연구원(1993), 「단체교섭의 절차와 기법」
12) 변상우 등, 전게서, pp.230~237.
Mills, D. Q. (1982). *Labor-management relations*(2nd edi.), McGraw-Hill.

CHAPTER 4
경영참가제도

제1절 경영참가의 의의
- 1. 경영참가의 개념과 도입배경
- 2. 경영참가에 관한 이론
- 3. 경영참가의 유형

제2절 재산참가
- 1. 의의와 유형
- 2. 종업원지주제도
- 3. 스톡옵션 제도

제3절 성과참가
- 1. 의의와 유형
- 2. 성과배분계획
- 3. 이익배분계획

제4절 의사결정참가
- 1. 의사결정참가의 개념과 유형
- 2. 노사협의회제도
- 3. 공동결정제도
- 4. 품질관리분임조
- 5. 경영참가의 문제점

제1절 경영참가의 의의

1. 경영참가의 개념과 도입배경

1) 도입[1)]

한때 20%를 유지하던 노동조합의 조직률은 이제 10% 수준이며, 공무원이나 공공기관을 제외한 민간부문만을 놓고 보면 10% 이하로 떨어진지 오래이고, 중소기업이나 영세기업의 노동조합 조직률은 1% 미만이다.

전통적인 관점에서는 노동조합이 노사간의 커뮤니케이션 수단으로서 그 기능을 수행하여 왔다. 하지만 노조조직률은 지속적으로 하락해 왔으며, 일각에서는 10% 정도의 노조조직률 수준에서 과연 한국노총과 민주노총이 우리나라 노동자를 대표하는지에 관하여 의문을 제기하기도 한다. 물론 근로자의 불만이 해소되었거나 임금과 복리후생이 개선된 덕분에 노조 조직률이 하락한 것은 아니다. 지난 30년 가까이 노동운동은 변화했지만 생각만큼 노동조합 조직률이 증가하지 않고 있으며 오히려 한국노총과 민주노총을 탈퇴한 비가맹노조의 비율이 30% 가까이 증가하고 있다. 최저임금위원회나 노사정위원회에서도 비정규직을 대표하는 별도의 대표자를 포함하자는 의견이 나온다.

이러한 상황에서 근로자를 대표하는 커뮤니케이션 수단으로서의 노동조합은 유일한 근로자 대표제도가 아님에 주목할 필요가 있다. 특히나 노조 조직률이 10%대인 한국의 현실에서는 대안적인 제도가 불가피하게 요청된다고 볼 수 있다. 본 장에서는 제안제도, 고충처리제도, 청년중역회 등과 더불어 근로자의 의견을 수렴하고 경영정책에 반영하는 수단인 경영참가제도에 관하여 살펴본다.

2) 개념

경영참가
경영관련 문제해결과 의사결정에 종업원을 참여시키는 것

경영참가(participation in management)란 기업경영상의 제반 문제에 대한 결정과 운영에 근로자 및 노동조합이 참여하여 그들의 의견을 반영하는 것으로서, 독일식의 공동의사결정 중심모델에 입각하여 노사간의 공동체적 협력관계를 안정적으로 제도화하는 장치이다.

3) 도입배경

최근 들어 근로자들의 경영참가가 기업과 여러 노동조합으로부터 관심을 받는 이유는 크게 세 가지로 나누어 볼 수 있다. 첫째, 국내외 경쟁의 심화로 생산성 향상이나 지속적인 경영혁신 없이는 시장경쟁에서 이길 수 없다는 위기감이다. 생산의 혁신은 인적자원의 자질 향상과 직접적인 연관이 있으며, 페퍼(Pfeffer)에 따르면 정보공유와 의사결정에의 참여가 종업원의 만족증진과 생산성 향상에 도움이 된다고 한다[2]. 둘째, 생산시스템이 기존의 대량생산체제에서 다품종 유연생산으로 변화함에 따라 **적시생산**(Just-in-time)과 기술혁신에 능동적으로 대응할 수 있는 능력있는 근로자가 요청된다. 셋째, 노동력의 고학력화와 능동주의적이고 능력 위주의 기업문화 확산이다. 이들 근로자들은 경영참가에 대한 욕구와 자신감을 가지고 있으며 기업의 입장에서도 이러한 욕구를 충족시켜 줄 필요가 있다. 실제 미국 클린턴 행정부 당시의 미래노사관계위원회에서도 향후 미국의 노사관계에서 가장 중요한 이슈로 종업원의 경영참가 확대를 언급한 바가 있다.

적시생산(JIT)
일본 토요타 자동차에서 고안된 생산방식으로서, 소품종 대량생산시스템에서 발생하는 불필요한 생산요소(=제품가치에 기여하지 못하는 요소)를 철저히 배제하면서 부가가치를 높이는 것을 그 목표로 한다.

4) 필요성과 목적

경영참가는 자본주의적 생산방식의 발달에 따른 노동의 인간소외(alienation)를 극복하고 산업민주주의(기업 내 민주주의)를 실현하기 위하여 생산수단의 운영에 관계되는 기업의 의사결정과정에 근로자의 참여를 유도하여 노사 상호신뢰의 증진 및 경영의 효율화와 생산성 향상에의 기여를 도모하는 것을 목적으로 한다.

일반적으로 경영자측은 경영참가제도를 종업원 직무몰입의 증가와 생산성 증가 및 노사협조의 수단으로 보는 경향이 있는 반면, 노동자측은 노조와 사용자간의 힘의 균형관계를 확립하는 수단으로 보는 경향이 있다.

2. 경영참가에 관한 이론[3]

경영참가를 설명하는 이론으로는 노동인간화모형, 감성적 참여모형, 집단압력모형, 관료주의적 통제모델, 대리인 이론, 거래비용 이론 등을 들 수 있다. 이 중 노동인간화모형, 감성적 참여모형, 집단압력모형, 관료주의적 통제모델은 경영참가의 긍정적 영향에 초점을 둔 이론이며, 조직경제학적 관점의 대리인 이론과 거래비용 이론은 경영참가의 비효율성에 초점을 둔 이론이다.

1) 경영참가의 긍정적 측면을 설명하는 이론

① 노동인간화모형

이는 근로자들이 자신의 일상적인 삶을 지배하는 일터에서 더 많은 참여와 자율성, 그리고 생산과정에 대한 통제력을 가짐으로써 노동현장에서의 소외를 극복함과 동시에 노동인간화에 기초한 민주적 조직과 제도를 갖기를 원한다는 관점이다.

② 감성적 참여모형

이는 근로자들이 경영에 참여함으로써 자아실현의 욕구를 충족하고, 그 결과 직무만족도가 증가하며 동기유발과 사기진작이 이루어져 작업의 효율성이 증가한다는 관점이다.

③ 집단압력모형

이는 경영참가가 실행되는 경우 근로자들은 모두 경영에 대한 책임을 나누어 가지므로 근로자 상호간의 압력을 통해 일부 근로자들이 열심히 일하지 않는 상황(**사회적 태만**, social loafing)을 미연에 방지할 수 있다는 관점이다.

사회적 태만은 링겔만 효과(Ringelmann effect)라 부르기도 한다. 이는 집단크기가 점차 증가함에 따라 집단의 효율성 증가 속도가 체감하는 현상을 뜻한다.

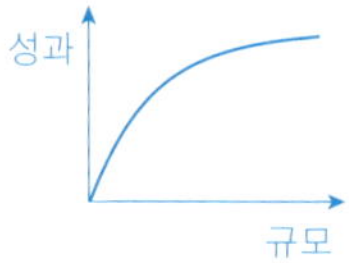

④ 관료주의적 통제모델

이는 근로자들이 기존의 경직된 규정에 얽매이지 않고 조직의 활성화를 위해 창의적인 제안을 함으로써 조직이 지나치게 관료화되는 것을 예방한다는 주장이다.

2) 경영참가의 부정적 측면을 설명하는 이론

① 대리인 이론

신고전주의 경제학 이론에 근거한 대리인 이론(agency theory)에서는 기업을 소유주(본인)와 그 대신 경영을 담당하는 경영인(대리인)간의 관계로 본다. 대리인이 기업을 운영할 때는 소유주, 즉 주주의 이익을 극대화할 수 있도록 대리인에 대한 동기유발이 필요하고 그에 소요되는 비용이 대리인 비용이 된다. 즉 대리인 이론에서는 대리인의 숫자가 많을수록 대리인을 감시하는 비용이 많이 필요하게 되어 비효율성이 증가한다. 이러한 논리에 따르면 근로자의 경영참가는 대리인의 숫자를 증가시키기 때문에 기업의 효율성을 떨어뜨린다는 결론에 도달한다.

② 거래비용 이론

거래비용 이론(transaction cost theory)에서는 경영참가가 의사결정에 관여하는 참여자 수를 증가시키고 그 결과 참여자들 사이의 의사소통과 이해관계 조정에 필요한 시간과 비용, 즉 거래비용을 증가시켜 기업의 비효율성이 증가한다고 본다.

3. 경영참가의 유형

경영참여는 크게 그 내용을 기준으로 경영관리과정에 대한 의사결정참가(협의의 경영참가)와 경영관리결과에 대한 성과참가(이익참가) 및 재산참가(자본참가)로 나뉠 수 있다.

성과참가는 일정한 제도를 만들어 놓고 업무수행 결과에 대한 성과를 노사가 공유하는 것을 말하며, 재산참가는 자본에 대한 참가로서 우리사주제도나 스톡옵션제도가 그 대표적 사례가 된다. 재산참가제도는 구체적으로 주식을 소유하거나 소유할 수 있는 권한을 가짐으로써 직접적인 동기부여가 가능하다는 장점이 있다. 한편 경영과정에 대한 참가는 의사결정 참여 정도에 따라 경영정보를 공유하는 정보참여, 특정 사항에 대해 노사가 협의하는 협의참여, 그리고 노사가 공동으로 결정하는 결정참여가 있다.

또한 참가의 형태가 직접적인지 아니면 간접적인지에 따라서 구분할 수도 있다. 재산참가는 경영활동에 대한 간접참가가 되며, 성과참가와 의사결정참가는 경영활동에 대한 직접참가가 된다.

[표 4-1] 경영참가의 유형

	경영관리과정에 대한 참가(과정참가)	경영관리결과에 대한 참가(결과참가)
경영활동에 대한 간접참가	(해당 없음)	재산참가(자본참가) • 종업원지주제(ESOP) • 스톡옵션(Stock Option)
경영활동에 대한 직접참가	의사결정참가(협의의 경영참가) • 공동의사결정제 • 노사협의체	성과참가(이익참가) • 성과배분계획(gain sharing) • 이익배분계획(profit sharing)

결과참가
① 재산참가 : ESOP, 스톡옵션 등
② 성과참가 : 성과배분, 이익배분 등

1) 결과참가

이는 재산참가와 성과참가를 포함하는 개념이다. 재산참가는 근로자로 하여금 기업자본의 출자자로서 경영에 참가시키고자 하는 것으로서 종업원 지주제도(ESOP, employee stock ownership plan)와 스톡옵션(stock option)을 포함한다. 성과참가는 기업의 생산성 향상에 종업원이나 노조가 기여한 바를 보상의 형태로 제공하는 것으로서, 성과배분(gain sharing)과 이익배분(profit sharing)으로 흔히 표현된다.

과정참가
= 의사결정참가

2) 과정참가[4)]

이는 의사결정참가를 지칭하는 것으로서, 협의의 경영참가는 바로 이 과정참가를 의미하는 것이다. 여기에는 노사협의회제도(labor-management committee)와 공동결정제도(joint-decision making)가 포함된다.

제2절 재산참가

EMPLOYMENT AND INDUSTRIAL RELATIONS

1. 의의와 유형

1) 개념

재산참가(participation in capital)란 기업재산(대개 자본금을 의미함)의 소유에 종업원이 참여하는 것을 의미한다. 재산참가관리는 이상의 재산참가 과정이 노사공동체 의식의 강화를 통한 조직효과성의 제고에 기여하는 방향으로 전개될 수 있도록 체계적으로 관리하는 과정을 지칭한다.

2) 유형

여기서는 재산참가의 유형 중 자기자본(자본금) 참가의 대표적 예인 종업원 지주제와 스톡옵션제를 살펴본다. 종업원지주제는 이름에서 알 수 있듯이 주로 일반 종업원을 대상으로 시행되는 인센티브의 한 종류인 반면, 스톡옵션제는 주로 임원이나 경영진을 대상으로 시행되는 인센티브의 한 종류이다.

2. 종업원지주제도(ESOP, employee stock ownership plan)

1) 의의와 특징[5)]

① 개념

이는 기업이 특별한 조건으로 종업원에게 주식의 일부를 분배하여 주는 인센티브제도이다. 종업원들은 자신이 소유한 주식의 가치에 대해 정기적인 보고를 받을 수 있으며, 퇴사나 이직시에 회사 또는 증권시장에 소유주식을 처분할 수 있다.

종업원지주제는 18세기 말 영국의 한 광산회사에서 종업원이익참가제를 도입한 것에서 유래하였으며 이후 독일과 미국 등으로 전파되었다. 제2차 세계대전 이후부터는 연금제도나 저축제도와 결부하여 주식가격 하락에 대한 위험을 방지하는 확정이자보장증권 내지 할부구입제도 등의 대책이 추가되어 오늘에 이르게 되었다.

종업원지주제는 노력과 보상간의 연결고리가 그다지 강하지는 않아서 학자에 따라서는 인센티브로 보지 않는 경우도 있다.

② 특징

주가(stock price)로 대표되는 기업의 경영성과와 종업원의 주식소유가치가 직접적으로 연동되므로 종업원 지주제는 종업원의 조직몰입도와 자부심을 높여주는 효과적인 방법이라 할 수 있으며, 주식가치 상승분에 대하여 각종 세제상의 혜택이 주어진다. 이 제도 하에서 종업원은 기업의 피고용인인 동시에 기업의 소유자인 주주가 되므로, 기업의 최고 의사결정기구인 주주총회에 참여하여 경영의사결정에 직·간접적으로 영향을 줄 수도 있다.

자사주식취득에 대한 기업측 편의의 유형

① 주식취득 자금의 보조 : 장려금 교부, 매매수수료의 부담 등
② 구입자금의 대출 : 무이자 대출, 구입자금의 분할 상환, 구입자금 이자의 부담 등
③ 증여 : 신주인수권 증여, 저가에 주식 양도, 공로주(주식회사의 설립이나 경영상의 공로에 보답하는 뜻에서 교부되는 주식)의 증여

③ 요건

종업원지주제는 다음의 몇 가지 요건을 구비하여야 한다. 첫째, 종업원이 개인적으로 회사주식을 보유하는 것이 아니라 회사의 경영방침으로 자사주식을 보유토록 추진하는 것이다. 둘째, 회사가 자금을 보조하거나 구입자금을 대부 내지 증여를 하는 등 **특별한 편의를 제공**하여야만 진정한 의미의 재산참가제도라 할 수 있다. 셋째, 종업원의 재산형성과 주주안정정책으로 사용되기 위해서는 자사주식의 취득과 장기보유를 목적으로 하여야 하며 타인에게 양도하지 않는 것을 전제해야 한다.

④ 일반적인 장점과 단점

종업원지주제는 고용관계 측면에서 노사협조와 주인의식을 고취하고, 종업원의 애사정신을 함양할 수 있으며, 근로자의 재산형성을 통한 유능한 인재의 확보 등에 도움이 된다. 재무관리 측면에서도 자기자본의 확충을 통한 타인자본의존도 감소, 주주이동에 따른 기업불안의 해소, 외부투기자본의 비중이 줄어들어 주가가 안정되는 동시에 외부자본의 기업지배 가능성을 낮추는 등의 이점이 있다.

그러나 이 제도 자체만으로 노사협조를 보장한다고 말할 수는 없으며, 그 목적의 다양성으로 인해 효과가 약화될 수 있다. 또한 주식소유 종업원과 비소유 종업원간의 갈등이 생산성을 떨어뜨릴 가능성이 있으며, 종업원의 발언권 강화가 경영권의 약화로 이어지는 역효과도 발생할 수 있다. 종업원 입장에서도 임금과 저축의 양면으로 회사에 의존하게 되어 노동조합의 회유 내지는 분열책으로 작용할 가능성이 있으며, 주가가 하락할 경우에는 재산형성의 역효과로 인한 고용관계 불안의 우려도 존재한다.

2) 종업원지주제의 운영형태[6)]

종업원지주제의 운영형태는 종업원의 주식매입 및 참가형태, 주식구입자금의 조달원천, 관리운영주체 등의 세 가지 관점에서 살펴볼 수 있다.

① 주식매입 및 참가형태에 따른 분류

종업원이 각자 개별적으로 주식을 구입하는 형태를 개별참가방식이라 하는데, 여기서는 회사가 보조금 지급이나 융자, 저가취득 보장 등의 편의를 사측이 제공할 수 있다. 개별취득과는 달리 종업원들이 자사주 투자회를 결성하여 단체명의로 자사주를 구입하는 공동참가방식도 있는데, 여기서는 자사주가 투자회의 재산이 되며 회원인 종업원 각자는 해당 재산에 대한 지분을 소유하게 된다.

② 자금조달원천에 따른 분류

종업원의 자사주 구입자금이 어떻게 조달되는지에 따라 주식구입형과 저축장려형, 이익분배형 등으로 구분할 수 있다. 주식구입형은 종업원이 자기자금으로 자사 주식을 구입하는 대신 회사측에서는 주식가격을 낮추거나 구입자금의 일부를 대부 혹은 주식취득수수료를 대신 부담하는 등의 혜택을 제공하는 방식이다. 반면 저축장려형은 종업원의 급여에서 일정액을 저축하게 하여 이를 자사주에 일정비율로 투자하게 하고, 저축액에 비

[표 4-2] 개별참가방식과 공동참가방식의 비교

	개별참가방식	공동참가방식
장점	• 원칙적으로 양도에 관한 간섭이 없으므로 환금이 용이하다.	• 종업원의 연대의식이 높아진다. • 양도제한이 용이하다. • 사무처리가 간편하다.
단점	• 양도제한이 어렵다. • 공동참가방식에 비해 종업원의 연대의식이 높아지지 않는다. • 사무처리가 복잡하다.	• 종업원의 이동이 많을 때는 계산이 어렵다. • 세금문제 등이 복잡하다.

례하여 무상주를 분배하는 방식이다. **이익분배형**은 회사에서 이익의 일부를 종업원에게 분배하고 이를 회사 내 종업원 명의로 적립하여 자사주에 투자하는 방식으로서, 종업원의 자기자금을 필요로 하지 않는 방식이다.

이익분배형의 경우 장기간 적립하게 되면 퇴직금을 대체하는 효과가 나타날 수 있다.

③ 관리운영주체에 따른 분류

종업원지주제는 관리 및 운영기관에 따라 회사관리형, 종업원단체형, 외부기관관리형 등으로 구분할 수 있다. 회사관리형은 종업원들의 소유주식을 회사가 직접 보관하고 관리하는 제도로서 회사에 의존하게 되는 문제점이 있으나 절차가 단순하고 비용이 절감되는 장점도 있다. 종업원단체형은 종업원들이 직접 만든 단체가 자사주 구입자금과 주권의 관리 및 기타 일체의 사무를 담당하는 방식으로서, 우리사주조합 등의 기관을 만들어 운영하는 방식이다. 이 제도는 회사로부터의 독립성이 크다는 장점이 있지만, 비용이 많이 들고 절차가 복잡하다는 단점이 있다. 외부기관관리형은 은행, 신탁회사, 증권회사 등에 주식관리 업무를 포괄적으로 위임하는 제도로서, 전문성이 높은 기관에서 안정적으로 자금을 운용한다는 장점이 있지만, 위탁비용이 소요된다는 단점이 있다.

3) 우리나라에서 종업원지주제[7]

① 제도의 전개과정

우리나라에서 종업원 지주제는 우리사주제와 연계하여 시행중이다. 우리사주제는 경영참가 제도의 일환으로서 일반적으로 근로자가 자기회사의 주식 일부 혹은 전부를 소유하도록 회사와 정부가 지원하는 제도이다.

우리나라 우리사주제도의 효시는 1958년 10월 (주)유한양행이 종업원의 복지 향상과 노사 협조를 목적으로 종업원에게 자사주를 지급한 것으로서, 이 회사는 간부에게는 공로주를 주고, 사원에게는 희망자에 한해 자사주를 매입하도록 하되, 그 대금을 상여금에서 공제하도록 하였다.

이후 몇몇 기업에서 단편적으로 이와 유사한 제도를 실시하기도 하였으나, 우리사주제도가 사회적 관심의 대상으로 등장하게 된 것은 1968년 11월 22일 제정된 「자본시장 육성에 관한 법률」에서 상장법인의 유상증자시 신규 발행 주식의 10%를 종업원에게 우선 배정하도록 규정한 이후부터이다.

② 종업원지주제 운영상의 문제점

종업원지주제는 좋은 취지에도 불구하고 시행과정에서 몇 가지 문제점을 드러냈다. 첫째, 자사주 보유의 비활성화이다. 종전 우리사주제도는 증권거래법에 근거하여 기업구성원에 대한 우선배정제도 위주로 운영되어 왔으나 보유비율이 미흡한 등 그 기능이 제약되어 있었다. 구체적으로 2001년 당시 우리사주제도를 통한 근로자 주식보유비율은 0.95%에 불과하였으며, 보유 기간도 3년 이상이 8.8%로서 장기 보유자의 비율이 매우 낮았다. 둘째, 종업원 재산의 변동성이 증가한다는 것이다. 종업원지주제는 그 개념상 만일 기업의 경영성과가 좋지 않다면 주가의 하락으로 인하여 종업원의 재산이 줄어드는 부정적 효과가 발생하게 된다. 특히 우리나라의 주식 및 증권시장의 불안정성은 이러한 부정적 측면을 증폭시키고 있다. 셋째, 비상장기업에서의 적용에 애로가 있다. 비상장기업의 경우 증권거래법상의 우선배정제도가 적용되지 않을 뿐 아니라 법적 근거가 미비하여 세제 혜택이나 환금성 등 제약이 컸다.

신우리사주제

근로자복지기본법

➠ 회사에서 성과급 형태로 근로자의 자사주 취득을 지원

③ 신우리사주제의 내용과 효과

우리사주제도가 근로자 재산 증식 · 기업 생산성 향상 · 노사 협력 증진 등 제 기능을 원활히 발휘할 수 있도록 개선하기 위하여 근로자복지기본법(2001.8.14. 공포, 2002.1.1. 시행) 제정을 통해 성과배분형 신(新)우리사주제도 도입의 기본 틀을 마련하였으며, 그 핵심내용은 회사에서 성과급 방식으로 자사주 또는 금전을 우리사주조합에 출연함으로써 근로자의 자사주 취득을 지원하는 것이다. 동법은 우리사주의 장기보유 유도, 기업출연의 확대 유도, 정부의 세제지원 확대, 우리사주조합 기능의 강화, 우리사주조합의 의결권 행사기능 강화, 비상장기업으로의 확대 적용을 위한 장치 마련 등의 개정내용을 담고 있다.

이 제도는 종전 제도에 비해 성과배분형 · 이윤공유형 시스템으로서 생산성 향상 및 노사협력 증진에 기여토록 하고, 상대적으로 복지혜택을 적게 받는 비상장/비등록기업 근로자의 복지향상을 위하여 기능할 수 있도록 제도 설계의 기본 방향을 설정함으로써 생산적 복지를 지향하고 있다.

회사나 대주주가 자신이 보유하는 자기회사 주식을 우리사주조합에 출연해 조합원에게 분배하는 무상출연은 직원에겐 가격하락에 따른 손실발생 가능성이 없다. 대신 회사에선 종업원이 4~8년간 주식을 장기 보유하면서, 인재확보나 경영권 안정에 도움을 받을 수 있다.

3. 스톡옵션 제도(stock option, 주식매입선택권제)[8)]

1) 의의와 도입배경

① 개념

이는 회사가 임직원(주로 임원이나 경영진)에게 일정량의 자사 주식을 일정한 기간 내에 사전에 약정된 가격(= 행사가격)으로 일정한 수량까지 매수할 수 있는 권리를 주는 인센티브제도이다. 이는 주식에 근거한 보상제도로서 조직구성원이 열심히 노력하여 조직의 성과가 증대된다면 주가도 동반 상승한다는 점을 핵심가정으로 한다. 따라서 장래의 일정 시점에서 주가가 행사가격을 상회할 경우 옵션을 행사하여 회사로부터 주식을 매입하고 이를 시장에 매각함으로써 이익을 남길 수 있다. 한국에서는 1996년 12월에 증권거래법이 개정되면서 주식매입선택권이라는 이름으로 스톡옵션을 법제화하였다.

스톡옵션의 예를 다음과 같이 이해할 수 있다. 유능한 최고경영자 A를 외부에서 스카우트 하면서, 연봉 외에 이 기업의 주식 10만주를 현재의 시장가격인 1만원으로 '살 수 있는 권리'를 준다고 가정하자. 만약 A가 기업을 성공적으로 경영하여 3년 뒤 이 기업의 주가가 2만원이 된다면 이 경영자는 주당 가격상승분인 1만원씩 총 10억원의 추가보상을 받는 셈이 된다. 반대로 주가가 5천원으로 하락한다면 이 경우 스톡옵션의 행사권리를 포기하면 되므로 A는 손해를 보는 것은 아니다. 당초 스톡옵션제는 최고경영자를 위한 개인인센티브 보상제도로 사용되었으나, 최근에는 펩시콜라, HP, 스타벅스 등의 기업에서와 같이 종업원에게도 이를 부여하는 경우가 종종 있다.

옵션의 가장 중요한 기능 중 하나는 자산(여기서는 주식) 가격의 변동에 따르는 위험(risk)을 제거해 준다는 것이다. 주가가 하락할 경우 옵션행사를 포기하면 손해를 피할 수 있기 때문이다.

② 도입배경

우리나라에서 스톡옵션제를 도입하게 된 취지 중 하나는 중소기업이 유능한 인재를 유치할 수 있도록 하기 위함이다. 따라서 기술집약형 중소창업기업이 고급인력을 유인할 때 스톡옵션제도를 활용하는 경우가 많았다. 대체로 중소창업기업들은 유동성(liquidity)이 적어서 어려움을 겪을 가능성이 많은데, 이러한 기업들은 상대적 봉급차액 부분을 스톡옵션에 근거한 보상으로 대체하는 것이 유리하다. 또한 스톡옵션 제도를 시행함으로써 고급인력의 이직을 방지하고, 동기부여를 할 수 있다는 장점도 있다.

2) 유형

여기 소개된 유형들 외에도 비적격 스톡옵션, 가상주식 제도 등이 있다.

스톡옵션제의 대표적 유형들 중 일부를 살펴본다.

① 인센티브 스톡옵션(incentive stock option)

이는 일정한 요건 하에 세제상의 우대조치가 인정되는 스톡옵션으로, 회사가 임직원들에게 미래의 일정한 기간내에 약정된 가격으로 일정한 자사주를 매입할 수 있는 권리를 부여하는 제도이다. 가장 일반적인 스톡옵션의 유형이라 할 수 있다.

② 주식평가보상권(stock appreciation rights)

주식상승보상권, 주식평가권 등으로 다양하게 불리는 주식평가보상권은 임직원에게 일정기간에 있어서 자사주의 시장가격 상승액을 보상으로 받을 수 있는 권리를 부여하는 제도이다. 여기서는 실제 주식의 매매가 이루어지지는 않는다.

3) 긍정적 기대효과

첫째, 성과와 연계한 보상으로서 장기적 기업가치 극대화를 위한 종업원(특히 관리자나 경영자)의 동기를 증진하는 효과를 가진다. 특히 주가가 기업의 수익성과 성장성에 의해 영향을 받고 경영자가 이들 요인들에 의해 영향을 미칠 수 있는 범위 내에서는 스톡옵션이 효과적인 인센티브가 될 수 있다. 스톡옵션은 그 개념상 주식 연동형 장기 인센티브이므로 보상의 구체적 실현은 권한확정기간(vesting period)을 포함한 장기간이 경과한 후 주식을 매각함으로써 이루어진다. 따라서 부여대상이 장기근속할 경우 더욱 그 효과가 크다.

둘째, 창의적인 우수인력의 확보와 노사관계의 개선 효과가 있다. 외환위기 이후 대규모로 진행된 구조조정의 결과 한국 근로자의 상당수로부터 소속기업에 대한 충성심이나 조직몰입의 수준 저하를 발견할 수 있다. 이는 궁극적으로 핵심인력의 유출과 조직분위기 악화로 이어지게 된다. 이러한 상황에서 기존의 보상시스템을 보완하는 도구로서 스톡옵션제도를 활용할 경우 우수인재의 유지뿐만이 아니라 종업원에게 기업에 대한 주인의식을 갖게 함으로써 노사간 공통의 이해를 증진하는데 도움이 될 것이다.

셋째, 기업의 감시체계를 보완하는 동시에 업적과 보상의 연동을 통하여 **대리인 문제**를 극복할 수 있다. 스톡옵션을 부여받은 임직원은 기업의 내부 감시자 역할을 수행함으로써 투명경영을 촉진하고, 또 기업에 우호적인 지분 보유자가 됨으로써 적대적 M&A로부터 기업을 보호할 수도 있다. 또한 연봉을 받는 임직원에 비해 스톡옵션을 지급받는 임직원은 자신이 기울이는 당장의 노력이 일차적으로 기업의 경영성과에 영향을 미칠 뿐만 아니라 궁극적으로 본인의 이익에도 직결됨을 인지하게 되므로 대리인 문제가 해결될 수 있다.

대리인 문제
업무의 책임이 귀속되는 사람(본인)과 업무를 직접 수행하는 사람(대리인)이 다를 때 발생하는 여러 문제를 뜻함

4) 잠재적 문제점

첫째, 기존 주주나 채권자의 이익침해가 발생할 수 있다. 원래 주식가격이 상승하면 이는 주주에게 그 수익이 돌아가야 하는 것이다. 하지만 임직원에게 부여된 옵션의 크기가 클수록 그만큼 기존 주주들은 주가상승의 혜택을 누리지 못하게 된다. 또한 주가폭등의 상황에서 스톡옵션으로 거액의 이익을 본 임직원들이 갑작스레 회사를 그만두는 경우(예 : 1990년대 MS社) 회사는 인재유출로 인하여 어려움에 빠질 수도 있다.

Microsoft

[표 4-3] **종업원지주제와 스톡옵션제의 비교**

구분	종업원지주제(ESOP)	스톡옵션제(주식매입선택권제)
목 적	종업원의 재산형성 지원	동기부여 + 대리인 문제 극복
대 상	임원을 제외한 종업원	임원을 포함한 종업원
성 격	집단 인센티브	개인 인센티브
주식취득 방법	우리사주조합을 결성한 후 취득 장기근속자 및 저소득자 우대	회사와 임직원 간 개별약정에 따라 옵션 부여 일정기간 경과 후 옵션의 행사 가능

출처 : 최종태(2000), p.286. 수정인용

둘째, 스톡옵션은 경영진에게 과다한 보수를 지급하는 반면(옵션의 개념과 취지상) 이에 상응하는 경영자의 위험부담이 없는 경우가 많아 형평성의 문제가 제기될 수도 있다.

셋째, 경영자들이 단기 성과에 집착할 가능성이 있다. 주가상승에만 집착하여 당장 돈이 되는 영역에만 투자하려고 할 경우, 나중에 주가가 하락하면 회사와 주주에게 피해가 고스란히 전가되는 것이다

_ 보충학습 애플(Apple)의 성공적 주식보상제도[9)]

애플은 2016년부터 양도제한조건부 주식(restricted shares of stock)을 임원뿐만이 아니라 일반 직원들에게도 지급한다. 기존에는 소수의 임원 내지는 추천을 받은 일부 직원들에게만 적용되던 보상제도였는데, 이를 전세계 각지의 애플스토어에서 근무하는 직원들을 포함하여 실시하기로 한 것이다. 이는 세계적으로도 보기 드문 인센티브 제도가 된다. 지급되는 주식 규모는 공표되지는 않았으나 대략 1,000달러에서 2,000달러 사이이며 직원의 수를 고려해 볼 때 천문학적인 금액이 소요될 것으로 추정된다. 이는 애플이 가진 일종의 자신감에서 비롯된 것이다. 주식 가격이 예상처럼 오르지 않는다면 종업원을 동기부여 시킬 수가 없을 것이므로, 신 보상제도의 선포는 애플이 미래 영업전망을 낙관적으로 보고 있다는 방증이 된다. 그렇다면 애플에서 누가 가장 돈을 많이 벌까? 놀랍게도 CEO인 팀 쿡(Tim Cook)이 아니라 세계적 명품브랜드 버버리의 최고경영자 출신으로 2014년 애플에 합류한 소매분야(retail) 총괄책임자 안젤라 아렌트(Angela Ahrendts)로서, 그녀가 받는 보상액은 2,580만 달러(우리나라 원화로는 300억 이상)이며 그 중 2,000만 달러 이상이 주식보상이었다. 애플 CEO 팀 쿡은 1,030만 달러를 벌었다. 최고경영자가 휘하의 임원보다 적은 보상을 받고도 견딜 수 있을까? 가능하다. 팀 쿡은 이미 2011년 창업자 스티브 잡스(Steve Jobs)의 후임 경영자로 취임하면서 100만주, 그리고 2016년에도 많은 주식보상을 받았다. 이들 주식은 '양도제한조건부' 주식으로서 10년이 지나야 귀속되므로 그 기간 동안 팀 쿡은 애플을 위해 열심히 일할 것이다.

제3절 성과참가

EMPLOYMENT AND INDUSTRIAL RELATIONS

1. 의의와 유형

1) 개념

성과참가(participation in profit)는 집단성과급제와 관련이 깊은데, 그 까닭은 경영성과를 종업원의 집단적 노력의 산물로 보아 이익을 포함한 각종 경영성과의 배분에 종업원을 참여시키기 때문이다. 따라서 집단 인센티브는 종업원의 경영참가 수단 중 하나로 활용될 수 있다.

집단성과급으로서의 성과참가제도를 설계하는 과정에서 고려해야 할 사항으로는 성과의 판단기준, 경영성과에 대한 경영진의 몫과 종업원의 몫에 대한 배분기준 및 비율, 개별 종업원에게 참가배분 몫을 지급하는 기준 및 방식 등이다. 그 중 핵심이 되는 것은 **경영성과를 바로 무엇으로 볼 것인가**의 문제, 즉 성과판단의 기준 이슈이다.

이익 = 매출(수익)−비용(원가)
위 식에서 '같은 인건비를 투입하여 더 큰 매출을 얻는 것'과 '동일한 매출량을 더 적은 인건비로 달성하는 것'은 사실상 같은 의미이다. 다만 발생시점은 비용, 매출, 이익 순이라는 점에 유의할 것.

2) 유형

학자들은 대체적으로 경영성과를 판단하는 대표적 기준치로서 업적치(생산성 : 생산수량 및 질, 노동생산성, 원가절감 등), 수익치(수익성 : 매출액, 부가가치 등), 이익치(이익성 : 순이익, 배분가능이익 등)를 꼽고 있다. 이 중에서 업적치나 수익치를 중심으로 하는 것을 성과배분계획, 이익치를 중심으로 하는 것을 이익배분계획이라 한다.

2. 성과배분계획(gain sharing plan)[10)]

업적치와 수익치 중심의 성과배분계획은 노무비를 포함한 각종 원가절감에의 노력에 대한 대가로 주어지는 성과참가의 한 유형이다. 대표적 사례로 스캔론 플랜과 럭커 플랜을 들 수 있다.

1) 스캔론 플랜(Scanlon plan)

스캔론
(Scanlon, J.)

① 개념

이는 1930년대 **스캔론**(Scanlon)에 의해 고안되었으며, 노사협력에 의한 생산성 향상에 대한 대가를 매출액 기준으로 지불하는 방식의 성과배분 모형이다. 스캔론 플랜은 실제로 이 제도의 실시가 파산위기에 놓인 철강회사를 재건하는데 주된 역할을 하였다는 점이 널리 알려지게 되면서 확산되기 시작하였다.

② 성과배분 기준

생산성 향상을 위해 공개적 집단제안제도를 확립하고, 여기서 나타나는 종업원의 건설적 제안이 생산위원회(production committee)나 적격심사위원회(screening committee) 등의 집단협의체를 통하여 생산활동에 반영되어 나타나는 인건비의 감축정도가 성과배분의 기준이 된다.

③ 성과배분 방식

단위기간(예 : 1개월)마다 계산되는 생산제품의 시장판매가치(SVOP, sales value of production, 매출)가 해당 기간동안의 기준노무비에 비해 얼마나 큰지를 따져 표준노무비율을 산정하고, 특정 시점의 실제 노무비 지출규모를 SVOP 대비 표준노무비와 비교하여 그 절약분 중 25%는 결손월에 대비하여 사내유보분으로 남기고 나머지 75%에 대하여 종업원과 회사측이 각각 3 : 1로 나누어 갖는 방식이다. 대체적으로 종업원은 통상적 급여액의 10~15%를 상여금으로 받게 된다.

④ 특징

이 방식은 종업원의 공헌과 상여금의 연결고리가 강하며(특히 이익배분계획과 비교하여)[i], 제안 등의 노력이 상여금으로 연결된다는 점에서 동기부여 효과가 크다는 장점을 가진다. 또한 이익배분이 기업의 결산시기에만 주로 이루어지는 반면 스캔론 플랜은 거의 매달 상여금의 지급이 가능하다는 점에서도 장점이 있다. 하지만 경영관리의 목적이 비용절감이 아니라 품질향상에 있다면 스캔론 플랜의 실시에 신중해야 할 것으로 판단된다. 왜냐하면 스캔론 플랜 하에서 종업원이 받는 상여금의 크기는 오로지 노무

i) 이는 이윤에 포함되는 요인이 너무나 많다는 데서 그 원인을 찾을 수 있다. 회사가 많은 이윤을 남긴 것이 바로 종업원들의 공헌도와 일치하는가? 그렇다고 단정지을 수가 없다. 이윤은 노무비 절감 및 생산성 향상뿐만 아니라 각종 마케팅 노력이나 경영전략의 결과로 볼 여지도 있기 때문이다.

비의 절약에 의해서만 영향을 받으므로 시간당 생산량을 늘리기만 하면 되기 때문이다.

2) 럭커 플랜(Rucker plan)

① 개념

1940년대 미국의 경제학자 럭커(Rucker)에 의해 고안된 럭커 플랜은 노사협력에 의한 생산성 향상에 대한 대가를 부가가치의 평균초과규모로 지불하는 방식의 성과배분계획 모형이다.

② 성과배분 기준

럭커는 매출액에서 각종 비용을 제한 일종의 부가가치 개념인 생산가치(production value)의 증대를 목표로 한 노사협력체계를 만들어 그로 인한 생산성 향상의 성과를 '럭커표준'으로 불리는 일정한 분배율에 따라 노사간에 배분하는 집단인센티브 시스템을 고안하였다. 럭커플랜에서 모든 성과배분 절차는 노사협력의 제고를 위해 위원회 방식을 사용하게 된다.

③ 성과배분 방식

럭커표준, 즉 생산부가가치에서 인건비가 차지하는 비중을 **임금상수**(labor's share of production)라 한다. 이 상수를 통해 기업은 예상부가가치 규모를 구할 수 있으며, 주어진 인건비로 평소보다 더 많은 부가가치를 창출한 경우 이 초과부가가치를 노사협동의 산물로 보아(결손월에 대비한) 25~30%의 유보금을 제외한 나머지를 기업과 종업원 간에 1 : 1로 배분한다.

1914년부터 1947년까지의 제조업 통계수치를 활용하여 생산가치에 대한 노무비의 비율이 평균 39.395%로 거의 비슷하다는 점에 착안하여 이를 임금상수(= 노무비/생산가치)라 하였다.

④ 특징

럭커 플랜은 스캔론 플랜과는 달리 기업이 달성한 부가가치를 기준으로 임금배분액을 계산하므로 시장상황을 반영한다는 점에서 매우 합리적 제도라 할 수 있다. 또한 럭커 플랜을 통해서는 스캔론 플랜의 문제점 중 하나인 품질이슈가 해소된다. 왜냐하면 럭커 플랜에서는 노무비 뿐만 아니라 기타 제반비용의 절감을 통한 부가가치의 증가가 종업원에게도 유리하게 작용하기 때문이다. 따라서 품질에 관심이 있는 경영자라면 스캔론 플랜보다 럭커 플랜의 시행이 더 큰 이점을 줄 수 있다.

3) 임프로셰어 플랜(improshare plan)

이는 improved productivity through sharing의 준말로서, 단위당 소요되는

[표 4-4] 성과배분계획 제도의 비교

	스캔론 플랜	럭커 플랜	임프로셰어 플랜
참여도	제안위원회 or 작업팀	럭커위원회	훌륭한 아이디어의 제안 및 활용
보너스의 기준	매출액(SVOP) 대비 인건비 비율	부가가치 대비 인건비 비율	표준작업시간과 비교한 절약작업시간
목표	노무비 감소 ➠ 품질문제 발생 가능	노무비 감소 ➠ 품질문제 해결	직 · 간접적 근로시간 감축

표준노동시간과 실제노동시간을 비교하여 절약된 노동시간만큼에 해당하는 시간당 임률을 노사가 각각 1 : 1로 배분하는 성과배분계획 모형이다.

4) 프렌치 시스템(French system)

프렌치 시스템은 성과배분계획에 해당하는 여러 제도들 가운데 가장 업적치 기준에 가까운 것이다.

이는 근로자들의 노력을 자극하기 위하여 노무비를 포함한 모든 제반비용을 줄이는 것을 목표로 하는 성과배분계획이다. 구체적으로는 매년 총투입비용에 대비한 총산출액의 비율(표준비율, standard ratio)을 계산한 뒤, 이를 바탕으로 그 다음해의 예상 기대산출액을 도출하여 실제 산출액과의 차이를 비교한 다음 그 차이의 50%를 올해의 보너스 금액으로 상정한다. 여기서 올해의 보너스 금액을 바로 수령하는 것이 아니라 3년 전, 2년 전, 1년 전, 그리고 올해의 보너스 금액에 각각 10%, 15%, 25%, 50%를 곱하여 올해의 최종 보너스 금액을 산정한다. 이러한 이동평균법을 사용하는 이유는 올해의 최신성과에만 기반해서 보너스가 책정될 경우 지나친 성과압력에 따른 종업원들의 불만이 누적될 수 있기 때문이다.

3. 이익배분계획(profit sharing plan)[11]

1) 개념

이는 1891년 영국에서 처음 실시된 것으로서 사전에 설정된 수준을 초과하는 이익이 발생하였을 때 이를 종업원에게 배분하는 성과참가의 한 방법이다. 평균적으로 이익분배액은 사원 연 급여의 8~10% 정도에 해당한다.

2) 목적

이 제도는 종업원과 기업간의 운명공동체 의식을 고취시키는 것뿐만 아니라 낮은 이직률과 높은 성과수준의 자극, 노력과 창의적 상상력의 촉진, 경제적 안정의 도모 등에 그 목적이 있다.

실제로 삼성전자는 1인당 연봉의 50%를 상한으로 하는 이익배분계획을 운영하고 있다.

3) 유형

이익배분은 그 지급 방식에 따라 현금분배계획(cash distribution plan, 이익이 결정되는 분기별 또는 연도별로 지급), 이연지급계획(deferred distribution plan, 이익이 결정되면 이를 종업원의 개인 계정에 가산해 두었다가 퇴직이나 해고 및 사고의 경우에 지급), 혼합형 이익배분계획(이익의 일부는 즉시 지급하고 나머지는 이연) 등으로 나뉜다.

① 현금분배계획

이는 현시점에서의 이익을 정해진 배분기간에 따라 지급하는 제도이다. 월별로 지급할 경우 종업원들이 임금의 일부로 오해할 수 있으므로 분기나 반기 혹은 1년 단위로 지급한다.

② 이연지급계획

이는 사전에 규정된 사건(퇴직, 사망, 고용관계의 단절 등)이 발생했을 경우 사전에 설정한 규칙에 따라 이익을 배분하는 제도이다. 이익배분의 몫을 공제기금(trust fund)에 예치하고 종업원 각자에 해당되는 계좌가 설치되어 배당금액을 파악할 수 있도록 하며, 현금분배제도와는 달리 세제상의 혜택을 받을 수 있다. 또한 미국에서는 이연분배가 사실상 연금이나 퇴직금의 변동과 연계되어 있으므로 경영자의 입장에서는 **위험**이 줄어드는 장점이 있다.

퇴직금은 경영자가 지급해야 하는 몫이다. 퇴직금과 퇴직연금에 관한 문헌을 참조하면 왜 이연분배가 경영자의 위험감소와 관련이 있는지 알 수 있을 것이다.

③ 혼합배분계획

이는 현금분배와 이연지급을 혼합한 제도로서 미래의 급부와 현재의 보상을 결합한 것이다. 사전에 설정된 일정 이윤을 지금 시점에서 지불하고, 나머지 잔여분은 공제기금의 형태로 적립하여 이연지급계획의 방식으로 지급한다.

4) 이익산정의 기준

순이익을 기준으로 하는 접근과 배분가능이익을 기준으로 하는 접근법이 있다.

① 순이익 기준

이는 이익창출에 기여한 주주, 경영자, 종업원 모두가 순이익(net profit)을 나누는 것이다. 이는 그 논리성과 합리성 측면에서 아직까지 모두가 공감할 수 있는 기준을 마련하지 못하는 실정이다.

② 배분가능이익 기준

이는 순이익에서 자본가에게 자기자본의 최저 은행이자율에 해당하는 금액을 일단 먼저 배분하고 남은 금액을 사측과 종업원측이 나누는 것이다. 이 기준에 관해서는 상당한 측면에서 노사간 의견접근이 이루어져 있다.

5) 특징

이익배분계획에 관한 각종 연구에 따르면 이익배분은 일부 문제점(종업원의 공헌 시기와 보상의 시기가 괴리됨에 따라 발생하는 동기부여에의 낮은 영향, 제도 운영에 있어 종업원이 참여하는 요소가 거의 없음 등)에도 불구하고 전반적으로 조직몰입도와 기업성과에 긍정적인 영향을 주는 것으로 알려졌다[12]. 특히 거시경제적으로 이익배분계획이 기본급(base pay)을 대체하는 방식으로 도입될 경우(노력과 보상간 연결고리의 강화로 인해) 해고와 실업을 낮추고 경기안정을 도모할 수 있다고 한다.

이익배분계획의 효과를 극대화하기 위해서는 품질관리 활동, 정보공유 등의 노력이 필요하다.

제4절 의사결정참가

EMPLOYMENT AND INDUSTRIAL RELATIONS

1. 의사결정참가의 개념과 유형[13)]

1) 의사결정참가의 의의

의사결정참가(participation in decision)는 종업원 또는 노동조합이 경영의사결정에 참여하거나 경영기능에 대하여 영향력을 미치는 것이다. 재산참가나 성과참가가 물질적 결과에 대한 참가라면, 의사결정참가는 경영의 내용이 되는 관리상의 주요 의사결정의 과정에 대한 참가라 할 수 있다.

2) 의사결정참가의 수준별 구분

일반적으로 의사결정참가는 **과정참가**로 불린다. 코칸 · 카츠 · 맥커지(Kochan, Katz, & McKersie)에 따르면 경영의사결정의 수준은 작업장 수준, 기능 수준, 전략적 수준으로 구분이 되며[14)] 근로자는 이상의 각 단계별로 경영상의 여러 문제에 대해 참가하여 통제를 가할 수 있다.

과정참가
= 의사결정참가
① 수준 : 업무적 – 관리적 – 전략적
② 단계 : 정보참가 – 협의참가 – 결정참가

① 작업장 수준(workplace level)에서의 경영참가 : 업무적 의사결정

이는 주로 개인별로 소속 작업집단 내에서 직무를 수행하는 과정에서 나타나는 경영참가로서, 실제 작업장에서의 직무설계나 작업장 배치 등과 같이 종업원의 일상적 근무환경에 대한 의사결정에 참가함으로써 구성원의 재량권을 확보하고 직무만족감을 증진하는데 목표를 두고 있다. 구체적인 제도로서는 직무확대, 직무충실화, 직무순환 등이 있다.

② 기능 수준(functional level)에서의 경영참가 : 관리적 의사결정

이는 단체협상이나 기업의 인사 및 노무관리에 노동조합이나 각종 위원회를 통하여 참가하는 형태이다.

③ 전략적 수준(strategic level)에서의 경영참가 : 전략적 의사결정

이는 기업의 전체적인 전략적 정책이나 목표설정과정에서 근로자측이 영향을 미치는 모든 참여를 말한다. 근로자이사제도, 노사합동위원회제도, 노사협의회제도, 공동결정제도 등이 이에 해당한다. 그 중 노사협의회제도는 노사대표자들이 단체교섭의 대상 외의 문제에 대하여 논의하는 합동 협의기구이며, 공동결정제는 경영자와 근로자 혹은 노동조합간 공동경영의 이념을 실현하는 제도이다[15]. 노사협의회와 공동결정제의 상세 내용은 후술한다.

3) 의사결정참가의 단계

의사결정참가(과정참가)는 정보참가, 협의참가, 결정참가의 단계로 구성된다.

① 정보참가

이는 경영에 관련된 모든 정보를 노사가 공유하는 과정으로서, 인사－재무－생산－영업－마케팅－전략 등 일선 경영활동과 관련한 모든 정보를 경영자측이 노동자나 노조에 제공하고, 노동자측은 이들 정보의 제공을 사측에 요구할 수 있다.

② 협의참가

이는 노사 쌍방이 의견을 교환하며 토론하고 협의하는 과정이다. 근로자측에서는 교섭, 심의, 자문 등의 적극적인 제안활동을 수행하며, 사용자측에서는 이에 대한 상담과 의사교환이 이루어진다.

③ 결정참가

이는 노사 쌍방이 협의하여 공동의사결정을 수행하는 단계이다. 이에 대한 책임은 노사쌍방이 쌍무적으로 지게 되며, 이 수준의 경영참가에서는 근로자의 경영의사결정참가가 일어나서 경영권의 일부 간섭을 사용자가 용인하게 된다.

2. 노사협의회제도[16]

1) 개념

노사협의회(작업장평의회, labor-management committee) 제도는 노사대표자들이 단체교섭의 대상 외의 문제, 즉 작업능률이나 생산성 등에 대하여 논의하는 합동 협의기구이며, 경영참가제도의 일종이다. 「근로자참여 및 협력증진에 관한 법률」에 의하여 상시 30인 이상의 근로자를 사용하는 사업장에서 의무적으로 설치된다.

2) 노사가 협의하는 안건의 범위

노사협의안건의 내용
① 기술 및 생산관련 사항
② 고용 및 인사노무관련 사항
③ 경제적 사항
④ 기타 사항

노사협의회에서 다루는 내용은 나라마다 차이가 있지만 대략 몇 가지 공통된 주제가 있다. 첫째, 기술 및 생산관련 사항으로서 생산계획과 방법 및 직무조직 등이 이에 해당한다. 둘째, 고용 및 인사노무관련 사항으로서 승진, 배치전환, 교육훈련, 작업환경개선, 근로자복지, 업무평가, 임금, 해고, 산업재해 등이 이에 해당한다. 셋째, 경제적 사항으로서 투자계획, 가격정책, 이윤배분정책, 자금운용계획 등이 이에 해당한다. 넷째, 기타 사항으로서 최고경영자의 임명, 공장이전, 공장의 부분폐쇄 결정, 합병과 같은 회사존립에 관한 사항 등이다.

3) 노사협의회의 기능과 역할

노사협의회에서는 이상의 안건사항에 대한 문제제기, 의견교환 및 정보제공활동이 주로 이루어진다. 노사협의회에서는 다루어야 하는 여러 문제들을 사용자가 근로자측에 성실하게 보고하거나 설명해야 하는 '보고사항', 사용자와 근로자가 상호 대등한 지위에서 협의해야 하는 '협의사항', 근로자의 협력과 참여를 구하기 위해 협의회의 의결을 거쳐 사용자가 시행해야 하는 '의결사항'으로 나누어 협의체를 운영한다. 이러한 3개 사항의 내용은 '근로자참여 및 협력증진에 관한 법률'에 규정되어 있다.

보고사항에서 협의사항과 의결사항으로 갈수록 근로자의 의사결정 참여 비중이 점차 커진다고 볼 수 있다.

① 보고사항(동법 22조 1항)

보고사항에는 경영계획 전반 및 실적에 관한 사항, 분기별 생산계획과 실적에 관한 사항, 인력계획에 관한 사항, 기업의 경제적·재정적 상황 등이 포함된다.

② 협의사항(동법 20조 1항)

협의사항에는 생산성 향상과 성과 배분, 근로자의 채용 및 배치와 교육훈련, 고충처리, 산업안전과 보건위생, 인사노무관리 제도 개선, 고용조정의 일반원칙, 작업시간과 휴게시간, 임금의 지불방법, 종업원지주제, 복지증진, 모성보호 등이 포함된다.

③ 의결사항(동법 21조)

의결사항에는 근로자의 교육훈련 및 능력개발 기본계획의 수립, 복지시설의 설치와 관리, 사내근로복지기금의 설치, 고충처리위원회에서 의결되지 아니한 사항, 각종 노사공동위원회의 설치 등이 있다.

4) 현대경영에서의 의의

① 경영환경의 변화

우리나라에서는 노동조합 조직률이 지속적으로 하락하고 있어서 집단적 노사관계 차원의 근로자 대표 기능이 약화되고 있다는 지적이 많다. 노동조합 조직률 하락에 따른 근로자 목소리(voice) 기능의 약화는 단지 우리나라에만 국한되는 현상이 아니며, 선진국 여러 나라에서 나타나는 공통적 현상이다. 그 결과 근로자들의 집단적 의사표시 및 이해관계 대변기능에 있어 사회적 요구와 현실 간에 괴리 문제가 지적되고 있다. 특히, 1970년대 이후 사용자 주도의 고참여 · 고몰입(high commitment · high involvement) 인적자원 관리 관행이 강화됨에 따라 근로자대표제도(employee representation system)가 이러한 **고성과작업시스템**(high performance work system)에 의해 위축되거나 그 기능이 대체되고 있다는 주장도 많이 제기되고 있다.

고성과작업시스템
노사간의 협력과 신뢰를 바탕으로 종업원들의 지식축적과 동기유발 및 자율적 노력을 유도하여 조직성과의 향상을 도모하는 작업시스템

② 현대적 의의 : 효용과 한계

노동조합이나 노사협의회(works council)와 같은 근로자대표제도는 단순히 근로자의 근로조건 보호나 권익신장 이외에 다양한 효용을 창출할 수 있다. 예를 들면 경영진과 근로자 사이에 정보교류의 가교역할을 함으로써 소통을 촉진하고, 이해관계를 조절하면서 장기적 협력을 유도할 수 있다. 또한 근로자 고충처리와 근로조건 향상을 통해 직무만족과 조직몰입을 높임으로써 이직을 낮추면서 근로의욕 제고를 통해 기업 생산성을 높일 수 있다.

다른 한편으로는 근로자의 이익을 보호하는데 치중하여 기업의 노동비용을 높이고, 노동시장 유연성을 저해하면서 시장환경 변화에 따른 유연한 경영의사 결정을 저해할 수 있는 한계도 있다.

5) 노동조합과 노사협의회의 비교

① 비노조 근로자대표제도로서 노사협의회의 속성

근로자대표제도로서 가장 대표적인 형태인 노동조합은 근로조건 개선과 고용안정을 통해 근로자의 경제적 이익을 추구하는 것을 주된 목적으로 한다. 한편 노사협의회와 같은 비노조 근로자대표제도(NER, non-union employee representation system)는 노동조합과 같이 근로조건 개선을 위해 근로자의 이

익을 대변하는 기능을 하지만, 사용자의 동의와 지원 아래 조직되고 운영된다는 점에서 노동조합과는 다르다. 이러한 비노조 근로자대표제도는 많은 경우 근로자 이익을 대변하면서도 참여와 협력을 통해 노사간 의사소통을 활성화하고 공동이익을 추구하는 것을 목적으로 한다.

② 노동조합과 노사협의회의 차이점

기본적으로 노동조합과 노사협의회는 근로자대표제도로서 근로자 이익을 대변하고, 노사간 집단적 의사소통의 통로라는 점에서 유사한 기능을 수행하면서도, 근로자 목소리 기능의 형태나 방식 및 사용자의 태도 등에서 아래와 같은 차이가 있다.

• 노동조합 : 사용자로부터 독립적, 강제적 수단 동원 가능, 배타적 교섭권 행사, 사용자에 적대적
• 노사협의회 : 사용자의 지원 받음, 공동 이해관계에 초점, 사용자와 협력적 관계

첫째, 노동조합은 노사협의회에 비해 사용자로부터 보다 독립적이고 자율적으로 활동하는 특성을 갖는다. 노사협의회가 사용자의 지원과 용인 아래 근로자 대표기능을 수행하는 반면에 노동조합은 원칙적으로 사용자와 독립적 입장에서 근로자들의 권익을 옹호한다.

둘째, 노동조합은 사용자와의 이해관계가 대립하는 경우 파업 등 강제적 수단을 동원하여 이해관계를 관철할 수 있다. 반면, 노사협의회는 노사 간 공동 이해관계를 반영하는 조직이다. 각종 근로자참여, 생산성 향상, 고충처리 등을 통해 협력한다. 노동조합의 조직화 등을 회피하기 위한 수단으로 사용되기도 한다.

셋째, 노동조합은 원칙적으로 임금이나 생계비, 복리후생 및 고용안정 등 분배적 교섭사항에 대한 배타적 교섭권을 행사하는 것이 일반적이다. 반면, 노사협의회는 교육훈련, 정보공유, 의사소통, 작업환경 개선 등 노사 공동의 이해관계 이슈를 주로 다룬다. 우리나라의 경우 노사협의회가 임금이나 단체교섭을 하는 경우도 있으나 이는 상호 신뢰에 기반하여 사용자의 용인 아래 이루어진다는 점에서 본질적으로 차이가 있다.

넷째, 협력적 관계를 전제로 하는 노사협의회에 비해 노동조합의 경우에는 사용자의 입장에서 의사결정의 지연이나 경영권 침해, 노동시장 유연성 저해 등의 부작용이 더 클 수 있다. 이와 관련, 프리만과 레지어(Freeman & Lazear, 1995)는 노사협의회가 잘 운영될 경우 근로자들의 이익에 초점을 두는 노동조합에 비해 조직성과를 더 높일 수 있다는 주장을 펴고 있다[17].

6) 노사협의회제도의 기능을 설명하는 이론적 모형

그간 비노조 근로자대표제도로서의 노사협의회의 효용과 한계에 대해서는 많은 이론적 연구가 있었다. 그 내용들을 요약하면 다음과 같다.

거래비용 이론
윌리암슨(Willamson)에 따르면 시장거래가 최적의 의사결정 대안에 이르지 못할 때 시장실패가 발생하고, 개별조직간의 거래는 통합조직 내의 위계(hierarchy)로 흡수된다.

① 거래비용에 미치는 영향

노사협의회제도가 갖는 서비스 내지 편익의 이론적 성격과 관련하여 불완전한 정보 내지 정보의 비대칭성이 존재하는 상황에서 거래비용을 줄일 수 있는 기능을 한다. 기업과 같은 조직 내에서 정보는 위계구조를 통해서 상하로 이동하는데 각 단계마다 정보가 재처리되거나 새로이 가공될 수 있고, 중간관리자가 의도적으로 정보의 흐름을 제약할 수도 있다. 즉, 조직의 중간관리자들이 조직의 목표에 충실하지 않고 자신이나 본인이 속한 집단의 이익 등을 위하여 의도적으로 정보를 왜곡하는 기회주의적 태도를 보일 수 있다. 대리인 문제가 발생하는 것이다. 이러한 위계적 조직구조 속에서의 정보 흐름의 제약이나 왜곡문제에 대한 대응방안으로 노동조합이나 노사협의회와 같은 근로자 대표조직은 근로자들이 경영진과 직접 만날 수 있는 기회를 제공함으로써 조직 상하 간 의사소통 뿐 아니라 정보의 신뢰성과 정확성을 높이는데도 기여한다.

한편으로 노사협의회를 통한 정보공유나 협의기능이 경영진에 의한 신속한 의사결정을 제약할 경우 오히려 거래비용을 높일 수 있는 한계도 있다. 더 나아가 그들은 경영의사 결정에 있어서 노사협의회와의 협의 기능이 현장 근로자의 의견을 반영할 수 있는 장점은 있으나 본질적으로 신속한 의사결정을 제약함으로써 기업조직이 환경변화에 적시에 유연하게 대응하는 것을 어렵게 한다는 한계가 지적된다.

② 외부경제 효과

외부효과(externality)
어떤 경제 주체의 활동이 그 활동의 당사자가 아닌 제3자(사회)에게 편익이나 비용을 발생시켰는데, 그것이 가격 체계에 반영되지 않아 자원배분의 비효율성을 초래하는 경우를 말한다. 외부효과는 외부경제(긍정적 외부효과)와 외부불경제(부정적 외부효과)로 나눌 수 있다.

노사협의회와 같은 근로자대표 조직은 조직 내에 구성원들이 직접 비용을 지불하거나 관심을 기울여 해결하려고 하지 않는 공공재 내지 **외부효과**가 있는 서비스의 공급 문제를 해소하는데 기여할 수 있다. 일반적으로 공공재의 경우 소비에 있어 비배제적(non-exclusive) 내지 비경합적(non-rival) 성격으로 인해 시장기능에 맡겨 둘 경우 과다 내지 과소 생산되는 것으로 알려져 있다. 사업장 내에서도 근로자 개인 입장에서는 비용 대 효용 관점에서는 관심을 기울이려고 들지 않으나 꼭 필요한 서비스들이 많다. 예컨대 작업장의 소음 감소, 산업안전, 적당한 작업속도 등 사업장 내에는 다양한 유형의 공공재가 있다. 이러한 공공재는 노사 모두에게 외부적 편익 내지 비용을 유발하는 것인 만큼 적정한 생산 및 공급이 이루어지는 의사결정 메커니즘이 필요하다. 근로자들이 스스로의 비용으로 공급하려 하지 않는 공공재 성격의 서비스를 생산하는데 집단적 의사결정에 있어 유용한 도구가 될 수 있다.

③ 생산성에 미치는 영향

노사협의회의 생산성 향상에 대한 긍정적 견해는 사용자의 기회주의적 행동을 차단함으로써 장기적으로 협력을 지속시킬 수 있고, 경영진 의사결정의 질을 높일 수 있다고 주장한다. 노사 간 불신상황을 극복하는데 있어 노사협의회는 근로자들이 기업의 경영정보를 청취할 수 있는 소통창구로서 역할을 하고, 법적으로 주어진 경영정보에 대한 협의기능을 통해 경영진과 원활한 의사소통을 가능하게 한다. 이에 따라 경영진과 근로자들 사이에 신뢰관계가 형성됨으로써 단기적 이익을 다투는데 치중하기보다는 장기적 협력을 추구할 유인이 생긴다는 것이다. 따라서 이런 경우라면 경영진이 유능하다 하더라도 근로자 경영참여의 필요성이 인정된다고 할 것이다. 한편으로 노사협의회는 경영진의 의사결정의 질을 높이는데도 기여할 수 있다. 노사협의회를 통해 근로자들이 작업과정 등에서 느끼는 현장의 문제점이나 개선대안 등을 적극 제기할 경우 경영진이 미처 생각하지 못한 원인 진단 및 대응책 마련이 가능할 것이라는 점은 쉽게 수긍이 가는 부분이다. 또한 근로자들의 의사표시를 위한 대변기능을 부여하고, 불만을 표출할 수 있도록 한다면 이직비용을 줄일 수 있을 것이다[18]. 노사협의회의 고용안정 기능이 근로자의 업무 몰입을 유도하고, 근로의욕을 증진하며, 애사심을 유도할 수 있다면 기업의 경영성과에 긍정적 효과를 가져올 수 있는 것이다.

종업원의 불만에 대한 주요 반응으로는 이직(exit), 발언(주장, voice), 충성(loyalty), 방관(neglect) 등이 있다.

반면, 기업 생산성 측면에서 노사협의회의 역할에 대한 부정적 시각으로서는 경영진 역량 모델(FitzRoy & Kraft, 1985)이 있다[19]. 이 관점에 따르면 경영진이 유능하다면 노사협의회가 없더라도 근로자들과의 효과적 의사소통이 가능하다고 주장한다. 한편, 근로자들의 행태동기가 이윤 극대화 등을 위한 경영진의 목표와 배치될 수도 있다. 이에 따라 신속하고 적절한 의사결정을 제약할 뿐 아니라 기업의 인적·물적 자원배분에 있어 최적배분을 어렵게 할 수 있다는 것이다. 또한 기업의 인사권행사에 있어 노동조합과의 합의나 노사협의회와 협의 등을 거치도록 하는 경우에는 인력활용의 유연성을 제약할 뿐만 아니라, 이러한 고용안정성이 역기능을 발휘할 경우 근로자들의 근로의욕을 저해하는 **도덕적 해이**(moral hazard)를 유발할 수 있다는 문제점도 지적된다.

도덕적 해이
조직이나 개인이 윤리적으로나 법적으로 규정된 원래의 목표달성 행위에 최선을 다하지 않고 자신의 이익을 위해 고의로 책임을 다하지 않는 것을 뜻한다.

④ 근로자 이익대변 기능

노사협의회제도는 근로자 고충처리 기능을 담당한다. 우리나라의 경우 30인 이상의 사업장은 3인 이내의 고충처리위원을 두어야 하고, 고충처리위원은 노사협의회 위원 중에서 선임하도록 제도화되어 있다. 또한 노사협의회는 복지시설의 설치와 관리, 사내근로복지기금의 설치 등의 사항에 대한 의결권한을 행사한다. 한편, 근로자의 채용 · 배치, 안전 · 보건 · 그 밖의 작업환경개선, 인사 · 노무관리제도 개선, 임금의 지불방법 · 체계 · 구조 등의 제도개선, 작업과 휴게시간의 운영, 작업수칙의 제정 또는 개정, 근로자 복리증진 등에 관한 협의기능을 행사함으로써 직접 또는 간접적으로 근로자 이익대변 기능을 수행하도록 규정하고 있다.

이와 같은 공식적으로 제도화된 이익대변 기능 이외에 우리나라의 노사협의회 중 일부는 노동조합과 같이 임금교섭이나 단체교섭과 같은 유사 노동조합의 기능을 수행하는 것으로 알려져 있다. 일부 노사협의회는 단체교섭 기능 이외에 전임자를 두거나 심지어 쟁의행위까지 수행하는 것으로 나타난다. 다만, 이러한 노사협의회의 기능은 공식적으로 제도화되어 있지는 않고, 사용자의 동의와 지원 아래 이루어진다는 특색이 있다.

3. 공동결정제도[20)]

1) 의의

공동결정제(joint-decision making)는 경영자가 어떤 중요한 사항을 전략적으로 추진하려고 할 때, 근로자 또는 노동조합을 기업의 의사결정과정에 적극적으로 참여시키는 것으로서, 통상적인 협의의 범위를 넘어 공동책임경영의 이념을 실현하는 제도이다.

2) 도입배경

독일에서는 제2차 세계대전 후 연합국의 점령하의 시대상황에서 자주적인 노동운동의 일환으로서 경영협의회 운동이 활성화되었다. 1946년 경영협의회에 관한 관리위원회법이 제정됨에 따라 독일 전역에 걸쳐 근로자의 직업적, 경제적, 사회적 이익을 보호하기 위한 경영협의회의 설치가 법제화되었다.

3) 기본이념 및 사상

조직구성원의 경영참가방법은 참여의 강조 내지는 정도에 따라 여러 단계로 구분될 수 있다. 구성원의 의사가 단순히 경영진에게 전달만 되는 방법, 노사가 함께 협의를 해서 문제에 대한 논의를 진행하는 방법, 그리고 노동자와 사용자가 의사결정을 공동으로 진행하는 방법 등이 있는데, 노사

공동결정제도는 이들 여러 방식들 중 가장 노동자의 참여강도가 강한 산업민주제도라 할 수 있다. 영미식의 단체교섭제도와는 다른 이러한 공동의사결정제가 독일에서 발달하게 된 배경에는 독특한 사상이 자리잡고 있는데, 그것은 바로 노동자가 경영층의 대항세력이 아니라 경영층의 일부라는 것이다.

기본사상의 일부를 살펴보면 다음과 같다.

① 노동조합의 활동영역은 기업의 경영층 내부에 있다.
② 노조는 경영자와 대립관계가 아니라 기업을 대표하는 경영층의 일부이다.
③ 의사결정은 산업별 노조대표와 산업별 기업가대표 사이에 이루어지는 것이다.
④ 기업에 불행이 닥쳐왔을 때 노동조합도 사회적 책임을 진다.
⑤ 경영정책을 결정하는 데는 반드시 노조대표가 참가하여야 한다.

4) 공동결정제의 구조와 운영 : 이중구조

독일 공동결정제의 이중구조

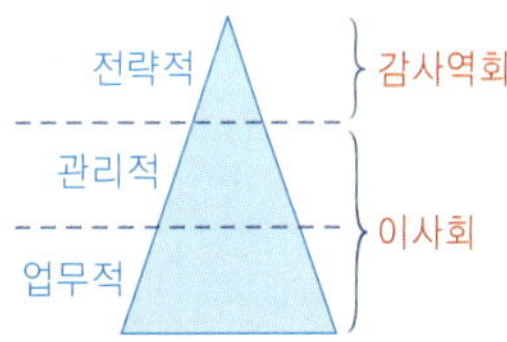

공동결정제도는 전술한 바와 같이 독일에서 유래하고 또 발달되었다. 독일에서는 노조가 경영층의 대항세력이라기보다는 경영의사결정자의 일부로서 활동하게 되므로 독일의 노사관계를 '친권적 노사관계'라고도 한다.

공동결정제가 정착된 독일의 경우, 전통적인 의사결정기구인 이사회(board)보다 상위에 감사역회(중역회)를 둔다. 즉 의사결정은 노사가 동수로 참여하는 감사역회에서 이루어지고, 이사회는 감사역회에서 결정된 사항을 집행하고 일상적 업무를 처리한다. 여기서 감사역회는 전략적 의사결정을 담당하고, 이사회는 관리적, 업무적 의사결정을 담당한다. 예를 들어 근로자 대표가 감사역회에 참여하여 설비투자를 승인하고, 대규모 차입에 관한 의사결정을 수행하며, 이사의 선임과 해고에 대한 표결에 참여하는 동시에, 경영성과에 대한 정보를 보고받는 등의 활동을 하는 것이다. 이러한 공동결정 방식은 **공동결정법**(1951), 신공동결정법(1976), 경영조직법(1972) 등을 모체로 한다.

독일의 공동결정법(1951)
이는 광업 및 제강업 분야에서 감사역회와 이사회에서의 공동결정을 규정한 법률로서, 공동의사결정제의 효시가 된다.

5) 공동결정제의 효과와 문제점

① 효과

공동결정제는 근로자들에게 기업의 현재 및 미래에 관한 보다 충분한 정보를 제공함으로써 근로자들이 회사측 사정을 폭넓게 이해할 수 있게 해

준다. 경영자들의 입장에서는 기업의 제반문제에 대한 종업원들의 견해를 파악할 기회를 제공한다. 또한 근로자대표의 의사결정참가는 이사회를 찬성만 하는 거수기라기보다 오히려 실질적인 의사결정기구로 전환시킬 수 있다. 그리고 노사가 각기 이익집단인 상대방의 요구에 신속한 반응을 보이게 된다는 점 역시 긍정적이다. 끝으로 근로자의 고용 및 근로조건에 직·간접적으로 큰 영향을 미칠 정책결정에 근로자들이 사전에 참여하고 의견을 개진함으로써 사후적 성격이 강한 단체교섭에 비해 훨씬 효과적인 동시에 불필요한 노사분규를 사전에 방지할 수 있다.

② 문제점

실제로 미국의 AFL-CIO에 따르면 사용자와의 단체교섭에서 힘의 균형이 이미 확보되어 있는 이상 구태여 근로자중역제에 의존할 필요가 없으며, 설령 의사결정에 참여한다 해도 근로자에게 유리한 결정을 얻어내기보다는 불리한 결정에 참가하여 책임만 분담하게 될 수 있음을 지적하고 있다.

공동결정제는 근로자들에게 불리한 결정(예 : 구조조정)에도 종업원을 참여시키기 때문에 **책임과 고통의 분담까지 요구**하게 된다. 또한 공동결정제는 근로자대표를 기업과 노조에 대한 이중충성의 딜레마에 빠지게 하고, 근로자대표가 경영자화(化)하여 일반 근로자의 이해관계를 충분히 대변하지 못할 우려도 있다. 그리고 공동결정에 책임을 져야 하므로 노조의 대항력 기능이 오히려 약화될 수도 있다는 점에서 비판을 받는다.

4. 품질관리분임조[21]

1) 의의

품질관리분임조 또는 품질분임조(QC, quality circle)는 소규모의 종업원집단이 정기적으로 모임을 갖고 품질향상 등 작업장에서의 문제해결을 도모하는 제도로서 기존의 조직의 권한과 제도, 그리고 위계질서와 상충되지 않고 기존의 조직에 덧붙여서 그 활동이 이루어지는 경영참가제도의 일종이다.

이 제도는 1910년대 미국 산업체에서 활용되기 시작한 데서 유래하였으며, 1950년대에 들어서 일본의 기업에서 본격적으로 도입되었는데 이 과정에서 통계적 품질관리 기법을 확립한 **데밍**(Deming, E.)과 종업원 제안제도를 활용한 품질향상기법을 소개한 쥬란(Juran, J.) 등을 비롯한 미국 학자들의 기여가 컸다.

데밍(Deming, E.)

미국에 다시 이 기법이 주목받은 것은 1970년대이며, 이 때에는 기존의 품질개념을 확장하여 근로생활의 질(QWL, quality of working life) 프로그램으로 소개되었다. QWL은 기존 품질분임조의 사상인 참여적 문제해결(participative problem-solving) 외에도 작업설계(work design), 작업환경개선(work environment improvement), 혁신적 보상시스템(innovative reward system) 등이 추가된 다양한 형태의 경영참가를 포괄적으로 의미하게 된다.

2) 시행방법

① 도입결정

품질관리분임조는 최고경영층에서 조직효율성의 증가를 위한 종업원 경영참가의 필요성을 느끼고 그 도입을 결정하는 것으로부터 시작된다.

② 교육훈련

품질관리분임조의 구성원들은 분임조활동을 실시하기 전에 컨설턴트 등의 전문가가 참여하는 3~4일의 교육훈련을 거치게 된다. 교육훈련 과정에는 단체토의 요령, 협의도출 방법, 문제해결능력 배양 등이 포함된다.

③ 진행방식 및 권한

구성원들은 한번에 1~2시간씩 주 1회 정도의 주기로 함께 모여서 그 부서의 당면 문제점과 해결방안을 토의하게 된다. 이 과정에서 문제해결을 위한 제안사항을 작성하여 보고할 권한이 주어지지만, 그 제안사항을 수용하고 시행할 것인지의 여부는 상급관리층에서 판단하게 된다.

④ 실시과정

일반적으로 품질관리분임조는 다음의 아홉 단계를 거쳐 실시된다. 첫째, 품질관리분임조의 도입필요성을 최고경영층이 인식하고 조직구성원들의 지지를 이끌어 낸다. 둘째, 품질관리분임조가 추구하는 목표를 설정한다. 셋째, 중간관리자 및 현장감독자들을 대상으로 교육훈련을 실시하여 품질관리분임조의 시행을 보조할 수 있도록 한다. 넷째, 품질관리분임조의 실시를 종업원들에게 홍보하고 참여를 희망하는 이들을 모집한다. 다섯째, 품질관리분임조의 리더와 구성원들에 대한 교육훈련을 실시한다. 여섯째, 품질관리분임조를 구성하고 각 구성원들에게 품질관리 목표와 임무 및 권한과 활동범위를 주지시킨다. 일곱째, 리더와 구성원간의 역할을 분담하고 품질관리분임조의 전반적 사항에 친숙해질 수 있도록 준비기간을 둔다. 여덟째, 품질관리분임조가 구성되었음을 공식적으로 선포하고 활동을 시작한다. 아홉째, 일정 시간이 지난 후, 품질관리분임조의 활동과 성과를 평가하고 개선이 필요한 사항이 있는지를 점검한다.

품질관리분임조 실시과정
- 도입필요성을 최고경영층이 인식
- 목표를 설정
- 품질관리분임조의 시행을 보조
- 종업원들에게 홍보하고 참여를 희망하는 이들을 모집
- 리더와 구성원들에 대한 교육훈련
- 품질관리 목표와 임무 및 권한과 활동범위를 주지
- 리더와 구성원간의 역할을 분담
- 활동을 시작
- 활동과 성과를 평가

3) 효과

첫째, 품질분임관리조는 구성원들이 조직의 문제점을 발견하고 그 개선책을 모색하는 과정에서 조직 전반의 생산과정 및 과업수행에 대한 안목을 넓혀준다. 이는 장기적인 생산성 향상에 도움이 된다.

둘째, 시행과정에서 말단 구성원들이 조직운영에 대해 느끼는 바가 최고경영층에 전달되는데, 이는 품질분임관리조를 운영하지 않는 권위적인 조직에서는 기대하기 힘든 것이다. 따라서 품질관리분임조는 **하의상달**(下意上達)의 의사소통구조를 원활히 하여 기업의 소통을 개선하는 효과가 있다.

하의상달(下意上達)

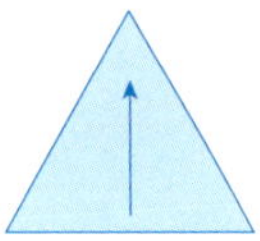

셋째, 조직구성원들이 경영자의 방침과 고충을 이해하게 되고 기업의 당면과제를 파악하게 되어 상의하달(上意下達)의 의사소통 효과 역시 기대할 수 있다.

넷째, 시행과정에서 품질관리분임조의 구성원들은 문제해결, 대인관계 개선, 통계처리방법 등에 대한 훈련을 받게 되는데, 이러한 훈련은 장기적으로 종업원들의 생산성 향상에 기여한다.

4) 연구결과

품질관리분임조의 효과를 실증적으로 연구한 논문들에 의하면 이 제도가 기업의 경영성과를 획기적으로 개선시키지는 않는 것으로 나타난다. 그러나 품질관리분임조는 그 효과가 작지만 긍정적인 편이고, 생산성이나 품질향상 등 양적 지표보다는 직무만족도나 분임조활동에 대한 만족도 등 질적 평가에서 바람직한 결과를 보여주고 있다.

5. 경영참가의 문제점[22]

지금까지 살펴본 경영참가에 대해 사용자측에서는 경영권에 대한 침해 내지는 위협으로 받아들여질 소지가 있고, 노동자측에서는 노조의 단체교섭기능의 약화에 대한 우려가 있는 것이 사실이다.

1) 경영자측의 우려

노동자의 경영참가로 인해 경영권이 침해되는 것이 아닌가 하는 우려가 존재한다. 하지만 기업경영의 전략적 측면에 있어서는 경영자 고유의 권한(경영대권)이 반드시 존재하며, 경영참가는 그러한 경영대권을 나누어 가진다는 의미가 아니라 경영자의 의사결정과정에서 노동자의 견해와 입장을 고려해 달라는 요청으로 보아야 한다.

한편 일부 경영자들은 노동자의 지식이나 경험 및 판단력에 의문과 불신을 갖고 경영참가를 회의적으로 보기도 한다. 하지만 이 역시 오늘날 근로자들의 의식수준과 학력신장에 비추어 볼 때 기우일 가능성이 매우 높다.

2) 노동자측 우려

노조는 본질적으로 스스로의 기능을 사측과의 투쟁 수임기구로 보려는 경향이 있다. 이 와중에 경영참가를 통해서 구성권과 경영진간의 소통이 활발해지면 전통적인 노조의 기능이 유명무실해지고, 노동자의 의견이 사측에 전달됨으로써 노조의 협상력도 약화될 수 있다는 우려를 한다.

1) 이영면(2018), 『고용관계론』(6판), 서울 : 경문사, pp.541～542.
2) Pfeffer, J. (1994). *Competitive Advantage through People*, Boston, MA: Harvard Business School Press.
3) 이영면, 전게서, pp.554～555.
4) 최종태(2000), 『현대인사관리론』, 서울 : 박영사 ; 최종태(1994), 『현대경영참가론』, 서울 : 경문사
5) 최종태, 전게서 ; 변상우 · 허갑수 · 채규옥 · 이상우 · 정현우(2017), 『글로벌 시대의 노사관계론』(제2판), 고양 : 피엔씨미디어, pp.338～340.
6) 한국증권금융(1988), 「종업원지주제도 : 실무안내」, pp.12～19.
7) 고용노동부(2002), 「신우리사주제도 안내 : 2002년 시행 근로자복지기본법령 반영」 ; 변상우 등, 전게서, pp.347～350.
8) 김영재 · 김성국 · 김강식(2015), 『신인적자원관리』(3판), 서울 : 탑북스 ; 최종태, 전게서.
9) Noe, R. A., Hollenbeck, J. R., Gerhart, B., & Wright, P. M. (2018). *Fundamentals of human resource management*. (7th ed.).New York, NY : McGraw-Hill/Irwin.
10) 최종태, 전게서 ; 박경규(2016), 『신인사관리』(제6판), 서울 : 홍문사 ; Milkovich, G. T., & Newman, J. M. (2008). *Compensation* (9th ed.). New York, NY : McGraw-Hill/Irwin.
11) 김영재 등, 전게서 ; 박경규, 전게서 ; 김성수(2003), "성과급 제도의 동향과 전망", 「경영논집」, 37(1), 29-44.
12) Bell, W. D., & Hanson, C. (1984). *Profit sharing and profitability*. London : Kogan Press.
13) 김동원 · 이규용 · 권순식 · 김동주 · 김윤호 · 김주희 · 손동희 · 송민수 · 유병홍 · 이수영 · 정흥준(2016), 『고용관계론』, 서울 : 박영사
14) Kochan, T. A., Katz, H. C., & McKersie, R. (1983). *The transformation of American industrial relations*. New York : Basic Books.
15) 김영재 등, 전게서.
박성환 · 이준우(2014), 『역량중심 인적자원관리』(제3판), 파주 : 법문사
16) 정종진 · 이덕로 · 이지만(2018), 『21세기 인적자원관리』, 서울 : 집현재, pp.420～423. ; 최준하 · 이영면(2017), "노사협의회에 대한 최근 연구성과 및 향후 연구과제 : 노동조합의 대체재와 보완재 논의를 중심으로", 「인사조직연구」, 25(4), 97-130.
17) Freeman, R. B., & Lazear, E. P. 1995. An economic analysis of works councils. In J. Rogers, & W. Streeck. (Eds.), *Works councils : Consultation, representation, and cooperation in industrial relations* : 27-50. Chicago, Illinois : University of Chicago Press.
18) Hirshman, A. O. 1970, *Exit, voice and loyalty : Responses to decline in firms, organizations and states*. Cambridge, MA : Harvard University Press.
19) FitzRoy, F. R., & Kraft, K. 1985. Unionization, wages and efficiency: Theories and evidence from the U.S. and West Germany. *Kyklos*, 38(4): 537-54.
20) 정종진 등, 전게서, p.421. ; 변상우 등, 전게서.
21) 김동원 등, 전게서.
22) 최종태, 전게서.

CHAPTER 5
고용노사관계의 주요 이슈

제1절 고용형태별 이슈 분석
1. 비정규직의 고용노사관계
2. 무노조기업의 고용노사관계
3. 외국인근로자의 고용노사관계

제2절 고용노사관계의 신경향
1. 고용노사관계의 유연화
2. 고용노사관계와 임금 이슈
3. 고용노사관계와 고령화 문제

제1절 고용형태별 이슈 분석

EMPLOYMENT AND INDUSTRIAL RELATIONS

1. 비정규직의 고용노사관계[1)]

1) 비정규직의 개념과 이론적 논의

비정규직의 범위
① 한시적 · 단기간 · 비전형 근로자
② 임시직 및 일용직 근로자
③ 취약근로자

① 비정규직의 의의

일반적으로 비정규직은 전일제(full-time) 상시고용계약에 대한 상대적 개념으로서, 고용이 불안하고 임금이나 근로조건이 상대적으로 좋지 않은 경우를 의미한다. 비정규직 노동자는 대개 근로계약기간이 제한되어 있어 장기고용에 대한 기대가 불확정적이며, 근로시간의 변동성 또한 큰 편이다.

정부에서는 노사정위원회에서 2002년에 합의한 바에 따라 한시적 · 단시간 · 비전형(파견, 용역, 특수형태, 가정, 일일) 근로자만을 비정규직으로 정의하지만, 노동계에서는 경제활동인구 본조사(매월 실시)의 임시 · 일용직 근로자와 경제활동인구 부가조사(연2회, 3월과 8월에 실시)상의 한시적 · 시간제 · 비전형 근로자를 합한 것을 비정규직의 전체 범위로 파악하고 있다. 한편 경제협력개발기구(OECD)에서는 임시직 근로자(temporary worker)를 비정규직으로 보고 있다. 그 밖에도 고용이 불안정하고 근로기준법상의 보호가 필요한 '취약근로자'도 비정규직의 범주에 포함되어야 한다는 견해도 있다. 이처럼 비정규직에 관해서는 하나의 통일된 관점이나 개념이 존재하지 않는 상태이다.

비정규직의 증가는 전세계적으로 나타나는 보편적 현상이다. 그러나 한국사회에서 비정규직의 증가가 더욱 부정적으로 인식되는 배경에는 두 가지 원인이 있다.

첫째, '비정규직'이라는 표현이 단순한 고용형태를 넘어서서 사회적인 지위를 의미하게 되었다는 점이다.

둘째, 기존 정규직 중심의 노사관계의 외부에서 비정규직을 중심으로 하는 새로운 노사관계가 만들어지고 이것이 장기화 및 악성화됨에 따라 대기업 중심 기존 노조의 정당성과 도덕성에 대한 위기를 불러일으키고 있다는 점이다.

② 관련 이론

a. 이중노동시장 이론

이중노동시장

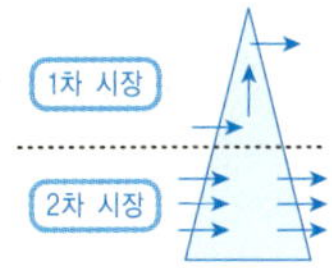

이중노동시장(dual labor market, **분단노동시장**)이란 전체 노동시장을 고용이 보장되고 임금수준도 높은 1차 노동시장과, 고용이 불안하고 임금수준도 낮은 2차 노동시장으로 구분하여 설명하는 용어이다. 도링거와 피오르(Doeringer & Piore, 1971)는 거래비용 이론을 바탕으로 기업 특수적인 기술(firm-specific skills)이 고용을 안정시킨다는 노동자숙련이론에 입각하여, 경제가 내부노동시장에 기초한 1차 부문(숙련생산직, 사무관리직, 전문직 포함)과 외부노동시장에서의 경쟁적이고 단기적 고용계약에 기초한 2차 부문(비숙련생산직, 서비스직, 외국인, 단시간근로자, 계절근로자 포함)으로 나뉜다고 보았다. 황수경(2003)에 따르면 우리나라에는 지나치게 경직된 내부노동시장과 지나치게 유연한 외부노동시장의 전혀 다른 두 유형의 시장이 공존하고 있다고 한다[2].

b. 거래비용 이론

일반적으로 거래비용 이론(transaction cost theory)은 내부노동시장의 형성원인으로 설명되지만, 고용의 내부화에 따른 비용(정규직에 대해 지속적으로 지출되는 비용, ongoing costs)과 고용의 외부화에 따른 비용을 비교하여, 상대적으로 비용이 저렴한 고용 외부화를 추진한다는 설명으로도 활용될 수 있다. 고용 외부화는 기업이 직접 고용하든 간접적으로 고용하든 결국 비정규직의 활용이다.

c. 자원의존이론

자원의존관점(resource dependent theory)은 기업이 생존을 위해 자원공급을 의존받는 외부환경으로부터의 충격을 줄이는 과정에서 주체적 노력을 기울일 수 있다는 관점이다. 여러 가지 사유로 인해 정규직을 직접적으로 통제하기 어려운 경우에 정규직에 대한 의존성 및 불확실성을 낮추기 위해서, 기간제와 같은 비정규직을 활용하는 완충전략을 선택하거나 외주화 등을 선택할 수 있다.

2) 비정규직의 현황

① 비정규직 활용의 목적

켈러버그(Kelleberg, 2001)는 기업이 비정규직을 활용하는 이유가 유연성의 확보에 있다고 강조하였으며, 그 유형에는 기능적 유연성(functional flexibility)을 강조하는 고능률 작업조직모형, 수량적 유연성(numerical flexibility)을 강조하는 인력감축 및 비정규직 활용모형, 다른 기업과의 네트워크를 구축하는 모형 등의 세 가지가 있다고 보았다.

우리나라에서 비정규직의 활용원인과 목적에 대한 실태를 조사한 2005년 사업체패널조사의 결과, 비정규직을 활용하는 가장 큰 이유는 민간부문과 공공부문에 상관없이 비용절감으로 나타났다. 그 다음으로는 고용조정이 용이하다는 점이 지적되었다. 이는 곧 기업이 일시적 인력수요에 대응하기 위하여 비정규직을 활용한다는 유연성 확보 목적도 있지만 인력관리에 들어가는 노력과 비용을 줄이기 위한 목적으로 비정규직을 사용한다고 볼 수도 있는 것이다.

합집합의 개념이므로 각 비정규 유형 간의 중복이 있을 수 있다. 즉 한시적이면서 시간제거나 비전형근로자일 수 있다는 의미이다. 각종 통계마다 비정규인력규모의 차이가 있는 것은 바로 이 때문이다.

② 비정규직의 규모

통계청에 따르면 2018년 현재 비정규직 근로자의 수는 6,614,000명으로서 전체 임금근로자의 33% 수준이다. 여기서의 비정규직은 한시적 근로자, 시간제 근로자, 비전형근로자를 모두 합한(합집합의 개념) 것이다. 한시적 근로자는 '고용의 지속성'을 기준으로 분류한 비정규직이며, 근로계약기간을 정한 자 또는 정하지 않았으나 계약의 반복갱신으로 계속 일할 수 있는 근로자와 비자발적 사유로 계속 근무를 기대할 수 없는 자로 나뉘어진다. 시간제근로자는 '근로시간'을 기준으로 분류한 비정규직이며, 근로시간이 짧은 근로자(파트타임근로자)를 지칭한다. 비전형근로자는 '근로제공방식'을 기준으로 분류한 비정규직이며, 파견근로자, 용역근로자, 특수형태근로자, 가정내 근로자(재택/가내), 일일(호출)근로자로 분류된다.

간접고용 유형 중 도급과 파견은 의미가 다름에 주의할 것. 도급은 도급인이 수급인에게 어떤 일정한 결과 발생을 목적으로 급부를 제공하는 계약방식이며, 수급인이 근로자를 채용하여 지휘·명령하는 방식이 된다. 반면 파견은 파견사업주가 근로자를 고용한 후 그 고용관계를 유지하면서 파견계약의 내용에 따라 자신이 고용한 근로자를 사용사업주의 지휘·명령을 받아 사용사업주를 위한 근로에 종사하게 하는 것을 말한다.

③ 비정규직의 유형

a. 직접고용 비정규직

직접고용 비정규직은 기간제 근로자(계약직·임시직·일용직 등)와 단시간 근로자(full-time에 대비되는 part-time worker 및 시간선택제 근로자 포함)로 구분된다. 여기서는 정규직 근로자와의 차별대우 문제가 중요한 쟁점으로 부각된다.

b. 간접고용 비정규직

간접고용은 근로자와 실제로 근로를 제공받는 자 사이에 제3자가 중개를 하거나 제3자가 근로자를 고용하는 경우로서, 파견이나 도급, 하청 등의 인력외주화와 관련이 깊다. 일반적인 노동법에서는 직접고용을 전제로 사용자의 책임을 묻기에, 고용사업주와 사용사업주가 다른 간접고용에서는 사용자가 그 책임을 회피하기 쉽다. 또한 간접고용에서는 노동3권의 행사가 어렵고, 기업에서 구조조정을 편하게 실시하기 위하여 간접고용을 활

[그림 5-1] **파견근로의 개념**

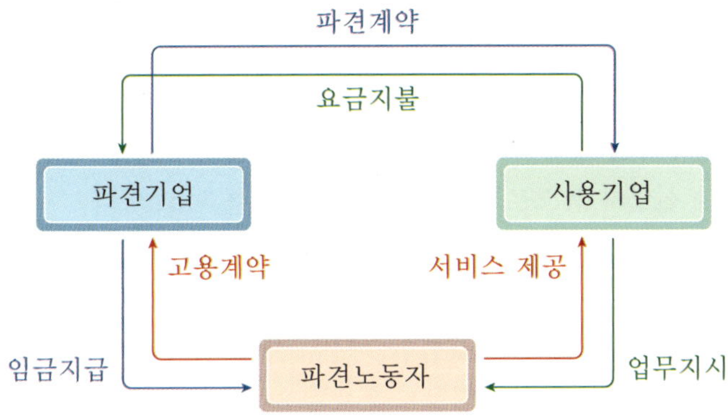

용하기도 한다.

c. 특수형태근로종사자

특수형태근로종사자는 자영인의 신분으로 경제적 종속 아래 노무를 제공하는 경우로서, 보험설계사, 학습지 교사, 골프장 경기 보조원, 콘크리트 믹스 트럭기사, 화물트럭 기사, 덤프트럭 기사, 대리 운전자, 퀵 서비스 기사, 간병인, 텔레마케터 등을 포함한다.

이들은 근로자로 인정되지 않기에 대부분 산재보험이 적용되지 않아 왔기에 민간 상해보험에 가입해야만 했었다. 다만 2008년과 2012년의 제도개선으로 인해 상당수 특수형태근로종사자들이 산재보험의 혜택을 누릴 수 있게 되었다.

특수형태근로종사자들은 대부분 자영업자 신분이지만 경제적 종속관계에 있기에 불공정 근로계약(예 : 출근강제 및 목표강요, 일방적 계약해지, 부당한 불이익 제공, 계약서 미제공 등)에 대한 이의제기가 쉽지 않고, 노동3권의 인정을 제대로 받지 못하기에 이러한 불공정 대우의 시정기회도 부족하다.

3) 비정규직의 보호제도

① 현행 비정규직 제도의 문제점

첫째, 정규직의 고용경직성으로 인해 비정규직을 남용하고 있다. 다수가 하청회사인 중소기업은 원청회사인 대기업이 비용을 전가함에 따라 수익성이 악화되고 결국 상대적으로 임금이 낮은 비정규직을 활용하게 된다는 것이다.

둘째, 불합리한 차별에 의한 근로조건의 격차가 크다. 한국노동연구원에 따르면 생산성 등의 합리적 이유 없는 차별적 임금격차가 20% 수준이고, 상여금, 시간외수당, 유급휴가 등에서도 차별을 받고 있다고 한다.

셋째, 능력개발 기회가 부족하여 정규직으로의 전환이 부진하다. 대기업의 직업훈련참여율은 26.8%지만 비정규직은 7.1%에 불과했다. 그 결과 비정규직의 정규직으로의 이동은 연간 15% 수준인 반면에, 비경제활동인구나 실업자 등으로의 이동은 연간 20%를 넘고 있다.

넷째, 자발적인 시간제근로 활용 기반이 미흡하다. 서비스업 중심으로 산업구조가 변화하고 육아나 교육 등 개인적 사유로 인해 시간제근로자가 필요하지만 이들을 포함한 비정규직에 대한 부정적 이미지와 전문 취업알선기관의 부족으로 활용도가 매우 낮다.

다섯째, 비정규직의 경우 사회보험 등 각종 사회안전망의 혜택을 누리지 못하고 있다. 고용보험 가입률의 경우 정규직은 63.8%이고 비정규직은 34.5%이며, 건강보험 가입률의 경우 각각 75.9%와 37.7%, 국민연금은 75.7%와 36.6%로 상당한 격차를 보이고 있다.

② 정부의 대책

정부는 차별해소 및 남용 방지, 능력개발 및 고용안정 지원, 사회안전망 구축 등을 목표로 정하고 다음과 같은 정책을 집행하고 있다.

첫째, 사회안전망 및 복지 확충이다. 취약계층인 영세사업장 저소득 근로자에 대해서 2012년부터 사회보험료를 지원하고 있으며, 특히 고용보험과 국민연금에 대해서 5인 미만의 사업장에서 최저임금의 120% 이하의 소득인 경우 근로자와 사업주 부담분 각각 1/3씩 지원한다. 특수형태근로종사자에 대한 사회보험도 확대 중이다.

둘째, 동종 · 유사 업무를 하는 근로자간의 차별을 적극적으로 해소하기 위해 차별 요인을 사전에 발굴 · 시정하고, 심판 대리인제도 명문화 등 차별시정제도를 활성화한다. 근로감독관이 지도하는 사항에 대해 사업주가 불응하는 경우에는 노동위원회의 의결을 거쳐 시정명령을 내릴 수 있으며, 이에 따르지 않을 때에는 과태료를 부과할 수 있다. 또한 동일 사업장 내에서 근로자간 근로조건 등에서의 차별이 개선될 수 있도록 임금 및 근로조건 차별개선 가이드라인을 제정하여 시행하고 있다.

셋째, 최저임금 등 근로조건 보호를 강화하고 비정규직의 유형별로 지도와 점검을 강화한다. 파견근로자에 대해서는 사용사업주가 파견근로자에 대한 취업규칙을 작성토록 의무화하였고, 근로조건이 양호한 상용형 파견(파견사업주가 파견근로자를 상시 고용하고 있다가 사용사업주 요청 시 파견하는 형태로, 파견기간 종료와 동시에 계약이 해지되는 모집등록형과는 차이가 있음)에 대해서는 규제를 완화하여 활성화를 유도하였다. 특수형태근로종사자의 경우 표준계약서 제정을 확대하고 있으며 기간제 근로자에 대해서는 차별 여부 점검, 청소용역에 대해서는 최저임금 등의 기본 근로조건, 그리고 사내 하도급의 경우에는 가이드라인을 만들고 준수하도록 하였다.

넷째, **정규직으로의 이행기회를 확대**하기 위해 세제지원 강화 및 공공기관의 고용구조를 공시하고 직업훈련 기회를 확충하였다.

정부에서는 자율적 직업훈련제도인 내일배움카드제 지원 대상에 비정규직을 포함하였고, 지원금 액도 연간 100만원에서 200만원으로 확대하였다.

다섯째, 사내하도급 근로자 보호를 위해 가이드라인을 제정하였고 실효성 있게 적용되도록 체크리스트 보급 및 사내하도급 근로조건 개선 서포터즈 운영 등의 다양한 방안을 추진하고 있다.

여섯째, 2014년 3월부터 고용형태공시제도를 시행해 (상시 300인 이상 근로자를 고용한) 사업주를 대상으로 해당 사업장의 고용형태를 공시하도록 하였다.

4) 비정규직 활용의 인사전략적 고찰 : 장점과 단점

① 장점

a. 비핵심인력에 대한 효율적 인사전략으로 활용 가능

기업의 보유인력을 핵심인력과 비핵심인력으로 구분하는 여러 연구들이 있고, 그 중 가장 대표적인 것이 Lepak & Snell의 HR architecture 모형이다. 이 연구에 따르면 인적자본의 유형은 인적자본의 가치(value)와 독특성(uniqueness)에 의해 정의된다. 두 특성 모두가 높은 인재는 핵심인재라 할 수 있는 반면, 두 영역에서 모두 낮은 특성을 가지는 종업원은 회사가 내부고용할 필요를 느끼지 못하므로 외부화하는 것이 적합하다. 이를 계약업무방식이라 표현하며, 이는 전략성(가치)과 독특성이 모두 낮은 사람들을 관리하는데 적합한 구성형태로서, 이러한 인적자원은 기업의 수요에 따라 유연하게 그 수를 조정할 수 있도록 아웃소싱(outsourcing)이나 비정규 계약직의 형태로 주로 운용된다.

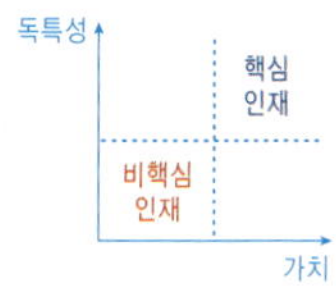

b. 고용관리의 유연성을 제고하여 환경대응에 적합

비정규직 활용의 최대 장점 중 하나는 환경변화에 대한 적응성이 높아진다는 것이다. 임시직이나 계약직을 포함하는 기간제의 경우 특정기간에 따른 일시적 수요에 대응하기 용이할 뿐만 아니라, 정규직 채용에 따른 고용보장의 부담을 벗어날 수 있으며, 임금이나 복리후생비의 절감 외에도, 모집이나 선발에 소요되는 비용도 절감할 수 있다.

현실적 직무소개(RJP)
지원자들에게 직무의 내용, 보상정책, 근무환경 등의 제반 정보를 사실대로 제공하여 입사 시 기대(예측)되는 것이 무엇인지 알고 지원하도록 하는 방법

c. 현실적 직무소개(realistic job preview)의 방안으로 활용 가능

비정규직의 활용은 선발오류를 피하는 수단으로 사용될 수도 있다. 즉 임시직이나 계약직으로 채용해서 충분한 시간 동안 평가한 이후 정규직으로 채용함으로써 잘못된 직원을 선발하는 위험에 따르는 비용을 절감할 수 있는 것이다.

② 단점

a. 노노(勞勞) 갈등의 유발

사회비교이론
사람이 자기 자신을 누구와 비교하는지가 이들의 태도 형성에 중요한 요인이 된다는 이론

사회비교이론(social comparison theory)에 따르면 정규직 근로자와의 사회적 비교를 통해 자신들이 받아야 할 수준의 보상을 받지 못하고 있다고 인지할 경우 박탈감을 경험하게 하고 되고, 이들의 태도는 부정적인 방향으로 변할 것이다. 따라서 비정규직의 조직몰입이나 직무만족 등이 정규직에 비해 낮을 수 있다. 또한 우리나라의 경우 용역이나 사내하청의 기본적인 활용사유는 비용절감이 주 목적이고, 그 외에 일시적 수요에 대한 대응보다는 정규직과의 고용분리에 따른 정규직 고용보장 유지의 용이성 등이 그 주요 활용사유가 된다. 이상의 논의를 종합해 보면 비정규직의 활용은 노동자를 정규직과 비정규직으로 나누어 서로간의 갈등을 유발하게 만드는 원인이 된다.

b. 조직몰입 약화로 인한 제품과 서비스의 질 저하

사회교환이론
사람은 상대방과의 거래에서 이익과 비용을 서로 주고받으며 이들의 균형 여부에 따라 공정과 불공정을 인식한다는 이론

사회교환이론(social exchange theory)에 따르면 비정규직의 경우 조직으로부터 2차적 노동시장, 주변부 노동자로 인식되기 때문에 조직으로부터 적절한 투자나 대우를 받지 못하는 경우가 대부분이다. 따라서 비정규직은 이에 상응하여 조직에 대한 의무감이나 역할행동의 질적, 양적 수준이 낮을 것이다. 또한 단기적 고용관계의 특성으로 인해 조직과 비정규직 근로자가 신뢰를 바탕으로 호혜적 관계를 맺을 시간이 부족하며, 사회정서적 교환관계보다는 계산에 기반한 경제적 교환관계를 기대하게 될 것이다. 이러한 이유로 비정규직은 정규직에 비해 지각된 조직후원인식(Perceived organizational support : POS) 수준이 약하며, 조직몰입 수준이 낮고, 조직시민행동을 덜 할 수 있다. 이는 장차 제품과 서비스의 질 저하로 이어질 것이다.

c. 인력의 잦은 교체로 인한 업무연속성의 저하

비정규직 근로자는 기본적으로 장기고용에 대한 기대를 가지기 힘든 여건에 놓여 있다. 따라서 비정규직으로 근무하는 동안에도 새로운 일자리를 찾기 위한 구직활동에 에너지를 쏟거나, 다른 기업으로의 이직준비를 하는 경우가 많다. 회사측의 사유로 급작스럽게 고용관계가 종료되는 경우도 빈

번하다. 이처럼 인력의 교체 내지는 이직이 빈번하다는 것은 업무의 연속성이 심각하게 떨어질 수 있음을 의미한다. 형식지(explicit knowledge)는 매뉴얼 등으로 후임인력에게 전수될 수 있겠지만, 암묵지(tacit knowledge)는 그렇지 못하다는 점에서 비정규직의 활용은 업무연속성에 부정적 영향을 미칠 수 있다.

5) 비정규직 인력의 효과적 활용방안

앞서 살펴본 바와 같이 비정규직의 활용은 긍정적 측면과 부정적 측면을 동시에 가지고 있다. 고용보장은 기업이 근로자에게 제공할 수 있는 가장 큰 보상 중 하나라는 점, 불안한 고용관계는 기업과 종업원간의 심리적 계약(psychological contract)에 부정적 영향을 준다는 점, 비정규직을 최소화한다는 新정부의 정책기조 등에 비추어 볼 때 기업은 비정규직의 남용을 자제하고 반드시 필요한 경우에만 비정규 근로를 활용해야 할 것이다. 다음과 같은 관리방안을 통해 비정규직의 효과적 활용이 가능할 것으로 예상한다.

① 소수의 계약자와 지속적인 관계 창출

파견근로나 하청을 활용하는 경우에는 믿을 수 있는 **소수의 계약업체**를 선정하고 그들과 지속적인 관계를 맺을 필요가 있다. 인적자원의 관리에서 효율성보다 더욱 중요한 것이 효과성(effectiveness)라는 점에서, '일이 되게 하는' 인력관리가 요청된다. 단기적 비용절감에 급급하여 신뢰할 수 있는 파트너를 잃는 우를 범하지 말고, 협력업체와의 신뢰를 구축하는 것이 조직성과 창출을 위해서도 필요하다.

여러 업체간의 경쟁은 가격인하에는 도움이 될 수 있겠지만 일방의 '갑질', 그리고 그 반발로 인한 거래의 질 저하를 방지하기가 힘들다. 따라서 소수의 거래상대방을 정하고 그들과의 긴밀한 관계를 유지하는 것이 더 나을 수 있다. 하청업체를 관리할 때 특히 지속적 관계의 필요성이 대두된다.

② 비정규직 성과에 대한 감시

장기근로가 보장되지 않는 비정규직 인력의 경우 성과를 내야 한다는 부담을 덜 가질 수도 있다. 따라서 기업은 비정규 인력을 활용해야 하는 경우 반드시 구체적이고 명확한 목표를 제시하는 한편, 업무수행의 결과뿐만 아니라 과정까지 체계적으로 관리할 필요가 있다.

③ 안전성에 대한 보상

건설현장이나 농림수산업 등 위험도가 높은 업무에서 비정규 인력을 활용하는 추세가 증가하고 있다. 비정규 인력을 활용해야 하는 경우에는 반드시 위험에 대한 보상을 적절한 수준에서 지급해야 할 필요가 있다. 정규인력과는 달리 비정규인력은 고용보장이라는 당근을 제시할 수 없는 만큼 금전적 보상의 중요성이 더 크기 때문이다.

④ 직무급의 활용

고용보장이 한국사회에서 매우 중요한 과제 중 하나인 주된 이유는 바로 연공급 체계와도 관련이 있다. 장기근속이 아닌 경우 높은 임금을 받기 어렵기 때문에 정규직으로의 전환에 관심이 많을 수밖에 없는 것이다. 우리나라 임금의 연공성이 여타 선진국에 비해 상당히 높다는 것은 주지의 사실이다. 직무급(job-based pay) 체계로의 전환이 이루어진다면 업종을 바꾸거나 근무장소를 이동하더라도 업무의 속성이 유지되는 한 임금의 하락이나 재조정이 일어날 가능성이 낮아지므로 구성원의 동기부여에도 도움이 될 것이다.

2. 무노조기업의 고용노사관계[3]

1) 무노조기업 등장의 배경

국내외 글로벌기업의 무노조 경영성과가 주목받고 있다. 2015년 미국의 Fortune지가 선정한 세계에서 가장 존경받는 기업 1위부터 4위까지는 모두 무노조기업인 Apple, Google, Berkshire Hathaway, Amazon이다. 우리나라 고용노동부의 2015년 상반기 100인 이상 사업장 1만 571곳의 임금교섭 타결현황 분석에 따르면, 전체 조사대상 중 무노조 사업장은 73.1%인 7,732곳으로 임금인상률이 평균 4.5%로 나타난 반면 유노조 사업장은 3.3%의 임금인상을 보인 것으로 나타났다. 임금협상의 체결 속도 역시 무노조 사업장이 유노조 사업장에 비해 더 빠른 것으로 나타났다. 이 같은 통계는 유노조 사업장이 상대적으로 대형사업장인 점이나 인상폭의 상대적인 측면 등을 감안하지 않은 결과일수도 있으나, 무노조기업의 고용관계를 새롭게 조명해야 할 필요가 제기되는 부분이기도 하다.

무노조기업의 특징 중 하나는 구성원이 굳이 노조를 결성할 필요를 느끼지 못하게 파격적 복지혜택을 제공하는 것이다. 구글과 애플은 사내식당이 탁월한 것으로 유명하다.

우리나라는 경제협력개발기구(OECD) 회원국 중 프랑스, 터키에 이어 노동조합 조직률(2014년 기준으로 10.3%)이 가장 낮은 국가이다. 즉 전체 피고용인의 90%가 무노조기업에서 근무하고 있는 것이다. 앞서 언급한 세계적 우량기업들의 무노조경영 사례는 과거 노조부문에 집중되었던 고용관계 연구를 무노조기업으로 옮기는 계기가 되었다. 이하에서는 무노조기업의 등장배경과 유형 및 특징을 살펴본다.

① 노조조직률 등의 하락

지난 30~40년간 세계 고용관계의 최대 이슈는 노동조합 조직률의 지속적 하락이다. 한국의 경우 1989년에는 19.8%에서 2013년에는 10.3%로 감소하였고, 미국은 1980년의 22.8%에서 2013년에는 그 절반 수준인 11.3%로, 영국도 1980년 56.3%에서 2013년 25.6%로, 호주도 1986년 45.1%에서 2013년 17%로 감소하였다. 국가별 역사적 배경과 노조유형의 차이에도 불구하고 노조조직률의 하락은 보편적으로 나타나는 추세가 된 것이다.

② 노조조직률 하락의 원인

이와 같은 전세계적인 노동조합조직률 하락의 원인을 살펴보면 다음과 같다.

첫째, 경제의 구조적 변화이다. 전통적으로 노조조직률이 낮았던 서비스 산업과 화이트칼라 직종의 확대가 빠르게 진행되었기 때문이다. 반면 그 동안 노조조직률이 높았던 생산직 노동자의 수는 소규모 증가에 그쳤다. 또한 노조를 조직하는 성향이 강한 20대 이상 남성의 경제활동 참가율은 감소하고, 노조조직률이 낮은 여성과 고령인력, 비정규직, 외국인인력이 증가한 점 역시 이러한 추세의 원인이 되었다.

둘째, 1980년대 이후 세계적으로 유행한 신자유주의적 풍조의 영향으로 정부의 정책이 노조에 적대적인 방향으로 선회한 점도 노조조직률 하락에 기여했다.

셋째, 고용평등법, 차별금지법, 모성보호법, 장애인고용촉진법, 성희롱금지법 등 정부가 통과시킨 개인차원의 고용관련 보호법안들이 피고용인이 느끼는 집단노사관계에 대한 필요성을 감소시키는 역할을 하여 노조조직률 하락을 더욱 부추기에 되었다. 즉 개별노동기본권을 정부가 법으로 보호하는 추세가 강화되면서 역설적으로 노동조합으로 대표되는 집단노사관계의 중요성이 약화된 것이다.

넷째, **반노조적인 사회정치적 분위기**를 배경으로 사용자들이 노조회피전략을 적극적으로 활용한 것도 노조조직률의 하락에 기여하였다. 즉 노조조직 성향이 낮은 지역과 사업부문으로 기업의 중심을 이전하거나 노조에 대한 유인을 줄이기 위하여 합리적 고충처리절차나 경영참여 기회를 제공하는 등 노조의 서비스를 대체할 수 있는 제도들을 마련하였다.

레이거노믹스, 대처리즘 등의 용어로 대표되는 신자유주의 움직임도 반노조적인 사회분위기 형성에 일조하였다.

2) 무노조기업의 직원들이 노조를 결성하는 이유[4)]

일반적으로 노조가 없던 기업의 종업원들이 노동조합을 결성하는 이유는 종업원과 경영진의 의사소통 부재, 무원칙적인 인사정책, 열악한 근로조건 등의 세 가지로 분류할 수 있다.

① 노사간 의사소통의 부재 : 기업의 성과를 알리지 않음, 공식 · 비공식 소통라인의 부재, 고충처리 절차의 부재

② 무원칙적 인사정책 : 공정하지 않은 처벌, 일부 그룹 직원을 편애하거나 우대, 불만을 전달하였으나 무시함, 능력주의와 무관한 승진
③ 열악한 근로조건 : 사고나 질병의 위험이 큰 환경, 임금과 수당이 현저히 낮음

3) 무노조기업의 노조화 방지전략

다수의 무노조기업에서는 경영권침해에 대한 우려, 노동비용의 증가 등의 이유로 노조의 결성을 억제하는 정책을 사용하게 된다. 무노조기업의 노조화 방지전략은 노조탄압, 노조회피, 노조대체의 셋으로 구분되며, 그 중 노조탄압은 부당노동행위에 가깝고 나머지 둘은 적법한 테두리에 포함된다.

① 노조탄압전략(union suppression)

소위 부당노동행위에 해당하는 노조탄압전략에는 노조파괴전문가(union buster)를 고용하거나 활용하는 것, 노조결성을 추진하는 세력을 해고하는 것, 노조와의 교섭을 정당한 사유 없이 지속적으로 거부하는 것, 노조집행부에 반대하는 조합원들을 규합하여 노조해산을 도모하는 것 등이 있다.

② 노조회피전략(union avoidance)

노조회피전략은 가능한 한 회사에 노조가 결성되는 것을 막거나, 이미 결성된 노조의 확산을 방지하려는 사측의 노력이다. 무노조기업이 노조화를 피할 수 있는 가장 효과적인 방법은 경쟁대상인 노조기업이 단체교섭과 임금교섭을 통해 결정한 임금수준 및 근로수준보다 더 높은 임금수준과 더 나은 근로조건을 제시하여 일종의 **무노조 프리미엄**을 제공하는 것이다. 또한 유노조 사업장과 무노조 사업장을 모두 가진 기업에서는 노조의 영향력 약화를 위해 전자는 축소하고 후자에 대한 투자와 고용을 확대하는 병렬형 관리(double breasting)를 사용하기도 한다.

무노조 프리미엄
노조가 없는 기업에서 노조결성 방지를 위해 유노조 기업 근로자 이상의 임금과 복지를 제공하는 것

③ 노조대체전략(union substitution)

이는 법의 테두리 안에서 노조의 순기능을 대신할 수 있는 대안적 의사소통기구(alternative voice channel)를 제시하는 것이다. 노사협의회, 평사원협의회, 청년이사회, 청년중역회 등과 같은 조직을 적극 활용하여 근로자들의 불만을 처리하거나 제안을 받아들이는 방법 등이 이에 해당한다.

4) 체계적 무노조기업의 경영상 특징

최고경영자가 인재경영에 대한 독특한 철학을 가지고 있거나(철학적 무노조기업), 최고경영자 본인이 유노조보다 무노조경영이 효율적이라는 사실을 경험으로 체득하는 경우에는 인사정책을 통하여 무노조방식의 경영을 지속할 수 있다(정책적 무노조기업). 이 두 경우를 총칭하여 체계적 무노조경영이라 부른다.

무노조기업의 유형

① 철학적 무노조기업 : 인재중시 경영철학을 실천하다보니 자연스럽게 무노조기업 형성

② 정책적 무노조기업 : 인사정책 목표로 무노조를 천명하고 노조회피전략 사용

③ 종교적 무노조기업 : 종교적 믿음에 근거하여 노사합심을 강조하는 무노조기업

④ 영세적 무노조기업 : 경영역량이 부족한 중소기업

① 최고경영자의 가치 및 태도

체계적 무노조기업의 최고경영자는 주로 일원론(unitarism)에 따른 가치관, 즉 기업 내에서 노사 간의 이해관계가 완전 일치한다는 생각을 가지는 경우가 많다. 즉 기업의 이해와 종업원의 이해가 같다는 의미이다. 따라서 노사갈등이나 대립은 불필요할 뿐만 아니라 바람직하지도 않다. 이 경우 최고경영자는 모든 사람을 동등하게 대우하려는 성향을 갖게 되므로 일반사원과 간부사원을 차등대우하는 정책이 사라지는 경우가 많다.

② 주요 고용관계정책

체계적이고 성공적인 무노조기업들이 주로 활용하는 인사정책을 소개하면 다음과 같다.

a. 고용안정정책

적정인력 규모를 유지하기 위하여 인력수요가 증가할 때는 임시직이나 외주를 활용하고, 인력수요가 줄어들 때는 해고에 대비한 완충장치로서 신규채용억제나 직무공유(job-sharing) 등을 실시한다. 만약 불가피하게 인력조정을 해야 한다면 전직지원프로그램(outplacement)을 활성화한다.

b. 신중한 선발과 내부승진

신규채용시 피고용인의 특징을 면밀하게 파악하여 노조가입 성향이 강한 피고용인들의 선발을 억제하는 한편, 내부승진을 적극적으로 활용함으로써 피고용인들에게 기업에 대한 신뢰감을 준다.

c. 평가 및 보상제도

체계적 무노조기업은 무노조 프리미엄(nonunion premium)에 의해 노조기업보다 약간 높은 수준으로 알려져 있다. 또한 무노조기업은 직종 간(사무직과 생산직 등) 대우에 있어 각종 차별을 철폐하기 위해 노력하며, 다양한 성과배분정책을 광범위하게 활용하고 있다.

대표적 무노조기업인 월마트는 종업원의 고충과 의견을 수렴하는 24시간 핫라인을 운영하고 있다.

d. 의사소통제도

무노조기업이 사용하는 대표적인 의사소통제도에는 정기적으로 만족이나 불만 혹은 회사정책에 대한 의견을 수렴하는 정기설문(survey feedback) 시스템이 있다. 대부분의 기업에서는 이를 형식적으로만 활용하지만 무노조기업에서는 불만을 사전에 감지하고 그에 대한 대책을 세우는 용도로 설문을 사용한다.

3. 외국인근로자의 고용노사관계[5)]

이제 우리나라의 노동시장을 논함에 있어서 외국인근로자를 설명하는 것은 당연한 사항이 되었다. 그러나 아직도 외국인근로자에 대한 차별적인 대우는 문제점으로 지적되고 있다.

1) 외국인근로자의 규모와 현황

① 규모

외국인근로자의 상당수를 차지하는 중국인들은 대부분 재중동포들이다.

우리나라에 체류하는 외국인은 2017년 11월 말을 기준으로 213만명이고 이는 2006년의 91만명에 비해 두 배 이상 증가한 규모다. 국적별로는 **중국인**이 제일 많고, 그 다음으로는 베트남, 미국, 태국, 우즈베키스탄의 순이다.

② 목적

방문취업제

고용허가제와 함께 한국의 양대 외국인 근로자 도입 제도라 할 수 있는 방문취업제는 대한민국 수립 이전에 해외로 이주한 중국 및 구 소련지역 동포들에게 자유로운 왕래를 보장하고 국내 단순노무 분야에서 일할 수 있도록 하고자 2007년 3월에 도입된 인력 수급 제도이다.

외국인근로자들의 체류 목적으로는 재외동포가 가장 많고, 비전문취업, **방문취업** 등의 순이다. 취업자격을 가지고 체류하는 외국인은 총 57만 8천명인데 그 중에서 전문인력은 5만명에 불과하고 대부분은 단순기능인력에 해당한다. 이들 단순기능인력은 주로 고용허가제를 통해서 개발도상국 중심으로 할당된 해외 근로자들이 일정기간 국내에 머물면서 일을 하게 된다. 중국동포를 대상으로는 방문취업이 허용되며, 그 외에는 베트남, 캄보디아, 인도네시아, 우즈베키스탄, 네팔, 필리핀, 타이, 스리랑카, 미얀마, 방글라데시 등이다. 2018년에 고용허가제를 통해 들어오는 비전문 외국인력은 5만 6천명이고, 불법체류자는 2017년 11월 말 기준으로 24만 6천명에 달하는 수준이다.

2) 제도화된 외국인근로자 활용

1980년대 후반부터 3D 업종(Dirty, Difficult, & Dangerous)에서의 인력부족을

해소하기 위해 외국인력을 받아들이기 시작하였는데, 이를 뒷받침하는 제도는 산업연수생제도로부터 시작하여 고용허가제에 이르기까지 이름을 바꾸면서 지금까지 계속되고 있다. 미국의 경우도 오랜 기간 동안 멕시코와 중남미에서 들어오는 불법입국자들의 저임금 노동으로 노동시장을 유지해 왔는데, 그 긍정적인 영향보다 부정적인 측면이 대두되자 트럼프행정부에서는 멕시코와의 국경에 장벽을 설치해 불법입국을 막아 저임금 노동자들을 줄여 미국인들의 임금수준을 제고한다는 정책이 설득력을 얻고 있는 측면이 있다. 다만 우리나라의 경우에는 국내 근로자들의 3D 업종에 대한 선호가 낮아서 일자리를 두고 국내근로자와 고용허가제를 통해 입국한 외국인근로자간의 갈등이 심한 수준은 아니다.

미국이 설치한 국경장벽

① 산업연수생제도와 연수취업제

우리나라는 이미 지난 1980년대부터 3D 업종을 중심으로 생산직 인력이 부족하기 시작하였으나, 당시 외국인의 국내 취업은 전문기술인력만 제한적으로 가능했고 단순기능인력에 대해서는 외국인의 국내 취업이 금지되어 있었다. 그러다가 경영계의 요구로 1991년 11월에 해외투자기업 연수생제도를 도입하였고, 1993년 11월에는 산업연수생제도를 도입하였다. 그러나 산업연수생제도는 외국인력을 사실상 노무에 종사하게 하면서 근로자 신분이 아닌 연수생 신분으로 고용함으로써 외국 인력의 편법활용, 사업장 이탈, 임금 체불, 인권 침해 등의 문제를 야기하였다. 이러한 문제를 해소하기 위해 정부는 2000년 4월부터 산업연수생이 일정기간 연수생으로 근무한 후, 근로자 신분으로 전환하여 취업할 수 있도록 허용하는 연수취업제를 시행하였다. 또한 2002년 11월부터는 일부 서비스분야에 국내에 호적 또는 친족이 있는 외국국적 동포를 대상으로 3년간 취업활동을 허용하는 취업관리제를 도입하여 시행하였다.

취업관리제에서 당초 허용한 취업가능업종은 음식점업, 사업지원서비스업, 사회복지사업, 하수 · 폐기물처리 및 청소관련 서비스업, 개인간병인 및 가사서비스업 등 일부에만 한정되어 있었다.

② 고용허가제의 도입과 확대

그러나 불법으로 체류 및 취업하는 외국인근로자가 계속 증가하자, 2003년 8월 「외국인근로자의 고용 등에 관한 법률」을 제정 · 공포하여 1년간의 준비기간을 거쳐 2004년 8월부터 합법적인 단순기능인력 도입제도인 외국인고용허가제를 시행하게 되었다. 이후 외국국적 동포에게 국내에서 취업활동을 허용한 취업관리제에 일부 서비스업과 건설업분야를 허용하였고, 고용허가제의 시행과 동시에 취업관리제는 고용허가제의 특례제도로서 고용허가제에 흡수통합되었다. 2006년부터는 취업허용업종을 제조업, 농축산업 또는 연근해어업으로서 외국인력정책위원회가 산업별 특성을 고려하여 정하는 사업 또는 사업체로 확대하였다.

2007년 3월부터는 국내에 호적 또는 친족이 있는 외국국적 동포에게 3년간 취업을 허용하던 특례고용허가제를 국내에 호적 또는 친족이 있는 외국국적 동포뿐만 아니라 국내에 연고가 없는 외국국적 동포에게도 허용하는 방문취업제로 전환하였다. 2007년 1월 1일부터는 산업연수생제도를 고용허가제로 통합하여 추가적인 산업연수생의 도입을 중단하고, 저숙련 외국인력의 고용은 고용허가제로 일원화하였으며, 해외투자기업 연수생제도는 순수한 외국인연수생제도로 운용하게 되었다.

3) 외국인력 정책의 전환 필요성[6)]

외국인근로자 관련 정책은 두 가지 측면에서의 전환이 필요하다.

첫째, 산업구조의 변화나 인구변동, 그리고 내국인 노동시장 영향 등을 고려하여 중장기적 관점에서 접근할 필요가 있다. 외국인력의 수입은 단순하게는 노동력 부족 문제를 해소하기 위한 노동시장의 관점에서 바라볼 수 있지만, 체류기간이 길어질수록 한국에서 결혼과 육아 등을 하게 되므로 중장기적으로는 사회문화정책과 관련한 이슈도 아울러 고민해야 한다.

둘째, 고용허가제가 지금까지의 저숙련 외국인의 유입창구에서 벗어나 외국인력 정책의 종합적인 틀로 나가는 토대가 되어야 한다는 것이다. 이제 우리나라도 외국인력 수입 역사가 30년을 넘기게 되었다. 따라서 외국인 정책의 오랜 경험이 있는 다른 국가들로부터 시사점과 개선방안 등을 도출해야 하는 시점이 되었다.

외국인고용법의 입법취지는 다음과 같다.
"내국인근로자에 대한 고용기회 보호의 원칙하에 외국인근로자를 체계적으로 도입함으로써 인력수급을 원활히 하여 중소기업 등의 인력부족을 해소하고 지속적인 경제성장을 도모하는 한편, 외국인근로자에 대한 효율적인 고용관리와 근로자로서의 권익을 보호하기 위한 장치를 마련하려는 것임."
(출처 : 법제처)

4) 고용허가제의 의미와 특징

기존 산업연수생제도의 운영에 따른 부작용을 해소하기 위해 정부는 2004년부터 고용허가제를 도입하여 외국인을 근로자로 인정하고 활용하는 방향으로 제도운영방식을 전환하였다.

① 고용허가제의 의미

고용허가제는 「**외국인근로자의 고용등에 관한 법률**」에 따라 '국내 인력을 구하지 못하는 우리 기업이 정부(고용노동부)로부터 인력부족확인서를 발급받아, 외국인력을 합법적으로 고용할 수 있는 제도'이다. 기존에는 외국인력을 활용하는데 대한 합법적인 제도가 마련되어 있지 않아서 연수생을 근로자로 편법 활용하거나 불법체류자를 고용하는 문제를 해결하기 위해 도입된 제도이다. 우리나라의 고용허가제는 외국인근로자의 활용취지가 단기취업임을 감안하여 가족동반을 금지하고 있으며, 외국인근로자의 사업

_ 보충학습 「외국인근로자의 고용등에 관한 법률」 중 고용허가 부문

제6조(내국인 구인 노력) ① 외국인근로자를 고용하려는 자는 「직업안정법」 제2조의2제1호에 따른 직업안정기관(이하 "직업안정기관"이라 한다)에 우선 내국인 구인 신청을 하여야 한다.

② 직업안정기관의 장은 제1항에 따른 내국인 구인 신청을 받은 경우에는 사용자가 적절한 구인 조건을 제시할 수 있도록 상담 · 지원하여야 하며, 구인조건을 갖춘 내국인이 우선적으로 채용될 수 있도록 직업소개를 적극적으로 하여야 한다.

[전문개정 2009.10.9.]

제8조(외국인근로자고용허가) ① 제6조제1항에 따라 내국인 구인 신청을 한 사용자는 같은조 제2항에 따른 직업소개를 받고도 인력을 채용하지 못한 경우에는 고용노동부령으로 정하는 바에 따라 직업안정기관의 장에게 외국인근로자 고용허가를 신청하여야 한다.

[개정 2010.6.4.]

② 제1항에 따른 고용허가 신청의 유효기간은 3개월로 하되, 일시적인 경영악화 등으로 신규 근로자를 채용할 수 없는 경우 등에는 대통령령으로 정하는 바에 따라 1회에 한정하여 고용허가 신청의 효력을 연장할 수 있다.

③ 직업안정기관의 장은 제1항에 따른 신청을 받으면 외국인근로자 도입 업종 및 규모 등 대통령령으로 정하는 요건을 갖춘 사용자에게 제7조제1항에 따른 외국인구직자 명부에 등록된 사람 중에서 적격자를 추천하여야 한다.

④ 직업안정기관의 장은 제3항에 따라 추천된 적격자를 선정한 사용자에게는 지체 없이 고용허가를 하고, 선정된 외국인근로자의 성명 등을 적은 외국인근로자 고용허가서를 발급하여야 한다.

⑤ 제4항에 따른 외국인근로자 고용허가서의 발급 및 관리 등에 필요한 사항은 대통령령으로 정한다.

⑥ 직업안정기관이 아닌 자는 외국인근로자의 선발, 알선, 그 밖의 채용에 개입하여서는 아니 된다.

[전문개정 2009.10.9.]

장 변경은 원칙적으로 금지되나, 사업체의 휴 · 폐업, 사업자의 정당한 근로계약 해지 등 불가피한 사유가 있는 경우에는 예외로 인정된다.

② 고용허가제의 특징

첫째, 내국인에게 고용기회를 보장하면서 외국인력을 활용하는 것이다. 외국인력을 활용하려면 우선 300인 미만의 중소기업이어야 하고, 14일 동

안의 내국인 구인노력이 의무적이다. 정부는 매년 3D 업종 중심으로 인력 수급 동향과 연계해 적정 수준의 도입규모를 결정한다.

송출비리
외국에서 근로자를 송출하는 회사가 부당한 웃돈을 요구하며 외국인 이주노동자들을 착취하는 현상

둘째, 외국인력에 대한 **송출비리**를 방지하고 외국인력의 선정 및 도입절차를 투명화하는 것이다. 정부 간에 양해각서를 체결하여 공공부문에서 외국인근로자에 대한 선정과 도입을 담당하도록 하고 있다. 고용노동부의 고용지원센터와 한국산업인력공단에서 이 업무를 담당한다.

셋째, 외국인근로자의 정주화(定主化, 체류기간이 일정기간을 초과하게 되면 체류지역을 고향처럼 생각하게 되는 심리적 현상)를 방지하기 위해 취업허용기간을 정하고 있고, 취업의 순환원칙을 지키고 있다. 고용허가제 시행 초기에는 3년의 체류기간으로 한정하였으나 2009년 1월부터는 4년 10개월 체류가 가능하게 되었으며, 2012년 7월부터는 성실근로자 재입국 제도의 도입으로 요건(사업장 변경 없이 농축산업, 어업, 50인 이하 제조업 종사)이 충족될 경우, 추가적으로 1회에 한해 4년 10개월을 체류할 수 있다.

넷째, 외국인근로자의 권익보호를 위해 내국인과 동등하게 법을 적용하여 산재보험, 건강보험, 최저임금, 노동3권 등을 보장하고 있다.

이상의 특징에도 불구하고 아직 우리나라에서 외국인근로자를 활용하는 방안이 완전하다고 볼 수는 없다.

③ 외국의 사례

대만, 싱가포르, 홍콩은 고용허가제를 도입하고 있으며 프랑스, 독일, 스위스 등 대부분의 유럽국가는 외국인근로자의 사업장 이동이 자유로운 노동허가제를 도입하고 있다.

국민연금의 상호주의
국민연금은 가입자, 사용자 및 국가로부터 일정액의 보험료를 받고 이를 재원으로 국민생활 안정과 복지증진을 도모하는 사회보장 제도로서, 국가 간 상호주의에 따라 외국인에 대해 당연적용하는 국가의 외국인근로자에 대해서만 적용한다.

5) 외국인근로자에 대한 차별금지

고용허가제에 의한 외국인근로자도 내국인과 동등하게 근로기준법, 최저임금법, 산업안전보건법 등의 적용을 받고, 노동 3권 등의 기본적 권익을 보장받는다. 고용 · 산재보험 및 국민건강보험의 혜택(당연적용)을 받고, **국민연금(상호주의)**에 가입할 수 있다.

생산성, 근무경력 등의 차이로 정당한 차별대우는 가능하나 외국인근로자라는 이유만으로 부당한 차별대우는 안된다. 사업주의 근로계약 위반, 부당해고 등 위법 · 부당한 처분에 대해서는 고용노동부 및 노동위원회 등을 통해 권리구제가 가능하다.

6) 외국인근로자의 사건 · 사고 및 직장생활의 애로사항

외국인근로자는 낯선 환경과 언어소통의 장애 등으로 재해예방 지식과 정보의 획득 및 전달에 한계를 가지고, 열악한 작업환경과 유해 · 위험요인에의 노출빈도가 높다. 또한 안전의식과 안전관리역량이 미흡한 30인 미만 소규모 작업장에서 주로 근무하여 산업재해 발생위험이 높은 실정이다. 실제로 국내 전체 산업재해는 감소하는데 반해 외국인 산업재해 피해자는 증가하고 있다. 2013년 기준으로 외국인 재해는 전체의 6% 수준이며 재해율도 0.84%로 전체 0.59%보다 높았고 사망만인율(근로자 1만명 당 사고사망자수)도 1.32%로 전체 1.25%에 비해 높았다.

고용허가제의 문제점을 지적하며 폐지 내지 개선을 촉구하는 시민사회단체의 움직임도 있다. 그들이 주장하는 주요 문제점은 다음과 같다.

첫째, 고용허가제로 인해 자발적 사업장 변경을 금지당해 강제노동에 시달리고 있다는 점이다. 법적으로는 노동 3권이 보장되어 있으나 현실적으로는 고용주에게 막강한 권한이 있어서 그 권리를 보장받기가 어렵다. 노조설립 역시 가능은 하지만 실제 설립이 매우 어려운 형편이다.

둘째, 사업장 이동횟수에 대한 제한규정 때문에 사업장의 환경개선이 힘들어진다는 점이다. 외국인근로자 대부분은 열악한 근로조건에 놓여 있으므로 어차피 잦은 이직을 피하기 어려운데 제도적으로 사업장 이동횟수를 제한할 경우 사업장의 환경개선은 요원할 수 있다.

셋째, 출국만기보험(퇴직금)을 출국 후 일정 기간(14일) 이내에 수령할 수 있도록 제도를 변경하여 결과적으로 퇴직금마저 받기 어렵다는 문제가 있다.

넷째, 성실근로자로서 우리나라에 장기체류하는 외국인근로자에 대해서는 가족동반권도 주어져야 한다는 주장도 있다.

이상의 논리를 요약해 보면 인간의 기본 존엄성, 이주노동자의 인권과 노동권, 재산권 등을 심각하게 침해하는 고용허가제를 폐지하고 노동허가제로 전환할 것을 주장하는 것이다. 이제는 내국인과 차별 없는 근로자로서의 권리를 고민해야 할 시기이다.

제2절 고용노사관계의 신경향

EMPLOYMENT AND INDUSTRIAL RELATIONS

1. 고용노사관계의 유연화

1) 개념과 등장배경[7)]

기업의 유연화(flexibility, 유연성)는 급변하는 경영환경에 적극적으로 대응할 수 있도록 탄력적으로 조직과 인적자원의 관리활동을 수행하는 것을 말한다[8)]. 그 중에서도 인적자원의 유연화는 노동시장의 유연성을 뜻하는데, 이는 외부 환경 변화에 대응하여 인적 자원이 얼마나 신속하고 효율적으로 재배분될 수 있는가를 나타내는 것이다.

선진국에서는 1970년대 이후 두 차례의 오일 쇼크를 겪으면서, 우리나라에서는 1997년 외환위기를 겪으면서 노동시장의 유연성 문제가 크게 부각되었다. 경기가 점차 회복되고 있음에도 고실업 구조가 장기화되는 조짐이 나타났던 것이다. 그 원인으로 지목된 것은 노동시장의 경직성이다. 이는 강력한 노동조합이 존재하고, 정부의 노동시장에 대한 규제가 클 뿐만 아니라 노동시장이 칸막이화 되어 있다는 데 기인하는 것으로 분석되었다. 이에 따라 다각적으로 노동시장의 경직성을 타개하려는 노력들이 시도되었다.

노동시장의 칸막이화란 정규직과 비정규직간의 이동제한, 신분이나 직종 · 직군의 변경애로 등을 지칭하는 용어이다.

2) 유형[9)]

기업의 노동유연화는 다음 두 가지 기준에 따라 몇 가지 하위 범주로 구분된다.

① 노동시장의 종류에 따른 구분

첫 번째 기준은 노동유연성을 획득하는 노동시장의 종류에 따라서 내부적 유연화와 외부적 유연화로 구분하는 것이다. 내부적 유연화(internal flexibilization)란 내부노동시장의 유연성을 제고하여 노동유연성을 높이는 방식으로, 노동력 수요 변화의 충격을 흡수하는 기제를 기업에 내부화하는 것이다. 반면에 외부적 유연화(external flexibilization)란 외부노동시장을 이용하여 고용유연성을 실현하는 방식으로, 고용조정의 기제를 기업 외부에서 찾는 것이다.

② 유연성의 획득수단에 따른 구분

한편 노동유연성은 이를 획득하는 수단에 따라 수량적 유연화, 기능적 유연화, 임금유연화로 구분된다. 수량적 유연화(numerical flexibilization)는 수요 변동에 따라 신축적으로 노동력 수준을 조절하려는 노력으로서, 필요한 사람 수 또는 시간만큼 인원을 투입할 수 있는지의 여부와 관련된다. 기능적 유연화(functional flexibilization)는 교육훈련이나 배치전환 등을 통하여 개별 근로자의 직무수행범위를 확대 · 전환하는 방식으로서, 새로운 업무가 등장하였을 때 그에 적합한 지식이나 기능을 가진 사람을 쉽게 구할 수 있는지의 여부와 관련된다. 임금유연화(pay flexibilization)란 기업 성과나 노동자들의 개인적 성과 등에 따라 변동적 · 차별적 임금을 지급하는 방식으로서 성과급제와 관련이 있다.

3) 인사관리 유연화의 실천방안

이하에서는 인적자원관리의 유연화 방안을 수량적 유연화, 기능적 유연화, 임금유연화로 나누어 그 내용을 살펴본다.

① 수량적 유연화의 실천방안

수량적 유연화 방법
유연근무시간제도, 고용계약의 조정

수량적 유연화는 전술한 바와 같이 기업의 인력수요 변동에 따라 신축적으로 고용수준을 조절하여 기업이 '필요로 하는 인력'과 '실제 고용된 인력'의 수를 일치시키려고 하는 전략이다. 이는 필요로 하는 최소한의 인력만을 고용하고 경기변동에 따라 임시적, 단기적 노동력을 탄력적으로 활용하는 유연화 전략이라 할 수 있다. 이를 실현하는 HR 방안으로는 유연근

[표 5-1] 노동유연화의 구분

	내부적 유연화	외부적 유연화
수량적 유연화	• 유연적 근로시간제 • 직무공유	• 고용조정 목적의 비정규직(기간제 근로, 파견근로, 사내하청 등) 근로 • 정리해고
기능적 유연화	• 소집단 활동 • 직무순환 • 직무확대 교육 • 다기능 교육훈련	• 기술 및 숙련 획득 목적의 비정규직 근로
임금 유연화	• 성과급제	• 인건비 절감 목적의 비정규직 근로

무시간제도와 고용계약의 조정 등이 있다.

a. 유연근무시간제도

한 사람의 종업원이 수행하는 일의 분량과 난이도는 상황에 따라 달라질 수 있다. 따라서 근로시간의 경직성은 어느 정도의 비효율을 내재하고 있다고 볼 수 있으며, 생산성의 향상을 위해서도 근로시간의 유연화는 필수적인 과제가 된다. 관련 제도로는 탄력근로시간제, 집중근무제, 선택적 근로시간제 등이 있다.

b. 고용계약의 조정

이는 일반적 고용계약의 형태를 변형하는 방식으로 파견근로, 임시직 고용, 아웃소싱 등이 있다.

기능적 유연화 방법
직무확대, 직무충실, 직무순환

② 기능적 유연화의 실천방안

기능적 유연화는 다기능화와 숙련형성 등을 통하여 업무수행의 유연성을 제고하는 것을 뜻한다. 구체적으로는 기존 직무의 재설계와 과업수행범위의 확대를 통하여 개별 노동자의 다기능화를 유도한다.

a. 직무확대

이는 종업원이 중심과업의 수행뿐만 아니라 관련된 기타 과업까지도 동시에 수행하도록 하여 개인의 직무를 중심과업으로부터 보다 넓게 확대하는 것이다.

b. 직무충실

이는 수직적 직무부하(vertical job loading)로서 직무의 질적 개선을 도모하는 동시에 작업자의 능력 신장을 꾀하는 방법이다.

c. 직무순환

이는 여러 직무를 여러 작업자가 일정 기간을 주기로 순환하여 수행하는 것을 의미한다. 직무순환은 특정 직무의 장기간 수행에 따른 스트레스와 매너리즘을 감소시켜 주며, 기능다양성(skill variety)의 추구를 통하여 종업원의 능력 신장을 기할 수 있다.

임금유연화 방법
개인성과급, 집단성과급

③ 임금유연화의 실천방안

임금유연화는 연공급이나 직무급에 의해 고정적으로만 지급되는 임금구조를 개인 혹은 집단의 능력과 성과에 연계하여 결정되는 임금구조로 전환하는 것으로서, 성과급제의 형태로 실현된다.

a. 개인 성과급

이는 성과의 귀속주체가 개인인 성과급이며, 임률의 결정 기준에 따라 시간당 생산단위에 의한 인센티브(생산단위 기준)와 제품단위당 소요시간에 의한 인센티브(소요시간 기준)로 나뉘는 동시에 임률의 변동성 여부에 따라 고정임률을 적용받는 인센티브와 변동임률을 적용받는 인센티브로 나눌 수 있다. 그 밖에도 조직의 성과향상에 대한 개인의 기여도를 주관적 기준(주로 행동과 전문성 및 기술수준 등)에 근거하여 측정하고 보상하는 메리트 제도(한국에서는 주로 연봉제로 불림)도 있는데, 이는 기본급이 개인의 성과 수준에 따라 매년 조정되는 임금을 뜻한다.

b. 집단 성과급

집단 인센티브는 경영성과를 종업원에게 집단적으로 배분한다는 점에서 성과참가의 한 유형이라 할 수 있다. 집단 인센티브는 성과배분의 기준을 업적치(생산성 : 생산수량 및 질, 노동생산성, 원가절감 등)나 수익치(수익성 : 매출액, 부가가치 등)를 중심으로 하는 성과배분계획(gain sharing plan)과 이익치(이익성 : 순이익, 배분가능이익 등)를 중심으로 하는 이익배분계획(profit sharing plan)으로 나눌 수 있다. 전자에는 구체적 배분방식에 따라 스캔론 플랜, 럭커플랜, 프렌치시스템, 임프로셰어 플랜, 커스토마이즈드 플랜 등이 있으며, 후자 역시 그 수익배분의 기준에 따라 현금분배계획, 이연지급계획, 혼합형 계획 등이 있다.

2. 고용노사관계와 임금 이슈

1) 임금체계의 개편[10)]

① 임금체계 개편의 필요성

근로자의 입장에서는 고용안정성과 임금안정성 모두를 확보할 수 있다면 이상적이지만, 기업 차원에서는 성과압력과 글로벌 경쟁 속에서 안정성만을 전적으로 보장하기 어려운 것이 현실이다. 따라서 기업 간 노동이동이 적은 우리나라의 현실을 감안하여 고용안정성은 보장하되 임금유연성의 제고를 통한 해법 모색이 필요하다.

② 임금체계의 변화 양상

a. 방향

임금유연성의 제고는 곧 연공급의 경직성 완화를 뜻한다. 이는 기본급과 근속연수의 연결은 완화하는 동시에 기본급과 조직기여도의 연계는 강화하는 정책으로 나타난다. 이러한 임금유연화는 크게 두 가지 방향으로 제시된다.

첫째, 임금구성에 있어 고정적 기본급의 비중을 축소하는 대신 성과배분과 같은 변동급의 비중을 확대하는 것이다(임금체계의 변경).

둘째, 임금의 인상을 기업의 생산성과 연계하는 것이다(임금결정 방식의 변경).

b. 양상

1980년대 이후 우리나라의 임금체계 변화 양상을 노동부의 '임금구조기본통계조사'를 통해 분석한 결과, 제조업 생산직의 경우 지속적으로 임금의 연공성이 강화되고 있는 반면, 제조업 사무관리직의 경우 1990년 이후 연공성이 약화되고 있으며 특히 1997년 외환위기 이후 성과주의형 연봉제의 확산으로 인해 연공급의 경직성이 완화되고 있다.

하지만 임금체계의 구성유형별로 살펴보면 아직 연공형 임금의 비중이 압도적이다. 2008년 현재 기본급이 존재하는 사업체 6,170개 가운데 호봉급이 80.8%, 직능급이 19.3%, 직무급이 22.8%로 여전히 근속연수를 반영하는 연공급의 비중이 가장 크다. 반면 성과배분제를 실시하는 기업은 38.4%에 그치고 있다.

③ 주요국의 임금체계

임금체계의 개선방안을 살펴보기 전에 먼저 주요국의 임금체계를 간략히 검토한다.

주요국의 임금체계
① 미국 : 직무급 중심 + 기술급
② 일본 : 속인급(역할등급 위주)
③ 독일 : 기본급, 능률급, 추가수당
④ 영국 : 직무급 위주 + 메리트

a. 미국

미국은 20세기 초반에 직무급이 확립되어, 1976년 민간기업의 75% 정도가 직무급 도입을 위한 직무평가를 실시할 만큼 직무급이 지배적인 임금체계이다. 또한 과학기술 직무의 경우 기술급(skill-based pay)이 보완적으로 활용되고 있다. 특히 탈테일러리즘이 본격화된 1970년대 이후 조직의 수평화와 직무재설계 및 리엔지니어링 등의 노동 및 작업체계 패러다임의 변화가 기술급의 확산에 기여했다는 평가를 받는다. 아울러 기술이나 지식이 속인적인 요소라는 점에서 동양식의 인적요건도 동시에 반영하는 방향으로 임금체계가 변모하고 있다는 해석도 가능하다.

b. 일본

일본은 기본적으로 나이, 근속연수, 학력, 업무능력 등 일을 하는 사람의 속성을 기준으로 임금을 결정한다. 다만 시기별로 몇 차례의 변화가 있었다. 1960년대까지는 연공적인 성격이 매우 강했으며, 업무능률 제고를 위하여 인사고과를 임금에 일부 반영하는 방식이 널리 사용되었다. 이후 1990년대 말까지는 기존의 연공급에 더하여 직무수행능력을 반영하려는 움직임이 활성화된다. 특히 인사고과의 제도화가 이루어져 능력고과는 정기승급 및 승격에 반영하고 단기적 업적고과는 상여금에 반영하게 된다. 1990년대 후반부터는 연공급이나 직능급에 대한 재검토가 시작되고 성과주의가 점차 강화되기에 이른다. 조직 내에서 임금을 결정하는 것이 아니라 시장이 임금을 판단해야 한다는 이념 하에 직무등급의 도입과 브로드밴딩이 이루어진다. 특기할 만한 점은 역할등급을 중시한다는 것이다. 즉 매년 자동으로 임금을 승급시키기 보다는 조직 내에서 각 구성원이 맡은 역할의 가치를 중심으로 임금을 책정하는 것이다. 원리상으로는 직능자격제도와 큰 차이가 없으며, 역할등급별로 기본급의 상대적 위치에 따라 승급에 차이를 보인다는 점에서 메리트 제도와도 유사성을 가진다.

c. 독일

독일의 근로자 임금은 기본급, 능률급, 추가수당 등으로 구성된다. 기본급은 직무가치에 의해 정해지는데, 직무가치는 지식 및 능력, 사고과정, 행위재량 및 책임, 의사소통, 지휘능력 등의 항목으로 구성된다. 능률급은 기본급 총액의 15% 한도에서 지급되는 변동적 성격의 임금이다. 추가수당은 업무에 따른 신체적 부담, 업무수행의 단조성, 업무수행 환경 등을 고려하여 기본급 총액의 10% 선에서 정해진다. 개별 근로자의 기본급 결정 시 근속이 고려되지만, 동일한 임금등급 내에서만 반영된다.

d. 영국

영국의 임금체계에는 경제적 효용을 중시하는 미국식 요소와 사회정의 및 평등을 중시하는 유럽식 요소가 혼재되어 있다. 기본급은 주로 직무급으로 결정되며, 공공부문에서는 직무가치와 급여를 직결시키는 평점별 단순직무급을, 민간부문에서는 노동시장에서의 수요와 공급에 의해 결정되는 시장임금(market rates)을 주로 사용한다. 그 절충안으로 브로드밴드와 내로우밴드 등이 사용되기도 한다. 임금인상시에는 공공부문에서는 근속에 따라 정해진 금액만큼 인상되는 자동승급 방식을, 민간부문에서는 주로 인사고과 결과에 따라 기본급이 누적적으로 상승하는 메리트 방식을 사용하는 경우가 많다. 성과급의 활용 빈도는 전체적으로 낮은 편이며, 기본급과 성과급의 대략적인 비중은 9 : 1 정도이다.

④ 임금체계의 개선 방안

이상의 논의를 바탕으로 우리나라에서 적용할 수 있는 임금체계의 개선 방안을 살펴보면 다음과 같다.

연공급의 개선방안
① 자동승급 ➠ 고과승급
② 기본급 구성항목의 변화
③ 직급별 호봉제 등의 도입

a. 연공급의 개선방안

지금까지 임금체계의 개선과정은 연봉제로 대표되는 성과주의의 강화였다. 이는 임금결정의 근본원리를 바꾼다기보다는 연공급 하에서 근속과 임금상승간의 자동적 연계고리를 약화하는 것으로서, 다음의 세 가지 방안으로 구체화된다.

첫째, 호봉급을 유지하는 대신 자동승급을 고과승급으로 전환하는 것이다. 이를 통해 연공급의 경직성을 완화할 수 있다. 연봉제를 도입하면서 다른 임금체계의 도입 없이 호봉제만 폐지한 상당수의 기업들이 이 범주에 해당한다.

둘째, 기본급 구성항목의 변화를 통해 연공급의 경직성을 완화하는 것이다. 이미 다수의 기업들이 호봉급 외에도 직능급이나 직무급 등을 배합하고 있다.

셋째, 직급별 호봉제로 대표되는 직무급적 성격의 도입이다. 미국처럼 엄정한 직무평가에 근거한 것은 아니지만 지식이나 숙련 또는 책임도를 반영하여 실질적인 의미에서 직무급이 도입되는 방식이므로 가장 급진적 방안이라 할 수 있다.

b. 직무급 도입을 위한 전제조건

우리나라에서 직무급의 도입을 위해서는 여러 전제조건들이 필요하다.

직무중심 선발은 현재의 우리나라 입장에서는 필요한 것이라 할 수 있다. 오히려 역량모델링을 도입해야 하는 것 아니냐는 질문이 나올 수 있는데, 역량모델링은 직무중심 인사시스템이 성숙된 경우 비로소 보완책으로 제시될 수 있는 것이다.

첫째, 속인에서 속직으로 의식구조를 전환해야 한다. 임금결정시 선배와 후배, 호봉, 승진서열 등을 중시하는 분위기 하에서 직무의 가치에 따라 임금이 책정되는 것을 구성원들이 수용할 것인지의 검토가 필요하다.

둘째, 직무의 내용과 범위가 사전에 정해져야 한다. 왜냐하면 직무급은 직무의 상대적 가치에 따라 책정되는 기본급 체계이기 때문이다. 따라서 직무의 내용과 범위가 상당한 기간동안 안정적이어야 할 필요가 있다. 급변하는 조직이나 부서에서는 직무급을 사용하는 것이 적절하지 않다.

셋째, 직원선발의 단위를 직무중심으로 바꿀 수 있어야 한다. 직무단위로 뽑지 않고, 일단 선발한 후 가치가 다른 직무에 배치시키면 저항이 생기는 일이 불가피해진다. 따라서 전사수준의 공채제도를 세분화된 직무단위별 채용으로 바꿀 필요가 있다.

c. 임금체계 개선 시 고려사항

임금체계 개편에 있어 고려해야 할 점은 다음과 같다.

첫째, 임금체계 개편을 그 자체가 목적이라기보다는 작업체계와 업무수행방식 개편의 일환으로 추진해야 한다. 임금개편은 고용안정성과 기업의 경쟁력 사이에서 노사 양측의 상호승리(win-win)를 위하여 고안되는 것이기 때문이다.

둘째, 임금체계 개선 시 인적자원관리상의 보완적 정책을 동시에 구비해야 한다. 사례조사 결과 직무급이 도입되는 기업의 경우 경력개발, 사내공모제, 목표관리(MBO) 등이 동반되는 경우가 많았다. 나아가 신규채용이나 배치전환 역시 임금체계와 연계되어 있기에 서로간의 정합성을 제고할 필요가 있다.

셋째, 임금체계 개편에 있어 근로자의 참여를 통하여 수용성을 높여야 한다. 특히 노동조합이 결성된 기업의 경우 노조와의 신뢰관계 구축이 필수적이다. 그렇지 않으면 임금체계 개편을 통해 얻는 이익보다 부작용으로 인한 비용이 더 클 수도 있다.

넷째, 임금체계 개선은 상황을 고려하여 유연하고 장기적으로 접근할 필요가 있다. 현재의 논의는 생산직이나 사무관리직을 대상으로 하는 것이며, 성과가 가시적으로 보이는 영업직의 경우 구태여 복잡하게 임금체계를 가져갈 필요 없이 성과급으로 충분한 것이다. 인력구성상 고령화가 문제되지 않는 직장이나 기업특유(firm-specific)의 숙련이 필수적인 경우에는 연공급도 충분히 훌륭한 임금체계이기 때문이다.

2) 최저임금제도[11]

① 의의

최저임금제도(minimum wage system)는 국가가 저임금 근로자의 생활보호를 위하여 임금의 하한선을 정하고, 사용자에게 이 수준 이상을 지급하도록 법으로 강제하는 제도로서, 최저임금제에서 설정하는 임금을 법정임금이라고도 부른다.

우리나라는 고용노동부 산하 최저임금위원회에서 최저임금을 결정한다. 최저임금위원회는 근로자위원(9인), 사용자위원(9인), 공익위원(9인)으로 구성되며, 2020년 최저임금은 시간당 8,590원이다.

임금은 본래 노사간 근로계약이나 단체교섭에 의하여 자주적으로 결정되는 것이 원칙이지만, 근로자와 사용자간의 대등관계가 현실적이지 못한 점, 그리고 모든 사업장의 근로자들이 노조로 조직화된 것은 아니므로 단체교섭을 통한 임금향상을 항상 기대하기는 어렵다는 점 등을 고려해 볼 때[12], 최저임금제도는 노동시장에서의 자율적인 기능(사적 자치의 원리)에 의한 임금결정원리를 사회정책적인 관점에서 제약을 가해 수정한 사회적 제도라 할 수 있다.

② 제도의 국내외 연혁[13)]

최저임금제는 1894년 뉴질랜드의 노동쟁의조정 및 중재법을 효시로 하여 호주(1896), 영국(1909)에서 법제화되었고, 이후 미국 메사추세츠 주(1912), 프랑스(1915) 등으로 확대되어 오늘날에는 ILO 가입국 다수가 최저임금제를 실시하고 있다. 특히 1944년 ILO가 채택한 <필라델피아 선언>에는 근로자에 대한 최저 생활임금을 제공하는 프로그램의 개발을 강조하고 있다.

국제적 최저임금제도 도입의 흐름에 비해 우리나라는 비교적 늦은 1986년 말에 최저임금법이 제정되었고, 그 시행은 1988년부터 이루어졌다. 최저임금제 보장의 헌법적 기초는 1987년 현행 제9차 개정헌법에서 "법률이 정하는 바에 의하여 최저임금제를 실시한다"는 조항이 추가됨으로써 마련되었다.

③ 도입목적과 기대효과

최저임금제의 도입목적과 그에 따른 효과는 다음의 네 가지로 정리할 수 있다.[14)]

첫째, 최저임금제의 기본적인 목적은 사회정책적인 빈곤퇴치 목적으로서, 최저생계비에도 미달되는 임금으로 살아가는 한계근로자(비노조조직원이나 미숙련근로자 등)가 인간다운 생활을 할 수 있도록 정부가 개입하여 그 임금수준을 보장해주는 것이다.

둘째, 일반적으로 기업들은 저임금을 통한 생산비용의 절감을 도모하는 경우가 많은데, 최저임금제의 도입으로 기업간의 무분별한 임금인하 경쟁을 방지하고 저임금 의존식 경영을 지양하며 장기적으로는 기술혁신과 경영합리화를 통한 생산성의 향상 노력을 자극하는 동시에 기업간의 공정한 경쟁을 유도할 수 있다.

셋째, 생계비에 미치지 못하는 저임금을 지급하는 경우 노사갈등 및 분쟁이 심화될 수 있으므로, 최저임금의 법적 설정은 노사분쟁을 방지하는 목적을 가지기도 한다.

넷째, 최저임금제는 불황기에 임금이 일정 수준 이하로 하락하는 것을 방지하므로 구매력을 보호하여 **유효수요**(effective demand)를 창출할 수 있으며, 이는 경기회복에 큰 도움이 된다.

유효수요
구매력이 뒷받침되는 수요

④ 역기능

이상의 효과에도 불구하고 최저임금제는 다음과 같은 역기능도 가지고 있다.

첫째, 기업은 종업원에게 지불하는 임금과 그가 생산하는 한계생산물의

[그림 5-2] **최저임금과 실업**

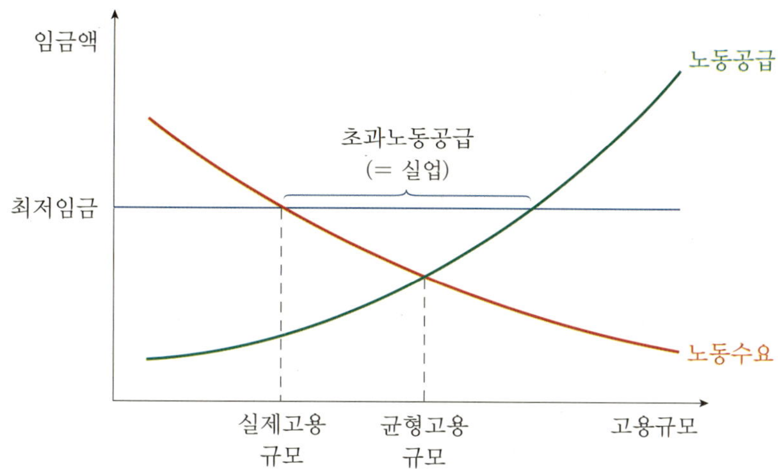

가치가 같아지는 수준까지 근로자를 고용하므로, 그의 공헌이 임금보다 작을 때는 그를 고용하지 않을 것이다. 따라서 최저임금보다 낮은 공헌을 하는 근로자는 해고되거나 고용되지 않으리라는 예상을 할 수 있다. 또한 최저임금이 적용되면 평균노무비가 오르기 때문에 기계의 사용으로 원가절감이 가능한 기업은 가능한 한 근로자를 기계로 대체할 것이다. 따라서 최저임금제도는 실업을 유발할 수 있다[15].

둘째, 최저임금은 노무비의 인상을 가져오게 되고, 사용자는 최저임금으로 인해 상승된 비용을 생산품의 가격에 전가하게 되어 그 부담은 결국 소비자에게 돌아가게 된다.

3) 임금피크제도[16]

① 개념

임금피크제도(salary peak system)는 동일한 인건비 체계 하에서 고용안정을 중시하는 제도로서, 근로자의 계속고용을 위해 노사합의에 의하여 일정 연령을 기준으로 생산성과 임금을 연계시켜 점진적으로 임금을 줄여나가는 것이다.

② 도입배경

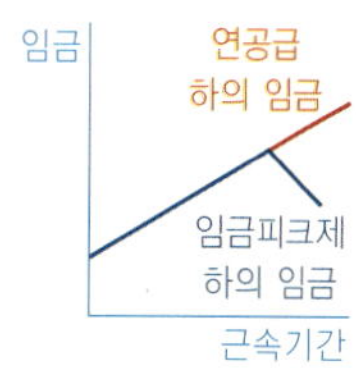

임금피크제가 도입되는 배경에는 다음의 세 가지가 있다.

첫째, 인건비 부담의 경감이다. 임금피크제는 주로 연공급 제도를 채택한 기업에서 임금정책이 실패하여 어려움이 발생한 경우 시도되는 경우가 많다. 다만 직무급이나 직능급 제도를 사용하는 기업에서도 인건비 부담을 줄이기 위해 사용할 수 있다.

둘째, 생산성과 임금간의 연계성을 강화하기 위함이다. 임금피크제는 주로 연공급 제도 하에서 종업원들이 정년에 가까워지는 시기에 그들의 임금 수준이 그의 생산기여도보다 높은 현상을 타개하기 위하여 채택된다. 연공급 하에서는 종업원들의 역량이나 성과기여와 무관한 근속연수에 따라 임금이 자동으로 상승하기에 고령인력이 많은 기업은 생산성에 비해 과도한 인건비를 지출하게 된다.

셋째, 외부적 충격을 극복하기 위함이다. 임금피크제는 IMF 외환위기와 같이 기업의 대외적 환경이 어려울 경우에도 도입될 수 있다. 경영환경의 악화로 인건비 지급이 어려움에도 불구하고 고용안정을 도모해야 하는 경우 시도할 수 있다.

③ 유형

임금은 각 회사의 사정에 따라 탄력적 운영이 가능하므로 임금피크연령과 이후의 감액비율 등은 회사마다 다르다. 다만 이 제도의 조기정착을 위해 정부는 다양한 후속대책을 마련하고 있는데, 구체적으로는 임금피크제를 자발적으로 실시하는 기업에 지원금을 제공하는 것이 대표적이다. 고용노동부에서 지원을 제도적으로 보장하는 임금피크제의 유형으로는 정년연장형, 근로시간단축형, 재고용형(고용연장형) 등이 있었는데[i], 2016년부터는 근로시간단축형에 대한 지원은 확대되고 재고용형에 대한 정부지원금 지원은 폐지되었다.

a. 정년연장형

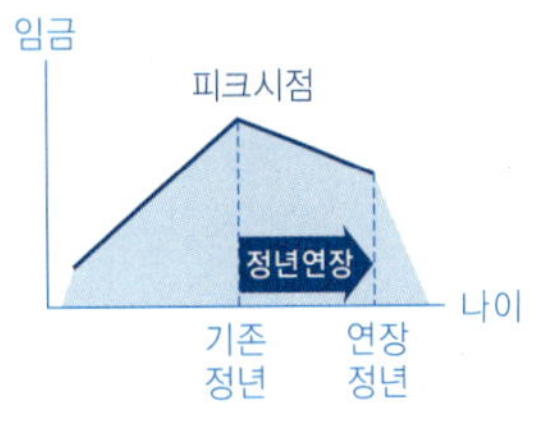

이는 정년에 즈음한 특정시점을 임금피크로 하여 이후 임금을 삭감하는 대신 정년을 넘겨 더 근무하게 하는 방식으로 실시된다. 정년연장형은 조직의 입장에서 숙련된 종업원을 일정시점까지 더 머무르게 함으로써 이직이나 퇴직으로 인한 생산성 손실을 예방하는 동시에 종업원의 입장에서 생산성 대비 소득이 적은 시점에 쌓아둔 임금채권을 생산성 대비 지출수요가 높은 고연령기에 되돌려 받을 수 있는 의미가 있다.

---

i) 원래 정년보장형(정년을 그대로 두고 정년 전 일정 연령부터 임금을 삭감하는 방식)도 임금피크제의 한 운영유형이었으나, 이 방식은 연령차별의 소지가 있다하여 국가인권위원회에서 해당 제도에 대한 고용보험상의 지원폐지를 권고한 바 있다.

b. 근로시간단축형

이는 기존의 정년을 연장하면서 일정시점(피크시점)부터 소정근로시간을 조정하는 방식으로 실시된다. 예를 들어 정년을 55세에서 60세로 연장하는 대신 주당 근로시간을 기존 40시간에서 25시간 등으로 점차 줄이는 것이다. 이 방식에 따르면 정년 이후에는 근로시간이 점진적으로 줄어들기에 종업원의 입장에서는 근로와 퇴직준비를 병행할 수 있으며 기업의 입장에서는 신규인력의 채용여력을 확보할 수 있다.

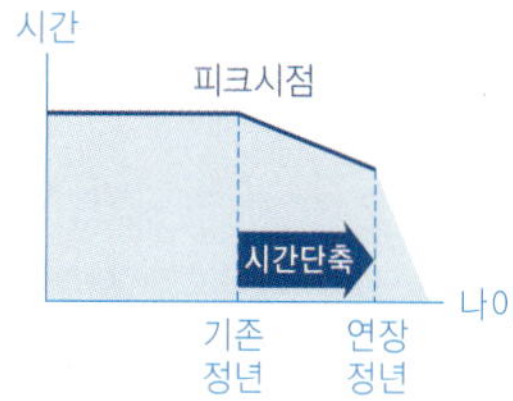

c. 재고용형(고용연장형)

이는 정년연령인 60세에 일단 퇴직한 후 재고용계약을 체결하는 형태이다. 기업과의 고용관계는 정년에 퇴직금을 지급함으로써 종료되며, 재고용시 임금수준을 조정하게 된다.

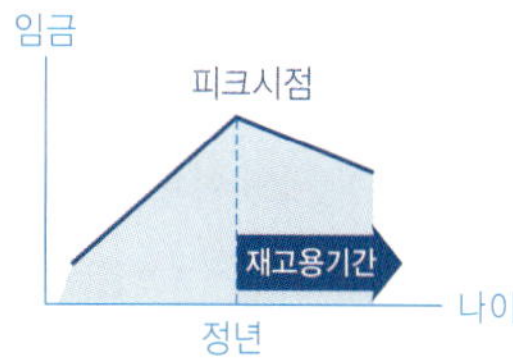

④ 효과

임금피크제는 노사 모두에게 다음과 같은 긍정적 효과를 준다.

첫째, 종업원은 경영위기시에 해고를 피할 수 있고, 정년 이후에도 계속해서 일할 수 있다.

둘째, 사용자는 근로자의 고령화와 생산성 저하로 인한 인건비 부담을 줄일 수 있고 해고를 둘러싼 노사간의 갈등을 피할 수 있다.

셋째, 보다 저렴한 비용으로 훈련된 고용인력을 유지할 수 있으며, 이로 인해 경감된 비용으로 신규인력을 채용할 수도 있다.

3. 고용노사관계와 고령화 문제[17)]

본 목차는 국내 학술지에 게재된 논문을 인용한 것이다. 따라서 본문중에 원저자가 인용한 수많은 문헌들의 출처를 본서에서 일일이 나열하지는 않고, 다만 원논문의 출처를 밝혀두었으므로 관심있는 독자들께서는 원논문의 참고문헌들을 참조할 것.

이하에서는 고령화된 노동인구를 대하는 조직이 고용관계와 인적자원관리 차원에서 고려할 수 있는 실무적인 이슈들에 대해 고민을 해보고 이와 같은 이슈들을 해결하기 위해 학술적 차원에서 연구의의가 있는 고령노동인구에 대한 고용관계 및 인적자원관리 연구주제들과 이에 적용 가능한 이론들을 살펴보고자 한다.

1) 인력확보 : 징검다리 고용과 점진적 퇴직제도

기존 국내 연구에서는 은퇴연령, 정년연령을 높이는 정책적인 접근 혹은 개인 차원에서 은퇴 후 노후 준비를 하는 상황에 대한 연구가 주로 이루어졌을 뿐 기업 입장에서 퇴직예정자의 퇴직 후 취업을 돕는 아웃플레이스먼트(outplacement)를 논의하는 연구나 주된 경력(main career)에서 퇴직 후 새로운 직장을 구하는 고령자의 경력개발에 대한 연구는 미흡한 편이다. 하지만 인력의 고령화에 대해 좀 더 긴 기간 동안 고민을 해 온 국외 연구들에서는 기업에서 적용할 수 있는 인적자원관리 프로그램인 아웃플레이스먼트의 일환으로 점진적 퇴직제도(phased retirement)를 살펴보는 연구들이 활성화되어 있으며 주된 경력에서 퇴직 후 개인이 취택할 수 있는 고용 형태의 다양한 선택지를 살펴보는 징검다리 고용(bridge employment)에 대한 논의가 활발히 이루어지고 있다.

① 징검다리 고용형태

이는 주된 경력을 떠나는 순간부터 더 이상 경제활동을 하지 않는 상태 사이에 이루어지는 여러 종류의 고용 형태를 의미한다. 징검다리 고용에 대한 연구들에 따르면 주된 경력을 떠나며 개인이 취할 수 있는 선택은 다음 네 가지 형태로 나뉜다.

- 본인의 주된 경력과 연결되어 있는 일을 시간제근무, 자영업 등의 형태로 지속하는 방법으로 경력 내 징검다리 고용(career bridge employment)이라고도 불리며 본인의 전문분야 혹은 전문산업에서 일을 지속하는 모습으로 나타난다. 보험회사에서 근무하던 상무가 퇴직 후 개인 보험 컨설팅 회사를 차려 일을 하는 경우, 게임회사에서 아트디렉터로 일을 하던 게임 원화가가 퇴직 후 계약직 형태로 게임원화 일을 지속하는 경우 등이 경력 내 징검다리 고용의 예라 할 수 있다.
- 본인의 주된 경력과 상관없는 분야 및 산업에서 일을 하는 형태로 경력 밖 징검다리 고용(bridge employment in a different field)이라 불린다. 무역회사 부장이 퇴직 후 강원도 홍천에 펜션을 짓고 펜션 자영업을 시작하는 경우, 숙련노동자로 자동차부품 회사에서 일을 하던 조장이 퇴직 후 과일음료 프랜차이즈 영업권을 따서 가게를 오픈하는 경우 등이 경력 밖 징검다리 고용 형태의 예일 것이다.
- 주된 경력에서 퇴직 후 경제활동을 하지 않다가 일정 시기 후에 일을 다시 시작하는 노동시장 재진입(labor market reentry)의 경우도 있을 수 있다.
- 마지막으로 주된 경력에서 은퇴 후 경제활동을 전혀 하지 않는 경우가 있다. 마지막 두 상황의 경우에는 주요 경력에서 은퇴 후 바로 재취업이 필요하지 않는 경우이기 때문에 엄밀히 징검다리 고용의 형태는 아니지만 **중고령자**가 어느 선택을 하는지를 살펴보기 위해 선택지의 하나로 추가한 연구가 많다.

중고령자
50세에서 65세 사이의 인구집단을 부르는 명칭이다.

징검다리 고용으로 경제활동을 지속하는 고령노동자와 완전한 은퇴(full retirement)를 계획하는 고령노동자의 수요를 예측하고 준비할 수 있기 위해서는 징검다리 고용 유형의 결정요인을 살펴보는 것이 중요하다. 기업의 입장에서 경력 내 징검다리 고용을 원하는 고령노동자는 상대적으로 저임금을 지불하며 경험이 많은 사람을 지속적으로 고용할 수 있는 기회이기 때문에 이와 같은 연구주제들은 인적자원관리 차원에서 큰 실무적 의의를 가질 것이다.

또한, 인적자원관리 차원에서는 은퇴를 앞둔 고령노동자들이 어떠한 직무에 매력을 느끼는지를 조사하는 것도 중고령 인력확보에 도움이 될 수 있을 것이다. 징검다리 고용과 관련하여 Rau & Adams(2005)[18]는 징검다리 고용을 고려하고 있는 고령노동자를 모집할 수 있는 방법에 대해 조사를 해본 결과, 모집공고문에 유연근무제와 고용평등기회의 이슈가 언급된 경우 징검다리 고용직에 지원욕구를 높이는 효과가 있음을 밝혔다. Zaniboni et al.(2013)[19]은 사회 정서적 선택 이론과 선택, 최적화, 보상 이론을 **직무특성모델**(job characteristics model)에 적용하여 고령자와 비고령자가 추구하는 직무유형에 대해 분석을 진행한 결과, 직무다양성은 비고령자들의 이직의도를 줄이고 직무소진을 줄인 반면, 스킬다양성은 고령자의 이직의도를 훨씬 더 많이 줄였다고 밝혔다. 또한, Zacher & Frese(2011)[20]은 선택, 최적화, 보상이론을 바탕으로 연령이 높을수록 남은 경력의 기간이 줄어든다고 인식하기 때문에 은퇴를 생각하게 된다고 설명하고 있다. 이와 같이 고령화에 대한 다양한 이론들은 고령노동자가 점진적 퇴직제도, 징검다리 고용 등의 형태로 경제활동을 지속하는지 아니면 은퇴를 하는지 그리고 어느 시기에 은퇴를 하는지 등에 대한 인력확보 이슈에 대한 이론적 프레임을 제공하고 있다. 따라서 40대 이상의 노동자가 주된 경력을 떠나 새로운 직장을 찾는 것이 더 이상 신기한 일이 아닌 사회가 다가오고 있는 한국 사회에서 국내 기업들에서도 이와 같이 고령화에 대한 이론을 근거로 한국 고령노동자들이 선호하는 직무 조건을 분석하여 이들을 채용하고 모집하는데 도움이 되는 직무 설계 및 채용공고 방법을 모색하는 것이 필요할 것이다.

직무특성모델
직무의 특성이 구성원의 심리상태에 영향을 미쳐 그 결과 조직차원의 성과가 개선된다는 이론으로서, Hackman과 Oldham에 의해 제안되었다.

② 점진적 퇴직제도

이는 큰 그림 안에서는 징검다리 고용 형태 중 경력 내 고용 형태와 동일할 수 있으나 개인 입장에서 선택지 중 하나로서가 아니라 기업의 입장에서 현직이 주된 경력인 사람들을 위해 그들이 경력의 다음 단계로 넘어가는 상황에서 완전한 은퇴(full retirement) 전에 어떠한 일자리를 종업원에게 제시할 수 있는지를 고민하는 문제이기 때문에 인적자원관리 차원에서 독자적인 연구주제로 볼 수 있다. 더구나 기업 입장에서 점진적 퇴직제도 도

예를 들어, 의료기기를 만드는 기업에서 대체하기가 어려운 특수기기를 제작하는 숙련노동자 및 연구인력이 정년에 다다르고 있을 때 이들이 공식정년 후에서부터 경제활동을 멈추기 전까지 본인들의 경험과 지식을 전달해 줄 수 있는 컨설턴트직, 일용직, 파트타임직을 맡아 활동을 할 수 있도록 노후설계 재무상담 프로그램 제공 등 다양한 복지를 연결하는 형태가 점진적 퇴직제도의 일환이라 할 수 있을 것이다.

입을 위해서는 연금제도과 복지 등과 연결시켜 프로그램을 설계해야 하기 때문에 점진적 퇴직제도는 인적자원관리 차원 및 고용관계 차원에서 모두 의미가 있는 연구주제이다. 점진적 퇴직제도의 가장 큰 특징은 단계적으로 근로시간을 줄여나가는 방식이라는 점이다. 점진적 퇴직제도가 활성화되기 위해서는 연금제도와의 연계가 필수적이라 외국에서는 국가의 사회보장 정책으로 점진적 퇴직제도를 지원하고 있다. 예를 들어 독일의 경우, 고령자파트타임근로법을 제정하여 고용주와 근로자간의 합의에 따라 55세 이후 일정 시점부터 근로시간을 줄여 나갈 수 있게 하고, 근로시간 단축으로 인해 줄어드는 임금과 연금 상의 불이익은 고용주가 보전해주는 정책을 실시하고 있다. 하지만 고용주 입장에서 어떠한 형태의 점진적 퇴직제도가 전문 인력활용에 도움이 될지에 대한 고민은 인적자원관리 차원에서 적합한 연구주제라 할 수 있다. 따라서 지속이론과 인생여정이론 등 한국 고령노동자 고유의 특성을 반영하여 기업의 인사관리담당자 입장에서 점진적 퇴직제도를 국내 기업에 적용할 수 있는 방법에 대한 연구를 진행하는 것이 필요할 것이다.

2) 동기부여 : 이론을 바탕으로 한 연령차 동기부여

인적자원관리 차원에서 몰입도를 높이는 것이 종업원의 성과를 높일 수 있는 중요한 기능을 하기 때문에 조직몰입, 직무몰입, 자기효능감 등의 동기부여 변인들을 국내연구에서 조사해왔다. 하지만 이들 연구는 모두 특정 직업군을 대상으로 하여 동기부여가 연령에 따라 높은지 낮은지를 살펴보는 연령차 연구들이다.

인력의 고령화를 관리하기 위해서는 기존의 직군별 동기부여 변수들의 연령차를 조사하는 것 이상의 고령노동자에 대한 이해가 필요하다. 단순히 고령자가 조직몰입이 높다가 아닌 왜 조직몰입이 높은지에 대한 이론 보강이 필요하다. 실제 여러 국내연구결과들을 보면 동일한 변수도(예 : 직무만족) 연령에 따라 증가하기도 하고, 감소하기도 하고, 역 U자 커브 형태를 보이기도 하며 연령차가 없는 것으로 나타나기도 한다. 이와 같은 다양한 연구결과에 대한 설명을 위해서는 이론적 메커니즘에 대한 규명이 더욱 필요할 것이다.

다양한 국외문헌을 보면 고령노동자의 동기부여수준이 다른 연령대의 노동자들에 비해 결코 낮지 않다고 정리하며, 개인의 역량이 집중되어 있는 직무와 자기효능감을 높이는 직무로 마음이 쏠리는 현상은 연령에 상관없이 공통적인 특징이라고 주장한다. 단, 연령차가 관찰되는 부분은 풍부한 자원의 종류와 자원을 활용하는 방법이라고 한다. 구체적으로, 고령자는 인지적 능력 중 창의적 사고를 바탕으로 문제를 해결하는 **유동 지능**(fluid intelligence)보다는 경험과 통찰을 바탕으로 한 통합적인 사고로 문제를 해결하는 결정적 지능(crystallized intelligence)에서 보다 더 뛰어나기 때문에(Cattell, 1963)[21] 이러한 자원을 활용한 직무에서 동기부여를 느끼고 성과를 낳을 수 있다고 한다. 또한, 나이가 들면서 정보 습득을 위한 목적으로 행동했던 것에서 정서적인 안정감과 편안함을 목적으로 두고 자원을 선택하고 배분하게 된다고 한다(Carstensen, 1995)[22]. 이와 같이 국내 연구에서도 고령노동자의 동기수준을 높일 수 있는 인적자원관리 방법을 강구할 때 고령자에 대한 타 분야의 이론을 바탕으로 체계적인 접근을 하는 것이 필요할 것이다. 이를 위해 본 논문에서 기존의 국외 연구에서 이루어진 동기부여에 대한 접근법을 정리해보며 국내 고령자 동기부여를 위한 연구에 어떠한 프레임워크가 적용 가능할지에 대해 고찰해본다.

유동지능과 결정지능

유동지능은 정보처리의 속도와 정확성에 관여하고 개인의 생물학적 유전적 요인에 의해 주로 결정되는데 반해 결정지능은 관계의 이해와 판단 및 문제해결에 관여하고 주로 개인의 경험과 지식에 기초한다.

먼저, Kooij, de Lange, Jansen, Kanfer, & Dikkers(2011)[23]는 이전 연구들을 바탕으로 동기의 종류를 성장(growth) 동기, 사회적(social) 동기, 그리고 안정성(security) 동기, 내재적 동기와 외재적 동기로 나누어 보았다. 메타분석 결과, 나이가 들수록 성장 동기와 안정성 동기는 약해지지만 내재적 동기는 강해진다는 것을 밝혔다.

구체적으로 성과에 대한 직무 특성, 재미있는 일, 자율성, 사회적 환원, 직업안정성 동기는 연령에 따라 증가하지만 발전과 도전과 관련된 직무 특성, 승진, 인정, 외재적 보상과 복지에 대한 동기는 연령에 따라 감소하였다.

Inceoglu et al.(2012)[24]도 만여 명의 표본을 대상으로 진행한 연구를 바탕으로 일에 대한 동기는 연령이 늘면서 줄어드는 것이 아니라 동기를 주는 요인이 달라질 뿐이라고 하며 고령자의 특성을 고려하여 동기부여 작업을 해야 한다고 주장하였다. 이들은 동기의 종류를 에너지와 관련된 개인적 자원(personal resources), 내재적 요인, 그리고 외재적 요인으로 분류하여 연구를 진행하였다. Kooij et al.(2011)의 메타분석 결과와 유사하게 개인적 자원에 속하는 경쟁심, 성취욕, 성장욕구 등은 나이가 들며 낮아졌다. 경쟁심은 꾸준히 줄어들었고 성취욕은 36~45세까지 오르다가 그 후 줄어들고, 성장욕구는 26~35세까지 오르다가 그 후 줄어드는 현상을 보였다. 내재적 동기 중 개인의 원칙, 관심사, 유연성, 그리고 자율성은 나이에 따라 늘었으며 물질적 보상, 승진, 인정 등에 대한 외재적 동기는 나이가 들면서 점점 낮아졌다. 이와 같은 연구 결과는 그들이 참고한 생성감(generativity) 이론과 사회 정서적 선택 이론(socioemotional selectivity theory)으로 뒷받침 가능하였다.

인간이 나이가 들어가며, 인생의 단계를 밟아가며, 어떠한 신체적, 인지적, 정서적, 사회적 변화를 겪는지에 대한 심리학, 사회학 이론을 바탕으로 동기부여를 접근하는 것이 인적자원관리 연구 차원에서 의미 있는 고령 노동자에 대한 연구가 되고 해당 분야의 발전을 도모할 수 있을 것이다.

3) 성과관리 : 연령대에 따른 성과 변화

앞서 살펴본 바와 같이 동기부여 요인은 연령별 변화 과정에 영향을 받는다. 이와 마찬가지로 개인이 좋은 성과를 낼 수 있는 분야도 연령에 따라서 달라질 수 있다. Ng & Feldman(2010)[25]은 메타분석을 통하여 열 가지의 직무 성과 변수가 연령에 따라 어떠한 영향을 받는지 조사하여 나이가 많을수록 훈련 프로그램 습득 성과가 약간 낮지만, 안전수칙을 잘 지키고 조직시민행동을 더 많이 하며, 비생산적 행동, 직장 공격행동, 약물복용, 지각, 결근 등 생산성에 부정적인 행위를 덜 한다는 분석 결과를 보고하였다.

Ng & Feldman(2013)[26]은 평생발달심리학, 노인학, 고령화에 대한 사회학 등 많은 분야의 연구결과 및 이론을 바탕으로 개인이 나이가 들면서 겪게 되는 변화를 다섯 가지로 분류하면서 각 변화가 개인의 성과에 미칠 수 있는 영향에 대해 논의하였다.

① 인지능력 측면

나이가 들수록 정보를 빨리 처리하고 멀티태스킹을 하고 시간에 기면서 일을 끝내는 정보처리 속도 인지 능력은 떨어지지만, 상식과 지혜를 바탕으로 의사결정을 하거나 일상생활에서 맞닥뜨릴 수 있는 이슈들을 해결하는 등 암묵적 지식(tacit knowledge)과 경험을 바탕으로 판단을 내리는 인지능력은 더 좋아진다고 한다. 이와 같은 인지능력 차원의 변화는 핵심 직무 성과에 부정적인 영향을 미칠 수 있으나 의사결정력 부분에 서 긍정적인 영향을 미칠 수 있을 것이다. 또한, 이와 같은 변화는 조직시민행동을 늘리고 반생산적 행위를 줄이는 역할을 할 수 있다.

② 성격 측면

Big-5 성격요인
① 감정안정성
② 외향성
③ 경험에 대한 개방성
④ 친화성
⑤ 성실성

청소년기에 형성된 성격이 잘 변하지 않는다고 성격심리학자들이 이야기를 해왔지만 최근에 들어서는 새로운 경험을 하거나 도전적인 경험을 할 경우, 성인도 성격 변화를 겪을 수 있다는 연구 결과가 보고되고 있다. Wortman, Lucas, & Donnellan(2012)[27]은 나이가 들면서 **Big 5 성격요인** 중 성실성(conscientiousness)과 친화성(agreeableness)이 높아지고 외향성(extraversion)은 낮아진다고 보고한다. 경험에 대한 개방성(openness to experience)의 경우, 30~60세 사이에 지속적으로 낮아지다가 그 이후에는 더 이상 낮아지지 않고 유지되는 결과가 다른 연구에 의해 보고되었다. 신경성(neuroticism)도 다른 요인들에 비해 나이의 영향을 덜 받는 요인이다. Ng & Feldman(2013)은 성실성과 친화성이 높아지는 변화는 핵심 직무 성과와 조직시민행동 등의 직무 외 생산적 행동을 높일 수 있을 것이라 정리한다.

③ 사회 정서적 선택 관점

나이가 들면서 개인은 인생의 시간 중 남은 시간이 살아온 시간보다 짧다고 느껴지게 되고 이와 같은 시간에 대한 인지적 변화는 자원획득(gaining resources) 목표에서 자원 보존(preventing resource loss) 목표로 전환시킨다. 이와 같은 목표는 기술 습득 등 핵심 직무 성과에는 부정적인 영향을 주지만 조직시민행동은 높일 수 있다. 또한 나이가 들면서 긍정적인 정서를 추구하는 성향이 강해지고 부정적인 기억은 빨리 지우는 능력을 갖게 된다고 한다. 또한 친밀한 사람과의 관계를 통해서 얻을 수 있는 긍정적인 마음 상태와 심리적 안정감을 더 원하게 되기 때문에, 직무 내외 성과를 모두 높일 수 있는 자원을 습득할 수 있다.

④ 신체적 측면

마지막으로 연령이 높아지면 신체적으로 약해질 수 있지만 신체적으로 많이 힘들어질 경우 주된 경력을 끝내는 상황이 주로 벌어지고 또한 선택, 최적화, 보상 이론(Baltes & Baltes, 1990)[28]에 따르면, 신체적으로 약해지는 부분을 다른 능력으로 보상할 수 있게 되기 때문에 신체적인 변화는 주요 경력 기간에는 별 영향을 주지 않게 된다. 하지만 신체적 저하가 지속될 경우, 직무 성과 및 조직시민행동 모두 부정적인 영향을 받을 수 있다. Zacher et al.(2010)[29]는 사회 정서적 선택 이론을 바탕으로 인생에서 남은 시간이 줄어든다는 것은 기회가 줄어든다는 것을 인지하게 만들고 발전 중심(promotion-focus)이 아닌 예방 중심(prevention focus)으로 행동하게 만든다고 정리한다. 연구결과에 따르면, 이런 변화는 직무 성과에 부정적인 영향을 주게 된다. 하지만 직무복잡성(job complexity)이 높은 직무의 경우에는 직무복잡성이 낮은 직무일 때보다 나이가 직무성과에 주는 부정적인 영향이 약해지게 된다. 이와 같은 결과는 인지적 능력 면에서 경험을 요하는 복잡한 의사결정의 경우 고령자의 능력이 발휘되기 좋을 것이라는 기존의 다른 연구결과들과 일치한다.

혁신과 창의성은 연령과 부정적인 관계를 보이나 고령노동자가 축적한 지식들은 직무에 대한 이해도와 직무 수행 절차에 대한 이해도를 높이기 때문에 상대적으로 낮은 창의성을 보상(compensate)할 수 있어서 혁신 관련행동이 가능하다.

4) 보상과 복리후생 : 인생단계 맞춤형 보상과 복리후생 제도

국내 연구에서는 고령자 대상 및 연령차를 보상과 연결하여 조사한 16개의 논문이 있으며, 그 중 연령에 따른 급여의 차이를 조사한 6개의 연구를 제하면 고령노동자의 보상에 대한 연구는 10개이다. 그 중 보험회사 혹은 정부를 통해 지급하는 연금, 산재수급, 육아휴직급여, 구직급여를 제하면 기업이 주도적으로 고령노동자를 대상으로 실시하는 보상제도는 임금피크제가 유일하다. 고령화시대를 앞둔 상황에서 기업들이 이렇게 임금체계를 개편한다는 사실과 임금피크제에 대한 연구가 이루어진다는 것은 큰 의미를 가지나 고령노동자의 경우 외재적 동기의 영향력이 줄어든다는 연구결과들에 비추어 보았을 때 고령노동자가 추구하는 보상 및 복리후생은 급여 외 요인들이 있을 것이라고 추측할 수 있다.

Bal, de Jong, Jansen, & Bakker(2012)[30]의 연구에서 제시한 유연한 근무시간 조정(flexible work schedule)과 Kim & Gordon(2014)[31]이 살펴본 인생의 후반부에 적합한 워크라이프밸런스를 위한 제도(예 : 고령자의 노부모 봉양 혹은 건강이 좋지 않은 배우자 돌봄에 대한 복지제도)는 고령노동자가 추구하는 급여 외 요인들이라고 볼 수 있다. 이는 인생단계에 따라서 삶 영역 이슈가 달라지기 때문에 개인이 추구하는 복지도 달라진다는 것을 의미한다. Baltes & Young(2009)[32]도 노부모 및 고령의 배우자를 돌보면서 동시에 손주 혹은 자녀를 돌봐야 하는 낀 세대에 대해 언급하면서 노인봉양을 위한 그룹 세미나 및 상담 등의 복리후생 제도를 기업에서 도입하는 것이 고령노동자의 신뢰를 얻고 성과를 높이는 중요한 요인이 될 것이라고 이야기한다.

또한, 고성과 고령노동자의 경우, 이들이 조직에 남아 지속적으로 높은 성과를 낼 수 있도록 다양한 외재적내재적 보상을 마련하는 방법이 필요할 것이다. 예를 들어, 조직구조로 인하여 승진을 하지 못하는 상황이 발생할 때 이들이 원하는 복리후생, 근무시간, 그리고 기타 보상제도들을 종업원-고용주 간의 협상을 통해 맞춤형으로 설계하여(idiosyncratic deals, "i-deals") 고성과 고령노동자가 높은 성과를 유지할 수 있도록 돕는 방법들에 대해 연구를 하는 것도 기업 차원에서 큰 도움이 될 것이다(Hedge et al., 2006)[33].

5) 교육훈련 : 배움에 대한 자세와 맞춤형 훈련제도

인적자원관리 차원에서 고령노동자의 훈련과 관련하여 실무적으로 의의 있는 연구주제는 노후준비의 태도 및 행동에 대한 것이 아니라 기업 내 근무 기간 중 훈련에 대한 고령자들의 자세와 훈련의 효과일 것임에도 이에 대한 연구는 아직 부족하다. 하지만 국외 연구에서는 일터에서의 훈련과 고령화 이슈를 연계시킨 연구를 산업노인학(industrial gerontology)이라고 명명해오며 오랜 기간 진행해오고 있어 이 분야의 기존 이론과 연구결과를 바탕으로 국내 인적자원관리 연구에서 고령노동자의 훈련에 대한 연구를 보강할 수 있을 것이라 평가한다.

특히, 교육훈련 부분에 있어서 고령노동자가 갖고 있는 어려움을 산업노인학에서는 다양성 및 편견에 관련된 이론들을 접목하여 특정 연령에 대한 차별(ageism)로 설명하고 있다. 이와 같은 차별은 고령자가 교육을 잘 받지 않고 혹여 훈련을 받더라도 그 효과가 비고령자에 비해 좋지 않을 것이라는 편견을 갖게 만든다. 또한, 사회적 인식 때문에 고령자 스스로도 자신에 대한 부정적인 인식을 학습하게 되어 자신에 대한 편견을 갖게 된다. 구체적으로, 고령자의 훈련에 대한 인사 실무자들의 태도는 Moody(1976)가 40여 년 전 기념비적인 논문을 통해서 비판을 통한 해결방법을 제시한 바 있다[34].

첫째, 배우는 사람이 나이가 많아서 배움에 대한 태도 및 조건이 좋지 않을 것이라는 선입견을 버려야 한다.

둘째, 나이가 적은 종업원은 새로운 프로젝트를 시작하게 되면 프로젝트 수행을 위한 새로운 기술 습득 훈련 프로그램이 주어지지만 나이가 많은 종업원이 새로운 프로젝트를 시작하게 되면 지금까지 그들의 경험 때문에 그 프로젝트 팀에 들어간 것이라 교육훈련의 기회가 주어지지 않는다. 이와 같은 고령노동자에 대한 태도는 변해야 한다.

셋째, 고령노동자의 훈련은 그들의 필요에 따라 맞춤형으로 제공 가능해야 한다.

넷째, 모든 고령노동자가 동일하다고 접근하지 않고 다양성을 고려하여 훈련을 제공해야 한다.

이러한 Moody의 제안은 40여 년이 지난 오늘 한국 기업의 인사담당자에게도 해당하는 것이며, 고령자의 배움에 대한 태도를 부정적으로 인식하기 전에 고용주의 인식 전환이 필요하다는 것을 강조한다.

배움에 대한 태도는 상사의 종업원 자기 개발에 대한 후원 인식 정도와 상사의 나이에 따른 배움 태도에 대한 선입견의 영향을 받는다는 최근 연구결과는 Moody(1976)의 비판이 지금의 기업 환경에도 적용된다는 것을 보여준다고 할 수 있다.

국외 문헌에서는 자기 자신에 대한 부정적인 편견을 갖게 된 고령노동자들에 대한 해결 방법 도출을 위한 연구도 필요하다고 한다. Maurer(2001)[35]는 고령노동자가 자기 개발에 대한 부정적인 태도를 형성하게 되는 이유를 네 가지로 나누어 보았다. 성공적인 훈련 경험, 같은 연령대 동료 및 선배들의 훈련 성공 및 나이와 배움 능력에 대한 선입견의 정도, 훈련에 필요한 자원 지원의 정도, 그리고 환경적 불안감과 건강 상태가 개발에 대한 자기 효능감을 결정하고 이것이 배움과 교육훈련에 대한 태도를 결정한다고 정리하였다. 결국, 고령노동자의 배움에 대한 태도는 주변 환경과 사회적 선입견에 의해서 영향을 받는 것일 수 있기에 한국 사회에서 고령노동자에 대한 태도를 살펴보는 것이 교육훈련의 효과성을 높이는데 기여할 수도 있을 것이다.

또한 고령자에 대한 부정적인 인식이 팽배한 조직일수록 조직 구성원들의 조직몰입도가 낮아지게 되어 결과적으로 낮은 성과를 낳는다는 연구결과는 다른 연령대에 속한 사람들에 대한 편견과 선입견을 극복하는 교육훈련 프로그램이 인적자원관리 차원에서 얼마나 중요한지를 보여준다.

또한 주된 경력 은퇴 후 새로운 직장으로 옮겨가는 형태의 징검다리 고용을 생각하는 고령자의 경우에는 아웃플레이스먼트를 위한 훈련이 필요할 것이다. 이는 앞서 보상 파트에서 살펴본 종업원-고용주 간의 협상을 통한 맞춤형 프로그램 설계(idiosyncratic deals, **i-deals**, Rousseau, Ho, & Greenberg, 2006)[36] 관점이 훈련에도 적용될 수 있다는 것을 보여준다. Bal et al.(2012)[37]의 연구 결과는 훈련에 대한 맞춤형 프로그램은 고령노동자의 일을 하고자 하는 동기를 높인다는 것에서 보여주듯이, 고령자의 특성을 고려한 훈련 프로그램 설계는 인적자원관리 차원에서 성과를 높이는 등의 효과를 낳을 수 있을 것이다.

I-deals
개별 근로자에 각각에 대한 기업의 대우를 고용관계의 측면에서 부르는 용어이다.

6) 경력개발 : 전통적 경력모델을 벗어난 미니사이클들의 연속

국내 고령자대상으로 한 경력개발 연구주제 연구들을 보면, 주로 노후준비와 관련된 변수(노후준비도, 노후준비행동, 노후에 대한 태도, 은퇴준비 행동, 은퇴만족도) 들을 중심으로 연구가 진행되어 왔다. 이와 같은 변수들은 구체적인 경제활동의 유형을 정의한다기보다 인생의 후반부에서의 삶 전체를 어떻게 준비하고 대하는지에 대한 총체적인 차원에서의 변수들이다.

하지만 고용관계 및 인적자원관리 차원에서 의미 있는 연구주제로서의 경력개발 연구는 개인이 고령노동자로서 어떠한 경력 선택지를 갖고 있으며 그 경력을 밟아가기 위해 어떠한 준비를 해야 하는지 등의 구체적인 경력개발 문제들을 다루어야 한다. 외국에서도 베이비부머가 은퇴 연령에 진입하는 시기 즈음에 경력개발 관점에서 고령노동자의 경력개발과 관리를 살펴보는 연구들이 많아졌듯이, 베이비붐세대가 은퇴연령대에 진입한 국내 사회에서도 고령자의 경력개발에 대한 연구가 활성화될 필요가 있다.

전통적인 경력개발모델에서는 개인이 일생에 거쳐 하나의 거대한 경력사이클(maxi-cycle)의 각 단계를 밟아가는 것이라고 했으나, Hall(2002)[38]은 개인이 경력단계 중 탐색, 시도, 정착, 유지의 4단계의 미니사이클을 여러 번 반복하며 삶 속에서 경력을 쌓아간다는 관점을 갖고 있다. 이와 같은 새로운 관점을 고령자의 경력에 적용한 연구들도 최근 등장하고 있다. 예를 들어, Kim & Hall(2013)[39]은 인생의 후반부에서 겪는 미니사이클과 인생의 전반부와 중반부에서 겪는 미니사이클의 특징이 다를 수 있다고 제안했다. 후반부에서 겪을 수 있는 미니사이클은 크게 세 부류로 나뉜다. 먼저, 전통적인 경력개발단계와 동일하게 한 분야에서 경력을 추구하는 부류가 있다. 이들이 시작하는 후반부의 미니사이클은 기존의 경험으로 인해 축적된 자원을 가장 많이 활용할 수 있는 동일 산업 혹은 전문분야에서의 탐색으로 시작한다. 따라서 이 첫 번째 부류(한 분야에서 경력을 추구하는 부류)들에게는 경력 내 고용 형태를 추구할 수 있는 경력개발 상담 및 도움이 필요하다. 한 경력을 평생 풀타임으로 추구해온 사람들이기 때문에, 풀타임에서 파트타임으로 전환하는 부분에 있어서 특히 많은 도움이 필요할 것이다. 두 번째 부류는 **평생 여러 종류의 직업들을 갖는 사람**들이다. 이들은 인생 후반부에서 한 분야에서의 경험으로 쌓인 자원이 아닌 여러 번의 전환 경험으로 인해 쌓인 자원을 활용하여 다시 새로운 분야에서 일을 시작하는 사람들이다. 이들에게 전환 비용은 별로 들지 않지만 새로운 직무에서 필요한 기술을 짧은 시간내에 습득할 수 있도록 돕는 경력개발 지원이 필요할 것이다. 특히, 고령노동자의 경우 그동안의 경험을 반추하여 구체적으로 추구하는 배움의 분야가 정해져 있기 때문에 이들이 배움을 원하는 분야를 잘 잡을 수 있도록 구체적인도움을 주는 것이 필요하다. 세 번째 부류는 인생의 후반부에 그간의 환경적 제약 혹은 개인의 깨달음 부재로 인하여 추구하지 못했던 열정의 대상이 되는 직업을 시도하는 경우이다. 이들은 평생 한이 맺힌 것을 죽기 전에 해보자는 생각으로 경력 전환을 하는 경우가 많다. 이들은 이미 열정으로 가득 차 있기 때문에 배움의 의지 측면에서 그다지 많은 도움을 필요로 하지 않는다. 하지만 해당 분야에서 일을 할 때 필요한 기술을 습득하는 도움과 정보를 얻을 수 있는 분야 네트워크의 소개가 이루어지는 것이 중요하다.

평생 여러 종류의 직업들을 갖는다는 점에서 두 번째 부류의 인물들은 프로티안 경력, 즉 상황마다 경력선택의 기준을 바꾸어가는 커리어를 추구한다고 볼 수 있다.

위와 같이 고령화 사회에서는 기존 경력개발 방법이 적용되기 힘들기 때문에 조직의 특수성을 고려하여 그 조직 구성원들이 인생 후반부에서 겪을 수 있는 미니사이클 형태를 조사하고 이에 대비할 수 있는 풀타임-파트타임 전환, 직업전환, 교육 및 훈련 프로그램 등이 병행되는 새로운 경력개발 방법을 구상해 봐야 할 것이다. 미니사이클 경력모델을 바탕으로 하는 이와 같은 연구주제들은 고령노동자들의 경제활동을 늘릴 수 있는데 도움을 줄 수 있을 것이다.

1) 이영면(2018), 『고용관계론』(6판), 서울 : 경문사, pp.103~154. ; 이영면(2016), "비정규직의 유형별 활용사유에 대한 실증분석과 시사점", 「인사 · 조직연구」, 24(3), 9~40. ; 조봉순 · 김기태(2013), "기간제 근로자의 선택자발성이 직무태도에 미치는 영향", 「인사 · 조직연구」, 21(4), 1~30.
2) 황수경(2003), "내부자 노동시장과 외부자 노동시장의 구조분석을 위한 탐색적 연구", 「노동정책연구」, 3(3), pp.49~87.
3) 김동원 · 이규용 · 권순식 · 김동주 · 김윤호 · 김주희 · 손동희 · 송민수 · 유병홍 · 이수영 · 정흥준(2016), 『고용관계론』, 서울 : 박영사, pp.228~245.
4) 이 부분은 다음 논문을 재구성하였다. Bucalo, Jr., J. P. (1986), "Successful employee relations", *Personnel Administration*, pp.63~84.
5) 이영면, 전게서, pp.85~91.
6) 이규용(2014), "고용허가제 10주년 성과 및 향후 정책과제", 고용허가제 10주년 세미나 발표자료
7) 노사정위원회, 「한국의 노동시장 유연화의 필요성과 방안」
8) 최종태(2000), 『현대인사관리론』(전정판), 서울 : 박영사, p.797.
9) 윤윤규 · 정승국 · 노용진 · 이상민(2008), 「산업별 노동유연성에 대한 국제비교 연구 : 기업사례 비교를 중심으로」, 한국노동연구원
10) 이영면, 전게서, pp.497~539.
11) 김영재 · 김성국 · 김강식(2015), 『신인적자원관리』(제3판), 서울 : 탑북스 ; 박경규(2019), 『신인사관리』(제7판), 서울 : 홍문사 ; 최종태, 전게서.
12) 김형배(2002), 『근로기준법』(제8판), 서울 : 박영사, p.265.
13) 하경효(2013), 『임금법제론』, 서울 : 신조사, pp.142~143.
14) 김수곤(1978), 『임금과 노사관계』, 서울 : 한국개발연구원
15) 정운찬(2001), 『거시경제론』(제5판), 서울 : 율곡출판사, pp.430~431.
16) 김영재 등, 전게서 ; 고용노동부(2011), 「알기 쉬운 임금피크제」 ; 고용노동부(2015), 「업종별 임금피크제 일반모델안 : 나눔과 상생고용의 실천」
17) 김나정 · 김성철 · 박근형(2017), 인력의 고령화와 인적자원관리 연구 : 국외연구의 동향과 국내연구의 향후 과제, 「인사조직연구」, 25(4), 45~96.
18) Rau, B. L., & Adams, G. A. (2005). Attracting retirees to apply : Desired organizational characteristics of bridge employment. *Journal of Organizational Behavior*, 26(6), 649~660.
19) Zaniboni, S., Truxillo, D. M., & Fraccaroli, F. (2013). Differential effects of task variety and skill variety on burnout and turnover intentions for older and younger workers. *European Journal of Work and Organizational Psychology*, 22(3), 306~317.
20) Zacher, H., & Frese, M. (2011). Maintaining a focus on opportunities at work : The interplay between age, job complexity, and the use of selection, optimization, and compensation strategies. *Journal of Organizational Behavior*, 32(2), 291~318.
21) Cattell, R. B. (1963). Theory of fluid and crystallized intelligence : A critical experiment. *Journal of Educational Psychology*, 54(1), 1~22.
22) Carstensen, L. L. (1995). Evidence for a lifespan theory of socioemotional selectivity. *Current Directions in Psychological Science*, 4(5), 151~156.
23) Kooij, D. T., de Lange, A. H., Jansen, P. G., Kanfer, R., & Dikkers, J. S. (2011). Age and work-related motives : Results of a meta-analysis. *Journal of Organizational Behavior*, 32(2), 197~225.
24) Inceoglu, I., Segers, J., & Bartram, D. (2012). Age-related differences in work motivation. *Journal of Occupational and Organizational Psychology*, 85(2) : 300~329.
25) Ng, T. W., & Feldman, D. C. (2010). The relationship of age to ten dimensions of job performance. *Journal of Applied Psychology*, 93(2), 392~423.

26) Ng, T. W., & Feldman, D. C. (2013). How do within-person changes due to aging affect job performance?. *Journal of Vocational Behavior*, 83(3) : 500~513.

27) Wortman, J., Lucas, R. E., & Donnellan, M. B. (2012). Stability and change in the Big Five personality domains : Evidence from a longitudinal study of Australians. *Psychology and Aging*, 27(4), 867~874.

28) Baltes, P. B., & Baltes, M. M. (1990). Psychological perspectives on successful aging : The model of selective optimization with compensation. *Successful Aging : Perspectives from the Behavioral Sciences*, 1(1), 1~34.

29) Zacher, H., Heusner, S., Schmitz, M., Zwierzanska, M. M., & Frese, M. (2010). Focus on opportunities as a mediator of the relationships between age, job complexity, and work performance. Journal of Vocational Behavior, 76(3), 374~386.

30) Bal, P. M., de Jong, S. B., Jansen, P. G., & Bakker, A. B. (2012). Motivating employees to work beyond retirement : A multilevel study of the role of I-deals and unit climate. *Journal of Management Studies*, 49(2), 306~331.

31) Kim, N., & Gordon, J. R. (2014). Addressing the stress of work and elder caregiving of the graying workforce : The moderating effects of financial strain on the relationship between work-caregiving conflict and psychological well-being. *Human Resource Management*, 53(5), 723~747.

32) Baltes, B. B., & Young, L. M. (2009). Aging and work/family issues. In K. S. Shultz & G. A. Adams(Eds.), *Aging and work in the 21st century* : 251~275. Mahwah, NJ : Psychology Press.

33) Hedge, J. W., Borman, W. C., & Lammlein, S. E. (2006). *The aging workforce : Realities, myths, and implications for organizations*. Washington, DC : American Psychological Association.

34) Moody, H. R. (1976). Philosophical presuppositions of education for old age. *Educational Gerontology*, 1(1), 1~15.

35) Maurer, T. J. (2001) Career-relevant learning and development, worker age, and beliefs about self-efficacy for development. *Journal of Management*, 27(2), 123~140.

36) Rousseau, D. M., Ho, V. T., & Greenberg, J. (2006). I-deals : Idiosyncratic terms in employment relationships. *Academy of Management Review*, 31(4), 977~994.

37) Bal, P. M., de Jong, S. B., Jansen, P. G., & Bakker, A. B. (2012). Motivating employees to work beyond retirement : A multilevel study of the role of I-deals and unit climate. *Journal of Management Studies*, 49(2), 306~331.

38) Hall, D. T. (2002). *Careers in and out of organizations*. Thousand Oaks, CA : Sage.

39) Kim, N., & Hall, D. T. (2013). Protean career model and retirement. In M. Wang (Ed.), *The Oxford handbook of retirement* : 102~116. New York, NY : Oxford University Press.

고용노사관계론

부록 :
각종 법령들

- 근로기준법
- 최저임금법
- 노동조합 및 노동관계조정법
- 근로자참여 및 협력증진에 관한 법률

EMPLOYMENT AND INDUSTRIAL RELATIONS

근로기준법

[시행 2019. 11. 1.]
[법률 제16415호, 2019. 4. 30., 타법개정]

제1장 총칙

제1조(목적) 이 법은 헌법에 따라 근로조건의 기준을 정함으로써 근로자의 기본적 생활을 보장, 향상시키며 균형 있는 국민경제의 발전을 꾀하는 것을 목적으로 한다.

제2조(정의) ① 이 법에서 사용하는 용어의 뜻은 다음과 같다. <개정 2018. 3. 20.>

1. "근로자"란 직업의 종류와 관계없이 임금을 목적으로 사업이나 사업장에 근로를 제공하는 자를 말한다.
2. "사용자"란 사업주 또는 사업 경영 담당자, 그 밖에 근로자에 관한 사항에 대하여 사업주를 위하여 행위하는 자를 말한다.
3. "근로"란 정신노동과 육체노동을 말한다.
4. "근로계약"이란 근로자가 사용자에게 근로를 제공하고 사용자는 이에 대하여 임금을 지급하는 것을 목적으로 체결된 계약을 말한다.
5. "임금"이란 사용자가 근로의 대가로 근로자에게 임금, 봉급, 그 밖에 어떠한 명칭으로든지 지급하는 일체의 금품을 말한다.
6. "평균임금"이란 이를 산정하여야 할 사유가 발생한 날 이전 3개월 동안에 그 근로자에게 지급된 임금의 총액을 그 기간의 총일수로 나눈 금액을 말한다. 근로자가 취업한 후 3개월 미만인 경우도 이에 준한다.
7. "1주"란 휴일을 포함한 7일을 말한다.
8. "소정(所定)근로시간"이란 제50조, 제69조 본문 또는 「산업안전보건법」 제46조에 따른 근로시간의 범위에서 근로자와 사용자 사이에 정한 근로시간을 말한다.
9. "단시간근로자"란 1주 동안의 소정근로시간이 그 사업장에서 같은 종류의 업무에 종사하는 통상 근로자의 1주 동안의 소정근로시간에 비하여 짧은 근로자를 말한다.

② 제1항제6호에 따라 산출된 금액이 그 근로자의 통상임금보다 적으면 그 통상임금액을 평균임금으로 한다.

[시행일] 제2조제1항의 개정규정은 다음 각 호의 구분에 따른 날부터 시행한다.

1. 상시 300명 이상의 근로자를 사용하는 사업 또는 사업장, 「공공기관의 운영에 관한 법률」 제4조에 따른 공공기관, 「지방공기업법」 제49조 및 같은 법 제76조에 따른 지방공사 및 지방공단, 국가 · 지방자치단체 또는 정부투자기관이 자본금의 2분의 1 이상을 출자하거나 기본재산의 2분의 1 이상을 출연한 기관 · 단체와 그 기관 · 단체가 자본금의 2분의 1 이상을 출자하거나 기본재산의 2분의 1 이상을 출연한 기관 · 단체, 국가 및 지방자치단체의 기관 : 2018년 7월 1일(제59조의 개정규정에 따라 근로시간 및 휴게시간의 특례를 적용받지 아니하게 되는 업종1의 경우 2019년 7월 1일)
2. 상시 50명 이상 300명 미만의 근로자를 사용하는 사업 또는 사업장 : 2020년 1월 1일
3. 상시 5명 이상 50명 미만의 근로자를 사용하는 사업 또는 사업장 : 2021년 7월 1일

제2조(정의) ① 이 법에서 사용하는 용어의 뜻은 다음과 같다. <개정 2018. 3. 20., 2019. 1. 15.>

1. "근로자"란 직업의 종류와 관계없이 임금을 목적으로 사업이나 사업장에 근로를 제공하는 자를 말한다.
2. "사용자"란 사업주 또는 사업 경영 담당자, 그 밖에 근로자에 관한 사항에 대하여 사업주를 위하여 행위하는 자를 말한다.
3. "근로"란 정신노동과 육체노동을 말한다.
4. "근로계약"이란 근로자가 사용자에게 근로를 제공하고 사용자는 이에 대하여 임금을 지급하는 것을 목적으로 체결된 계약을 말한다.
5. "임금"이란 사용자가 근로의 대가로 근로자에게 임금, 봉급, 그 밖에 어떠한 명칭으로든지 지급하는 일체의 금품을 말한다.
6. "평균임금"이란 이를 산정하여야 할 사유가 발생한 날 이전 3개월 동안에 그 근로자에게 지급된 임금의 총액을 그 기간의 총일수로

나눈 금액을 말한다. 근로자가 취업한 후 3개월 미만인 경우도 이에 준한다.

7. "1주"란 휴일을 포함한 7일을 말한다.
8. "소정(所定)근로시간"이란 제50조, 제69조 본문 또는 「산업안전보건법」 제139조제1항에 따른 근로시간의 범위에서 근로자와 사용자 사이에 정한 근로시간을 말한다.
9. "단시간근로자"란 1주 동안의 소정근로시간이 그 사업장에서 같은 종류의 업무에 종사하는 통상 근로자의 1주 동안의 소정근로시간에 비하여 짧은 근로자를 말한다.

② 제1항제6호에 따라 산출된 금액이 그 근로자의 통상임금보다 적으면 그 통상임금액을 평균임금으로 한다.

[시행일] 제2조제1항의 개정규정은 다음 각 호의 구분에 따른 날부터 시행한다.

1. 상시 300명 이상의 근로자를 사용하는 사업 또는 사업장, 「공공기관의 운영에 관한 법률」 제4조에 따른 공공기관, 「지방공기업법」 제49조 및 같은 법 제76조에 따른 지방공사 및 지방공단, 국가 · 지방자치단체 또는 정부투자기관이 자본금의 2분의 1 이상을 출자하거나 기본재산의 2분의 1 이상을 출연한 기관 · 단체와 그 기관 · 단체가 자본금의 2분의 1 이상을 출자하거나 기본재산의 2분의 1 이상을 출연한 기관 · 단체, 국가 및 지방자치단체의 기관 : 2018년 7월 1일(제59조의 개정규정에 따라 근로시간 및 휴게시간의 특례를 적용받지 아니하게 되는 업종의 경우 2019년 7월 1일)
2. 상시 50명 이상 300명 미만의 근로자를 사용하는 사업 또는 사업장 : 2020년 1월 1일
3. 상시 5명 이상 50명 미만의 근로자를 사용하는 사업 또는 사업장 : 2021년 7월 1일

[시행일 : 2020. 1. 16.] 제2조

제3조(근로조건의 기준) 이 법에서 정하는 근로조건은 최저기준이므로 근로 관계 당사자는 이 기준을 이유로 근로조건을 낮출 수 없다.

제4조(근로조건의 결정) 근로조건은 근로자와 사용자가 동등한 지위에서 자유의사에 따라 결정하여야 한다.

제5조(근로조건의 준수) 근로자와 사용자는 각자가 단체협약, 취업규칙과 근로계약을 지키고 성실하게 이행할 의무가 있다.

제6조(균등한 처우) 사용자는 근로자에 대하여 남녀의 성(性)을 이유로 차별적 대우를 하지 못하고, 국적 · 신앙 또는 사회적 신분을 이유로 근로조건에 대한 차별적 처우를 하지 못한다.

제7조(강제 근로의 금지) 사용자는 폭행, 협박, 감금, 그 밖에 정신상 또는 신체상의 자유를 부당하게 구속하는 수단으로써 근로자의 자유의사에 어긋나는 근로를 강요하지 못한다.

제8조(폭행의 금지) 사용자는 사고의 발생이나 그 밖의 어떠한 이유로도 근로자에게 폭행을 하지 못한다.

제9조(중간착취의 배제) 누구든지 법률에 따르지 아니하고는 영리로 다른 사람의 취업에 개입하거나 중간인으로서 이익을 취득하지 못한다.

제10조(공민권 행사의 보장) 사용자는 근로자가 근로시간 중에 선거권, 그 밖의 공민권(公民權) 행사 또는 공(公)의 직무를 집행하기 위하여 필요한 시간을 청구하면 거부하지 못한다. 다만, 그 권리 행사나 공(公)의 직무를 수행하는 데에 지장이 없으면 청구한 시간을 변경할 수 있다.

제11조(적용 범위) ① 이 법은 상시 5명 이상의 근로자를 사용하는 모든 사업 또는 사업장에 적용한다. 다만, 동거하는 친족만을 사용하는 사업 또는 사업장과 가사(家事) 사용인에 대하여는 적용하지 아니한다.

② 상시 4명 이하의 근로자를 사용하는 사업 또는 사업장에 대하여는 대통령령으로 정하는 바에 따라 이 법의 일부 규정을 적용할 수 있다.

③ 이 법을 적용하는 경우에 상시 사용하는 근로자 수를 산정하는 방법은 대통령령으로 정한

다.<신설 2008.3.21.>

제12조(적용 범위) 이 법과 이 법에 따른 대통령령은 국가, 특별시·광역시·도, 시·군·구, 읍·면·동, 그 밖에 이에 준하는 것에 대하여도 적용된다.

제13조(보고, 출석의 의무) 사용자 또는 근로자는 이 법의 시행에 관하여 고용노동부장관·「노동위원회법」에 따른 노동위원회(이하 "노동위원회"라 한다) 또는 근로감독관의 요구가 있으면 지체 없이 필요한 사항에 대하여 보고하거나 출석하여야 한다. <개정 2010.6.4.>

제14조(법령 요지 등의 게시) ① 사용자는 이 법과 이 법에 따른 대통령령의 요지(要旨)와 취업규칙을 근로자가 자유롭게 열람할 수 있는 장소에 항상 게시하거나 갖추어 두어 근로자에게 널리 알려야 한다.

② 사용자는 제1항에 따른 대통령령 중 기숙사에 관한 규정과 제99조제1항에 따른 기숙사규칙을 기숙사에 게시하거나 갖추어 두어 기숙(寄宿)하는 근로자에게 널리 알려야 한다.

제2장 근로계약

제15조(이 법을 위반한 근로계약) ① 이 법에서 정하는 기준에 미치지 못하는 근로조건을 정한 근로계약은 그 부분에 한하여 무효로 한다.

② 제1항에 따라 무효로 된 부분은 이 법에서 정한 기준에 따른다.

제16조(계약기간) 근로계약은 기간을 정하지 아니한 것과 일정한 사업의 완료에 필요한 기간을 정한 것 외에는 그 기간은 1년을 초과하지 못한다.

[법률 제8372호(2007.4.11.) 부칙 제3조의 규정에 의하여 이 조는 2007년 6월 30일까지 유효함]

제17조(근로조건의 명시) ① 사용자는 근로계약을 체결할 때에 근로자에게 다음 각 호의 사항을 명시하여야 한다. 근로계약 체결 후 다음 각 호의 사항을 변경하는 경우에도 또한 같다. <개정 2010. 5. 25.>

1. 임금
2. 소정근로시간
3. 제55조에 따른 휴일
4. 제60조에 따른 연차 유급휴가
5. 그 밖에 대통령령으로 정하는 근로조건

② 사용자는 제1항제1호와 관련한 임금의 구성항목·계산방법·지급방법 및 제2호부터 제4호까지의 사항이 명시된 서면을 근로자에게 교부하여야 한다. 다만, 본문에 따른 사항이 단체협약 또는 취업규칙의 변경 등 대통령령으로 정하는 사유로 인하여 변경되는 경우에는 근로자의 요구가 있으면 그 근로자에게 교부하여야 한다. <신설 2010.5.25.>

제18조(단시간근로자의 근로조건) ① 단시간근로자의 근로조건은 그 사업장의 같은 종류의 업무에 종사하는 통상 근로자의 근로시간을 기준으로 산정한 비율에 따라 결정되어야 한다.

② 제1항에 따라 근로조건을 결정할 때에 기준이 되는 사항이나 그 밖에 필요한 사항은 대통령령으로 정한다.

③ 4주 동안(4주 미만으로 근로하는 경우에는 그 기간)을 평균하여 1주 동안의 소정근로시간이 15시간 미만인 근로자에 대하여는 제55조와 제60조를 적용하지 아니한다.<개정 2008.3.21.>

제19조(근로조건의 위반) ① 제17조에 따라 명시된 근로조건이 사실과 다를 경우에 근로자는 근로조건 위반을 이유로 손해의 배상을 청구할 수 있으며 즉시 근로계약을 해제할 수 있다.

② 제1항에 따라 근로자가 손해배상을 청구할 경우에는 노동위원회에 신청할 수 있으며, 근로계약이 해제되었을 경우에는 사용자는 취업을 목적으로 거주를 변경하는 근로자에게 귀향 여비를 지급하여야 한다.

제20조(위약 예정의 금지) 사용자는 근로계약 불

이행에 대한 위약금 또는 손해배상액을 예정하는 계약을 체결하지 못한다.

제21조(전차금 상계의 금지) 사용자는 전차금(前借金)이나 그 밖에 근로할 것을 조건으로 하는 전대(前貸)채권과 임금을 상계하지 못한다.

제22조(강제 저금의 금지) ① 사용자는 근로계약에 덧붙여 강제 저축 또는 저축금의 관리를 규정하는 계약을 체결하지 못한다.
② 사용자가 근로자의 위탁으로 저축을 관리하는 경우에는 다음 각 호의 사항을 지켜야 한다.
1. 저축의 종류 · 기간 및 금융기관을 근로자가 결정하고, 근로자 본인의 이름으로 저축할 것
2. 근로자가 저축증서 등 관련 자료의 열람 또는 반환을 요구할 때에는 즉시 이에 따를 것

제23조(해고 등의 제한) ① 사용자는 근로자에게 정당한 이유 없이 해고, 휴직, 정직, 전직, 감봉, 그 밖의 징벌(懲罰)(이하 "부당해고등"이라 한다)을 하지 못한다.
② 사용자는 근로자가 업무상 부상 또는 질병의 요양을 위하여 휴업한 기간과 그 후 30일 동안 또는 산전(産前) · 산후(産後)의 여성이 이 법에 따라 휴업한 기간과 그 후 30일 동안은 해고하지 못한다. 다만, 사용자가 제84조에 따라 일시보상을 하였을 경우 또는 사업을 계속할 수 없게 된 경우에는 그러하지 아니하다.

제24조(경영상 이유에 의한 해고의 제한) ① 사용자가 경영상 이유에 의하여 근로자를 해고하려면 긴박한 경영상의 필요가 있어야 한다. 이 경우 경영 악화를 방지하기 위한 사업의 양도 · 인수 · 합병은 긴박한 경영상의 필요가 있는 것으로 본다.
② 제1항의 경우에 사용자는 해고를 피하기 위한 노력을 다하여야 하며, 합리적이고 공정한 해고의 기준을 정하고 이에 따라 그 대상자를 선정하여야 한다. 이 경우 남녀의 성을 이유로 차별하여서는 아니 된다.
③ 사용자는 제2항에 따른 해고를 피하기 위한 방법과 해고의 기준 등에 관하여 그 사업 또는 사업장에 근로자의 과반수로 조직된 노동조합이 있는 경우에는 그 노동조합(근로자의 과반수로 조직된 노동조합이 없는 경우에는 근로자의 과반수를 대표하는 자를 말한다. 이하 "근로자대표"라 한다)에 해고를 하려는 날의 50일 전까지 통보하고 성실하게 협의하여야 한다.
④ 사용자는 제1항에 따라 대통령령으로 정하는 일정한 규모 이상의 인원을 해고하려면 대통령령으로 정하는 바에 따라 고용노동부장관에게 신고하여야 한다. <개정 2010. 6. 4.>
⑤ 사용자가 제1항부터 제3항까지의 규정에 따른 요건을 갖추어 근로자를 해고한 경우에는 제23조제1항에 따른 정당한 이유가 있는 해고를 한 것으로 본다.

제25조(우선 재고용 등) ① 제24조에 따라 근로자를 해고한 사용자는 근로자를 해고한 날부터 3년 이내에 해고된 근로자가 해고 당시 담당하였던 업무와 같은 업무를 할 근로자를 채용하려고 할 경우 제24조에 따라 해고된 근로자가 원하면 그 근로자를 우선적으로 고용하여야 한다.
② 정부는 제24조에 따라 해고된 근로자에 대하여 생계안정, 재취업, 직업훈련 등 필요한 조치를 우선적으로 취하여야 한다.

제26조(해고의 예고) 사용자는 근로자를 해고(경영상 이유에 의한 해고를 포함한다)하려면 적어도 30일 전에 예고를 하여야 하고, 30일 전에 예고를 하지 아니하였을 때에는 30일분 이상의 통상임금을 지급하여야 한다. 다만, 다음 각 호의 어느 하나에 해당하는 경우에는 그러하지 아니하다. <개정 2010. 6. 4., 2019. 1. 15.>
1. 근로자가 계속 근로한 기간이 3개월 미만인 경우
2. 천재 · 사변, 그 밖의 부득이한 사유로 사업을 계속하는 것이 불가능한 경우
3. 근로자가 고의로 사업에 막대한 지장을 초래하거나 재산상 손해를 끼친 경우로서 고용노동부령으로 정하는 사유에 해당하는 경우

제27조(해고사유 등의 서면통지) ① 사용자는 근로자를 해고하려면 해고사유와 해고시기를 서면으로 통지하여야 한다.
② 근로자에 대한 해고는 제1항에 따라 서면으로 통지하여야 효력이 있다.
③ 사용자가 제26조에 따른 해고의 예고를 해고사유와 해고시기를 명시하여 서면으로 한 경우에는 제1항에 따른 통지를 한 것으로 본다.
<신설 2014. 3. 24.>

제28조(부당해고등의 구제신청) ① 사용자가 근로자에게 부당해고등을 하면 근로자는 노동위원회에 구제를 신청할 수 있다.
② 제1항에 따른 구제신청은 부당해고등이 있었던 날부터 3개월 이내에 하여야 한다.

제29조(조사 등) ① 노동위원회는 제28조에 따른 구제신청을 받으면 지체 없이 필요한 조사를 하여야 하며 관계 당사자를 심문하여야 한다.
② 노동위원회는 제1항에 따라 심문을 할 때에는 관계 당사자의 신청이나 직권으로 증인을 출석하게 하여 필요한 사항을 질문할 수 있다.
③ 노동위원회는 제1항에 따라 심문을 할 때에는 관계 당사자에게 증거 제출과 증인에 대한 반대심문을 할 수 있는 충분한 기회를 주어야 한다.
④ 제1항에 따른 노동위원회의 조사와 심문에 관한 세부절차는 「노동위원회법」에 따른 중앙노동위원회(이하 "중앙노동위원회"라 한다)가 정하는 바에 따른다.

제30조(구제명령 등) ① 노동위원회는 제29조에 따른 심문을 끝내고 부당해고등이 성립한다고 판정하면 사용자에게 구제명령을 하여야 하며, 부당해고등이 성립하지 아니한다고 판정하면 구제신청을 기각하는 결정을 하여야 한다.
② 제1항에 따른 판정, 구제명령 및 기각결정은 사용자와 근로자에게 각각 서면으로 통지하여야 한다.
③ 노동위원회는 제1항에 따른 구제명령(해고에 대한 구제명령만을 말한다)을 할 때에 근로자가 원직복직(原職復職)을 원하지 아니하면 원직복직을 명하는 대신 근로자가 해고기간 동안 근로를 제공하였더라면 받을 수 있었던 임금 상당액 이상의 금품을 근로자에게 지급하도록 명할 수 있다.

제31조(구제명령 등의 확정) ① 「노동위원회법」에 따른 지방노동위원회의 구제명령이나 기각결정에 불복하는 사용자나 근로자는 구제명령서나 기각결정서를 통지받은 날부터 10일 이내에 중앙노동위원회에 재심을 신청할 수 있다.
② 제1항에 따른 중앙노동위원회의 재심판정에 대하여 사용자나 근로자는 재심판정서를 송달받은 날부터 15일 이내에 「행정소송법」의 규정에 따라 소(訴)를 제기할 수 있다.
③ 제1항과 제2항에 따른 기간 이내에 재심을 신청하지 아니하거나 행정소송을 제기하지 아니하면 그 구제명령, 기각결정 또는 재심판정은 확정된다.

제32조(구제명령 등의 효력) 노동위원회의 구제명령, 기각결정 또는 재심판정은 제31조에 따른 중앙노동위원회에 대한 재심 신청이나 행정소송 제기에 의하여 그 효력이 정지되지 아니한다.

제33조(이행강제금) ① 노동위원회는 구제명령(구제명령을 내용으로 하는 재심판정을 포함한다. 이하 이 조에서 같다)을 받은 후 이행기한까지 구제명령을 이행하지 아니한 사용자에게 2천만원 이하의 이행강제금을 부과한다.
② 노동위원회는 제1항에 따른 이행강제금을 부과하기 30일 전까지 이행강제금을 부과·징수한다는 뜻을 사용자에게 미리 문서로써 알려 주어야 한다.
③ 제1항에 따른 이행강제금을 부과할 때에는 이행강제금의 액수, 부과 사유, 납부기한, 수납기관, 이의제기방법 및 이의제기기관 등을 명시한 문서로써 하여야 한다.
④ 제1항에 따라 이행강제금을 부과하는 위반행위의 종류와 위반 정도에 따른 금액, 부과·

징수된 이행강제금의 반환절차, 그 밖에 필요한 사항은 대통령령으로 정한다.

⑤ 노동위원회는 최초의 구제명령을 한 날을 기준으로 매년 2회의 범위에서 구제명령이 이행될 때까지 반복하여 제1항에 따른 이행강제금을 부과·징수할 수 있다. 이 경우 이행강제금은 2년을 초과하여 부과·징수하지 못한다.

⑥ 노동위원회는 구제명령을 받은 자가 구제명령을 이행하면 새로운 이행강제금을 부과하지 아니하되, 구제명령을 이행하기 전에 이미 부과된 이행강제금은 징수하여야 한다.

⑦ 노동위원회는 이행강제금 납부의무자가 납부기한까지 이행강제금을 내지 아니하면 기간을 정하여 독촉을 하고 지정된 기간에 제1항에 따른 이행강제금을 내지 아니하면 국세 체납처분의 예에 따라 징수할 수 있다.

⑧ 근로자는 구제명령을 받은 사용자가 이행기한까지 구제명령을 이행하지 아니하면 이행기한이 지난 때부터 15일 이내에 그 사실을 노동위원회에 알려줄 수 있다.

제34조(퇴직급여 제도) 사용자가 퇴직하는 근로자에게 지급하는 퇴직급여 제도에 관하여는 「근로자퇴직급여 보장법」이 정하는 대로 따른다.

제35조 삭제 <2019. 1. 15.>

[2019. 1. 15. 법률 제16270호에 의하여 2015. 12. 23. 헌법재판소에서 위헌 결정된 이 조를 삭제함.]

제35조 삭제 <2019. 1. 15.>

[2019. 1. 15. 법률 제16270호에 의하여 2015. 12. 23. 헌법재판소에서 위헌 결정된 이 조를 삭제함.]

제35조 삭제 <2019. 1. 15.>

[2019. 1. 15. 법률 제16270호에 의하여 2015. 12. 23. 헌법재판소에서 위헌 결정된 이 조를 삭제함.]

제36조(금품 청산) 사용자는 근로자가 사망 또는 퇴직한 경우에는 그 지급 사유가 발생한 때부터 14일 이내에 임금, 보상금, 그 밖에 일체의 금품을 지급하여야 한다. 다만, 특별한 사정이 있을 경우에는 당사자 사이의 합의에 의하여 기일을 연장할 수 있다.

제37조(미지급 임금에 대한 지연이자) ① 사용자는 제36조에 따라 지급하여야 하는 임금 및 「근로자퇴직급여 보장법」 제2조제5호에 따른 급여(일시금만 해당된다)의 전부 또는 일부를 그 지급 사유가 발생한 날부터 14일 이내에 지급하지 아니한 경우 그 다음 날부터 지급하는 날까지의 지연 일수에 대하여 연 100분의 40 이내의 범위에서 「은행법」에 따른 은행이 적용하는 연체금리 등 경제 여건을 고려하여 대통령령으로 정하는 이율에 따른 지연이자를 지급하여야 한다.
<개정 2010. 5. 17.>

② 제1항은 사용자가 천재·사변, 그 밖에 대통령령으로 정하는 사유에 따라 임금 지급을 지연하는 경우 그 사유가 존속하는 기간에 대하여는 적용하지 아니한다.

제38조(임금채권의 우선변제) ① 임금, 재해보상금, 그 밖에 근로 관계로 인한 채권은 사용자의 총재산에 대하여 질권(質權)·저당권 또는 「동산·채권 등의 담보에 관한 법률」에 따른 담보권에 따라 담보된 채권 외에는 조세·공과금 및 다른 채권에 우선하여 변제되어야 한다. 다만, 질권·저당권 또는 「동산·채권 등의 담보에 관한 법률」에 따른 담보권에 우선하는 조세·공과금에 대하여는 그러하지 아니하다.
<개정 2010. 6. 10.>

② 제1항에도 불구하고 다음 각 호의 어느 하나에 해당하는 채권은 사용자의 총재산에 대하여 질권·저당권 또는 「동산·채권 등의 담보에 관한 법률」에 따른 담보권에 따라 담보된 채권, 조세·공과금 및 다른 채권에 우선하여 변제되어야 한다. <개정 2010. 6. 10.>

1. 최종 3개월분의 임금
2. 재해보상금

제39조(사용증명서) ① 사용자는 근로자가 퇴직한 후라도 사용 기간, 업무 종류, 지위와 임금, 그

밖에 필요한 사항에 관한 증명서를 청구하면 사실대로 적은 증명서를 즉시 내주어야 한다.
② 제1항의 증명서에는 근로자가 요구한 사항만을 적어야 한다.

제40조(취업 방해의 금지) 누구든지 근로자의 취업을 방해할 목적으로 비밀 기호 또는 명부를 작성·사용하거나 통신을 하여서는 아니 된다.

제41조(근로자의 명부) ① 사용자는 각 사업장별로 근로자 명부를 작성하고 근로자의 성명, 생년월일, 이력, 그 밖에 대통령령으로 정하는 사항을 적어야 한다.
② 제1항에 따라 근로자 명부에 적을 사항이 변경된 경우에는 지체 없이 정정하여야 한다.

제42조(계약 서류의 보존) 사용자는 근로자 명부와 대통령령으로 정하는 근로계약에 관한 중요한 서류를 3년간 보존하여야 한다.

제3장 임금

제43조(임금 지급) ① 임금은 통화(通貨)로 직접 근로자에게 그 전액을 지급하여야 한다. 다만, 법령 또는 단체협약에 특별한 규정이 있는 경우에는 임금의 일부를 공제하거나 통화 이외의 것으로 지급할 수 있다.
② 임금은 매월 1회 이상 일정한 날짜를 정하여 지급하여야 한다. 다만, 임시로 지급하는 임금, 수당, 그 밖에 이에 준하는 것 또는 대통령령으로 정하는 임금에 대하여는 그러하지 아니하다.

제43조의2(체불사업주 명단 공개) ① 고용노동부장관은 제36조, 제43조, 제56조에 따른 임금, 보상금, 수당, 그 밖에 일체의 금품(이하 "임금등"이라 한다)을 지급하지 아니한 사업주(법인인 경우에는 그 대표자를 포함한다. 이하 "체불사업주"라 한다)가 명단 공개 기준일 이전 3년 이내 임금등을 체불하여 2회 이상 유죄가 확정된 자로서 명단 공개 기준일 이전 1년 이내 임금등의 체불총액이 3천만원 이상인 경우에는 그 인적사항 등을 공개할 수 있다. 다만, 체불사업주의 사망·폐업으로 명단 공개의 실효성이 없는 경우 등 대통령령으로 정하는 사유가 있는 경우에는 그러하지 아니하다.
② 고용노동부장관은 제1항에 따라 명단 공개를 할 경우에 체불사업주에게 3개월 이상의 기간을 정하여 소명 기회를 주어야 한다.
③ 제1항에 따른 체불사업주의 인적사항 등에 대한 공개 여부를 심의하기 위하여 고용노동부에 임금체불정보심의위원회(이하 이 조에서 "위원회"라 한다)를 둔다. 이 경우 위원회의 구성·운영 등 필요한 사항은 고용노동부령으로 정한다.
④ 제1항에 따른 명단 공개의 구체적인 내용, 기간 및 방법 등 명단 공개에 필요한 사항은 대통령령으로 정한다.
[본조신설 2012. 2. 1.]

제43조의3(임금등 체불자료의 제공) ① 고용노동부장관은 「신용정보의 이용 및 보호에 관한 법률」 제25조제2항제1호에 따른 종합신용정보집중기관이 임금등 체불자료 제공일 이전 3년 이내 임금등을 체불하여 2회 이상 유죄가 확정된 자로서 임금등 체불자료 제공일 이전 1년 이내 임금등의 체불총액이 2천만원 이상인 체불사업주의 인적사항과 체불액 등에 관한 자료(이하 "임금등 체불자료"라 한다)를 요구할 때에는 임금등의 체불을 예방하기 위하여 필요하다고 인정하는 경우에 그 자료를 제공할 수 있다. 다만, 체불사업주의 사망·폐업으로 임금등 체불자료 제공의 실효성이 없는 경우 등 대통령령으로 정하는 사유가 있는 경우에는 그러하지 아니하다.
② 제1항에 따라 임금등 체불자료를 받은 자는 이를 체불사업주의 신용도·신용거래능력 판단과 관련한 업무 외의 목적으로 이용하거나 누설하여서는 아니 된다.
③ 제1항에 따른 임금등 체불자료의 제공 절차 및 방법 등 임금등 체불자료의 제공에 필요한 사항은 대통령령으로 정한다.
[본조신설 2012. 2. 1.]

제44조(도급 사업에 대한 임금 지급) ① 사업이 여러 차례의 도급에 따라 행하여지는 경우에 하수급인(下受給人)이 직상(直上) 수급인의 귀책사유로 근로자에게 임금을 지급하지 못한 경우에는 그 직상 수급인은 그 하수급인과 연대하여 책임을 진다. 다만, 직상 수급인의 귀책사유가 그 상위 수급인의 귀책사유에 의하여 발생한 경우에는 그 상위 수급인도 연대하여 책임을 진다. <개정 2012. 2. 1.>

② 제1항의 귀책사유 범위는 대통령령으로 정한다. <개정 2012. 2. 1.>

제44조의2(건설업에서의 임금 지급 연대책임) ① 건설업에서 사업이 2차례 이상 「건설산업기본법」 제2조제11호에 따른 도급(이하 "공사도급"이라 한다)이 이루어진 경우에 같은 법 제2조제7호에 따른 건설사업자가 아닌 하수급인이 그가 사용한 근로자에게 임금(해당 건설공사에서 발생한 임금으로 한정한다)을 지급하지 못한 경우에는 그 직상 수급인은 하수급인과 연대하여 하수급인이 사용한 근로자의 임금을 지급할 책임을 진다. <개정 2011. 5. 24., 2019. 4. 30.>

② 제1항의 직상 수급인이 「건설산업기본법」 제2조제7호에 따른 건설사업자가 아닌 때에는 그 상위 수급인 중에서 최하위의 같은 호에 따른 건설사업자를 직상 수급인으로 본다.
<개정 2011. 5. 24., 2019. 4. 30.>
[본조신설 2007. 7. 27.]

제44조의3(건설업의 공사도급에 있어서의 임금에 관한 특례) ① 공사도급이 이루어진 경우로서 다음 각 호의 어느 하나에 해당하는 때에는 직상 수급인은 하수급인에게 지급하여야 하는 하도급 대금 채무의 부담 범위에서 그 하수급인이 사용한 근로자가 청구하면 하수급인이 지급하여야 하는 임금(해당 건설공사에서 발생한 임금으로 한정한다)에 해당하는 금액을 근로자에게 직접 지급하여야 한다.

1. 직상 수급인이 하수급인을 대신하여 하수급인이 사용한 근로자에게 지급하여야 하는 임금을 직접 지급할 수 있다는 뜻과 그 지급방법 및 절차에 관하여 직상 수급인과 하수급인이 합의한 경우
2. 「민사집행법」 제56조제3호에 따른 확정된 지급명령, 하수급인의 근로자에게 하수급인에 대하여 임금채권이 있음을 증명하는 같은 법 제56조제4호에 따른 집행증서,「소액사건심판법」 제5조의7에 따라 확정된 이행권고결정, 그 밖에 이에 준하는 집행권원이 있는 경우
3. 하수급인이 그가 사용한 근로자에 대하여 지급하여야 할 임금채무가 있음을 직상 수급인에게 알려주고, 직상 수급인이 파산 등의 사유로 하수급인이 임금을 지급할 수 없는 명백한 사유가 있다고 인정하는 경우

② 「건설산업기본법」 제2조제10호에 따른 발주자의 수급인(이하 "원수급인"이라 한다)으로부터 공사도급이 2차례 이상 이루어진 경우로서 하수급인(도급받은 하수급인으로부터 재하도급 받은 하수급인을 포함한다. 이하 이 항에서 같다)이 사용한 근로자에게 그 하수급인에 대한 제1항 제2호에 따른 집행권원이 있는 경우에는 근로자는 하수급인이 지급하여야 하는 임금(해당 건설공사에서 발생한 임금으로 한정한다)에 해당하는 금액을 원수급인에게 직접 지급할 것을 요구할 수 있다. 원수급인은 근로자가 자신에 대하여 「민법」 제404조에 따른 채권자대위권을 행사할 수 있는 금액의 범위에서 이에 따라야 한다.
<개정 2011. 5. 24.>

③ 직상 수급인 또는 원수급인이 제1항 및 제2항에 따라 하수급인이 사용한 근로자에게 임금에 해당하는 금액을 지급한 경우에는 하수급인에 대한 하도급 대금 채무는 그 범위에서 소멸한 것으로 본다.
[본조신설 2007. 7. 27.]

제45조(비상시 지급) 사용자는 근로자가 출산, 질병, 재해, 그 밖에 대통령령으로 정하는 비상(非常)한 경우의 비용에 충당하기 위하여 임금 지급을 청구하면 지급기일 전이라도 이미 제공한 근로에 대한 임금을 지급하여야 한다.

제46조(휴업수당) ① 사용자의 귀책사유로 휴업하

는 경우에 사용자는 휴업기간 동안 그 근로자에게 평균임금의 100분의 70 이상의 수당을 지급하여야 한다. 다만, 평균임금의 100분의 70에 해당하는 금액이 통상임금을 초과하는 경우에는 통상임금을 휴업수당으로 지급할 수 있다.
② 제1항에도 불구하고 부득이한 사유로 사업을 계속하는 것이 불가능하여 노동위원회의 승인을 받은 경우에는 제1항의 기준에 못 미치는 휴업수당을 지급할 수 있다.

제47조(도급 근로자) 사용자는 도급이나 그 밖에 이에 준하는 제도로 사용하는 근로자에게 근로시간에 따라 일정액의 임금을 보장하여야 한다.

제48조(임금대장) 사용자는 각 사업장별로 임금대장을 작성하고 임금과 가족수당 계산의 기초가 되는 사항, 임금액, 그 밖에 대통령령으로 정하는 사항을 임금을 지급할 때마다 적어야 한다.

제49조(임금의 시효) 이 법에 따른 임금채권은 3년간 행사하지 아니하면 시효로 소멸한다.

제4장 근로시간과 휴식

제50조(근로시간) ① 1주 간의 근로시간은 휴게시간을 제외하고 40시간을 초과할 수 없다.
② 1일의 근로시간은 휴게시간을 제외하고 8시간을 초과할 수 없다.
③ 제1항 및 제2항에 따른 근로시간을 산정함에 있어 작업을 위하여 근로자가 사용자의 지휘·감독 아래에 있는 대기시간 등은 근로시간으로 본다. <신설 2012. 2. 1.>

제51조(탄력적 근로시간제) ① 사용자는 취업규칙(취업규칙에 준하는 것을 포함한다)에서 정하는 바에 따라 2주 이내의 일정한 단위기간을 평균하여 1주 간의 근로시간이 제50조제1항의 근로시간을 초과하지 아니하는 범위에서 특정한 주에 제50조제1항의 근로시간을, 특정한 날에 제50조제2항의 근로시간을 초과하여 근로하게 할 수 있다. 다만, 특정한 주의 근로시간은 48시간을 초과할 수 없다.
② 사용자는 근로자대표와의 서면 합의에 따라 다음 각 호의 사항을 정하면 3개월 이내의 단위기간을 평균하여 1주 간의 근로시간이 제50조제1항의 근로시간을 초과하지 아니하는 범위에서 특정한 주에 제50조제1항의 근로시간을, 특정한 날에 제50조제2항의 근로시간을 초과하여 근로하게 할 수 있다. 다만, 특정한 주의 근로시간은 52시간을, 특정한 날의 근로시간은 12시간을 초과할 수 없다.
1. 대상 근로자의 범위
2. 단위기간(3개월 이내의 일정한 기간으로 정하여야 한다)
3. 단위기간의 근로일과 그 근로일별 근로시간
4. 그 밖에 대통령령으로 정하는 사항

③ 제1항과 제2항은 15세 이상 18세 미만의 근로자와 임신 중인 여성 근로자에 대하여는 적용하지 아니한다.
④ 사용자는 제1항 및 제2항에 따라 근로자를 근로시킬 경우에는 기존의 임금 수준이 낮아지지 아니하도록 임금보전방안(賃金補塡方案)을 강구하여야 한다.

제52조(선택적 근로시간제) 사용자는 취업규칙(취업규칙에 준하는 것을 포함한다)에 따라 업무의 시작 및 종료 시각을 근로자의 결정에 맡기기로 한 근로자에 대하여 근로자대표와의 서면 합의에 따라 다음 각 호의 사항을 정하면 1개월 이내의 정산기간을 평균하여 1주간의 근로시간이 제50조제1항의 근로시간을 초과하지 아니하는 범위에서 1주 간에 제50조제1항의 근로시간을, 1일에 제50조제2항의 근로시간을 초과하여 근로하게 할 수 있다.
1. 대상 근로자의 범위(15세 이상 18세 미만의 근로자는 제외한다)
2. 정산기간(1개월 이내의 일정한 기간으로 정하여야 한다)
3. 정산기간의 총 근로시간
4. 반드시 근로하여야 할 시간대를 정하는 경우에는 그 시작 및 종료 시각

5. 근로자가 그의 결정에 따라 근로할 수 있는 시간대를 정하는 경우에는 그 시작 및 종료 시각
6. 그 밖에 대통령령으로 정하는 사항

제53조(연장 근로의 제한) ① 당사자 간에 합의하면 1주 간에 12시간을 한도로 제50조의 근로시간을 연장할 수 있다.

② 당사자 간에 합의하면 1주 간에 12시간을 한도로 제51조의 근로시간을 연장할 수 있고, 제52조제2호의 정산기간을 평균하여 1주 간에 12시간을 초과하지 아니하는 범위에서 제52조의 근로시간을 연장할 수 있다.

③ 상시 30명 미만의 근로자를 사용하는 사용자는 다음 각 호에 대하여 근로자대표와 서면으로 합의한 경우 제1항 또는 제2항에 따라 연장된 근로시간에 더하여 1주 간에 8시간을 초과하지 아니하는 범위에서 근로시간을 연장할 수 있다. <신설 2018. 3. 20.>

1. 제1항 또는 제2항에 따라 연장된 근로시간을 초과할 필요가 있는 사유 및 그 기간
2. 대상 근로자의 범위

④ 사용자는 특별한 사정이 있으면 고용노동부장관의 인가와 근로자의 동의를 받아 제1항과 제2항의 근로시간을 연장할 수 있다. 다만, 사태가 급박하여 고용노동부장관의 인가를 받을 시간이 없는 경우에는 사후에 지체 없이 승인을 받아야 한다. <개정 2010. 6. 4., 2018. 3. 20.>

⑤ 고용노동부장관은 제4항에 따른 근로시간의 연장이 부적당하다고 인정하면 그 후 연장시간에 상당하는 휴게시간이나 휴일을 줄 것을 명할 수 있다. <개정 2010. 6. 4., 2018. 3. 20.>

⑥ 제3항은 15세 이상 18세 미만의 근로자에 대하여는 적용하지 아니한다. <신설 2018. 3. 20.>

[법률 제15513호(2018. 3. 20.) 부칙 제2조의 규정에 의하여 이 조 제3항 및 제6항은 2022년 12월 31일까지 유효함.]

[시행일 : 2021. 7. 1.] 제53조제3항, 제53조제6항

제54조(휴게) ① 사용자는 근로시간이 4시간인 경우에는 30분 이상, 8시간인 경우에는 1시간 이상의 휴게시간을 근로시간 도중에 주어야 한다.

② 휴게시간은 근로자가 자유롭게 이용할 수 있다.

제55조(휴일) ① 사용자는 근로자에게 1주에 평균 1회 이상의 유급휴일을 보장하여야 한다. <개정 2018. 3. 20.>

② 사용자는 근로자에게 대통령령으로 정하는 휴일을 유급으로 보장하여야 한다. 다만, 근로자대표와 서면으로 합의한 경우 특정한 근로일로 대체할 수 있다. <신설 2018. 3. 20.>

[시행일] 제55조제2항의 개정규정은 다음 각 호의 구분에 따른 날부터 시행한다.

1. 상시 300명 이상의 근로자를 사용하는 사업 또는 사업장, 「공공기관의 운영에 관한 법률」 제4조에 따른 공공기관, 「지방공기업법」 제49조 및 같은 법 제76조에 따른 지방공사 및 지방공단, 국가 · 지방자치단체 또는 정부투자기관이 자본금의 2분의 1 이상을 출자하거나 기본재산의 2분의 1 이상을 출연한 기관? 단체와 그 기관 · 단체가 자본금의 2분의 1 이상을 출자하거나 기본재산의 2분의 1 이상을 출연한 기관 · 단체, 국가 및 지방자치단체의 기관 : 2020년 1월 1일
2. 상시 30명 이상 300명 미만의 근로자를 사용하는 사업 또는 사업장 : 2021년 1월 1일
3. 상시 5인 이상 30명 미만의 근로자를 사용하는 사업 또는 사업장 : 2022년 1월 1일

제56조(연장 · 야간 및 휴일 근로) ① 사용자는 연장근로(제53조 · 제59조 및 제69조 단서에 따라 연장된 시간의 근로를 말한다)에 대하여는 통상임금의 100분의 50 이상을 가산하여 근로자에게 지급하여야 한다. <개정 2018. 3. 20.>

② 제1항에도 불구하고 사용자는 휴일근로에 대하여는 다음 각 호의 기준에 따른 금액 이상을 가산하여 근로자에게 지급하여야 한다. <신설 2018. 3. 20.>

1. 8시간 이내의 휴일근로 : 통상임금의 100분의 50
2. 8시간을 초과한 휴일근로 : 통상임금의 100분의 100

③ 사용자는 야간근로(오후 10시부터 다음 날 오전 6시 사이의 근로를 말한다)에 대하여는 통상임금의 100분의 50 이상을 가산하여 근로자에게 지급하여야 한다. <신설 2018. 3. 20.>

제57조(보상 휴가제) 사용자는 근로자대표와의 서면 합의에 따라 제56조에 따른 연장근로 · 야간근로 및 휴일근로에 대하여 임금을 지급하는 것을 갈음하여 휴가를 줄 수 있다.

제58조(근로시간 계산의 특례) ① 근로자가 출장이나 그 밖의 사유로 근로시간의 전부 또는 일부를 사업장 밖에서 근로하여 근로시간을 산정하기 어려운 경우에는 소정근로시간을 근로한 것으로 본다. 다만, 그 업무를 수행하기 위하여 통상적으로 소정근로시간을 초과하여 근로할 필요가 있는 경우에는 그 업무의 수행에 통상 필요한 시간을 근로한 것으로 본다.

② 제1항 단서에도 불구하고 그 업무에 관하여 근로자대표와의 서면 합의를 한 경우에는 그 합의에서 정하는 시간을 그 업무의 수행에 통상 필요한 시간으로 본다.

③ 업무의 성질에 비추어 업무 수행 방법을 근로자의 재량에 위임할 필요가 있는 업무로서 대통령령으로 정하는 업무는 사용자가 근로자대표와 서면 합의로 정한 시간을 근로한 것으로 본다. 이 경우 그 서면 합의에는 다음 각 호의 사항을 명시하여야 한다.

1. 대상 업무
2. 사용자가 업무의 수행 수단 및 시간 배분 등에 관하여 근로자에게 구체적인 지시를 하지 아니한다는 내용
3. 근로시간의 산정은 그 서면 합의로 정하는 바에 따른다는 내용

④ 제1항과 제3항의 시행에 필요한 사항은 대통령령으로 정한다.

제59조(근로시간 및 휴게시간의 특례) ① 「통계법」 제22조제1항에 따라 통계청장이 고시하는 산업에 관한 표준의 중분류 또는 소분류 중 다음 각 호의 어느 하나에 해당하는 사업에 대하여 사용자가 근로자대표와 서면으로 합의한 경우에는 제53조제1항에 따른 주(週) 12시간을 초과하여 연장근로를 하게 하거나 제54조에 따른 휴게시간을 변경할 수 있다.

1. 육상운송 및 파이프라인 운송업. 다만, 「여객자동차 운수사업법」 제3조제1항제1호에 따른 노선(路線) 여객자동차운송사업은 제외한다.
2. 수상운송업
3. 항공운송업
4. 기타 운송관련 서비스업
5. 보건업

② 제1항의 경우 사용자는 근로일 종료 후 다음 근로일 개시 전까지 근로자에게 연속하여 11시간 이상의 휴식 시간을 주어야 한다.

[전문개정 2018. 3. 20.]

[시행일 : 2018. 7. 1.] 제59조

[시행일 : 2018. 9. 1.] 제59조제2항

제60조(연차 유급휴가) ① 사용자는 1년간 80퍼센트 이상 출근한 근로자에게 15일의 유급휴가를 주어야 한다. <개정 2012. 2. 1.>

② 사용자는 계속하여 근로한 기간이 1년 미만인 근로자 또는 1년간 80퍼센트 미만 출근한 근로자에게 1개월 개근 시 1일의 유급휴가를 주어야 한다. <개정 2012. 2. 1.>

③ 삭제 <2017. 11. 28.>

④ 사용자는 3년 이상 계속하여 근로한 근로자에게는 제1항에 따른 휴가에 최초 1년을 초과하는 계속 근로 연수 매 2년에 대하여 1일을 가산한 유급휴가를 주어야 한다. 이 경우 가산휴가를 포함한 총 휴가 일수는 25일을 한도로 한다.

⑤ 사용자는 제1항부터 제4항까지의 규정에 따른 휴가를 근로자가 청구한 시기에 주어야 하고, 그 기간에 대하여는 취업규칙 등에서 정하는 통상임금 또는 평균임금을 지급하여야 한다. 다만, 근로자가 청구한 시기에 휴가를 주는 것이 사업 운영에 막대한 지장이 있는 경우에는 그 시기를 변경할 수 있다.

⑥ 제1항 및 제2항을 적용하는 경우 다음 각 호의 어느 하나에 해당하는 기간은 출근한 것으로 본다. <개정 2012. 2. 1., 2017. 11. 28.>

1. 근로자가 업무상의 부상 또는 질병으로 휴업한 기간
2. 임신 중의 여성이 제74조제1항부터 제3항까지의 규정에 따른 휴가로 휴업한 기간
3. 「남녀고용평등과 일 · 가정 양립 지원에 관한 법률」 제19조제1항에 따른 육아휴직으로 휴업한 기간

⑦ 제1항부터 제4항까지의 규정에 따른 휴가는 1년간 행사하지 아니하면 소멸된다. 다만, 사용자의 귀책사유로 사용하지 못한 경우에는 그러하지 아니하다.

제61조(연차 유급휴가의 사용 촉진) 사용자가 제60조제1항 및 제4항에 따른 유급휴가의 사용을 촉진하기 위하여 다음 각 호의 조치를 하였음에도 불구하고 근로자가 휴가를 사용하지 아니하여 제60조제7항 본문에 따라 소멸된 경우에는 사용자는 그 사용하지 아니한 휴가에 대하여 보상할 의무가 없고, 제60조제7항 단서에 따른 사용자의 귀책사유에 해당하지 아니하는 것으로 본다. <개정 2012. 2. 1., 2017. 11. 28.>

1. 제60조제7항 본문에 따른 기간이 끝나기 6개월 전을 기준으로 10일 이내에 사용자가 근로자별로 사용하지 아니한 휴가 일수를 알려주고, 근로자가 그 사용 시기를 정하여 사용자에게 통보하도록 서면으로 촉구할 것
2. 제1호에 따른 촉구에도 불구하고 근로자가 촉구를 받은 때부터 10일 이내에 사용하지 아니한 휴가의 전부 또는 일부의 사용 시기를 정하여 사용자에게 통보하지 아니하면 제60조제7항 본문에 따른 기간이 끝나기 2개월 전까지 사용자가 사용하지 아니한 휴가의 사용 시기를 정하여 근로자에게 서면으로 통보할 것

제62조(유급휴가의 대체) 사용자는 근로자대표와의 서면 합의에 따라 제60조에 따른 연차 유급휴가일을 갈음하여 특정한 근로일에 근로자를 휴무시킬 수 있다.

제63조(적용의 제외) 이 장과 제5장에서 정한 근로시간, 휴게와 휴일에 관한 규정은 다음 각 호의 어느 하나에 해당하는 근로자에 대하여는 적용하지 아니한다. <개정 2010. 6. 4.>

1. 토지의 경작 · 개간, 식물의 재식(栽植) · 재배 · 채취 사업, 그 밖의 농림 사업
2. 동물의 사육, 수산 동식물의 채포(採捕) · 양식 사업, 그 밖의 축산, 양잠, 수산 사업
3. 감시(監視) 또는 단속적(斷續的)으로 근로에 종사하는 자로서 사용자가 고용노동부장관의 승인을 받은 자
4. 대통령령으로 정하는 업무에 종사하는 근로자

제5장 여성과 소년

제64조(최저 연령과 취직인허증) ① 15세 미만인 자(「초 · 중등교육법」에 따른 중학교에 재학 중인 18세 미만인 자를 포함한다)는 근로자로 사용하지 못한다. 다만, 대통령령으로 정하는 기준에 따라 고용노동부장관이 발급한 취직인허증(就職認許證)을 지닌 자는 근로자로 사용할 수 있다. <개정 2010. 6. 4.>

② 제1항의 취직인허증은 본인의 신청에 따라 의무교육에 지장이 없는 경우에는 직종(職種)을 지정하여서만 발행할 수 있다.

③ 고용노동부장관은 거짓이나 그 밖의 부정한 방법으로 제1항 단서의 취직인허증을 발급받은 자에게는 그 인허를 취소하여야 한다.
<개정 2010. 6. 4.>

제65조(사용 금지) ① 사용자는 임신 중이거나 산후 1년이 지나지 아니한 여성(이하 "임산부"라 한다)과 18세 미만자를 도덕상 또는 보건상 유해 · 위험한 사업에 사용하지 못한다.

② 사용자는 임산부가 아닌 18세 이상의 여성을 제1항에 따른 보건상 유해 · 위험한 사업 중 임신 또는 출산에 관한 기능에 유해 · 위험한 사업에 사용하지 못한다.

③ 제1항 및 제2항에 따른 금지 직종은 대통령령으로 정한다.

제66조(연소자 증명서) 사용자는 18세 미만인 자에 대하여는 그 연령을 증명하는 가족관계기록사항에 관한 증명서와 친권자 또는 후견인의 동의서를 사업장에 갖추어 두어야 한다.
<개정 2007.5.17.>

제67조(근로계약) ① 친권자나 후견인은 미성년자의 근로계약을 대리할 수 없다.
② 친권자, 후견인 또는 고용노동부장관은 근로계약이 미성년자에게 불리하다고 인정하는 경우에는 이를 해지할 수 있다.
<개정 2010.6.4.>
③ 사용자는 18세 미만인 자와 근로계약을 체결하는 경우에는 제17조에 따른 근로조건을 서면으로 명시하여 교부하여야 한다.
<신설 2007.7.27.>

제68조(임금의 청구) 미성년자는 독자적으로 임금을 청구할 수 있다.

제69조(근로시간) 15세 이상 18세 미만인 자의 근로시간은 1일에 7시간, 1주에 35시간을 초과하지 못한다. 다만, 당사자 사이의 합의에 따라 1일에 1시간, 1주에 5시간을 한도로 연장할 수 있다. <개정 2018.3.20.>

제70조(야간근로와 휴일근로의 제한) ① 사용자는 18세 이상의 여성을 오후 10시부터 오전 6시까지의 시간 및 휴일에 근로시키려면 그 근로자의 동의를 받아야 한다.
② 사용자는 임산부와 18세 미만자를 오후 10시부터 오전 6시까지의 시간 및 휴일에 근로시키지 못한다. 다만, 다음 각 호의 어느 하나에 해당하는 경우로서 고용노동부장관의 인가를 받으면 그러하지 아니하다. <개정 2010.6.4.>
1. 18세 미만자의 동의가 있는 경우
2. 산후 1년이 지나지 아니한 여성의 동의가 있는 경우
3. 임신 중의 여성이 명시적으로 청구하는 경우

③ 사용자는 제2항의 경우 고용노동부장관의 인가를 받기 전에 근로자의 건강 및 모성 보호를 위하여 그 시행 여부와 방법 등에 관하여 그 사업 또는 사업장의 근로자대표와 성실하게 협의하여야 한다. <개정 2010.6.4.>

제71조(시간외근로) 사용자는 산후 1년이 지나지 아니한 여성에 대하여는 단체협약이 있는 경우라도 1일에 2시간, 1주에 6시간, 1년에 150시간을 초과하는 시간외근로를 시키지 못한다.
<개정 2018.3.20.>

제72조(갱내근로의 금지) 사용자는 여성과 18세 미만인 자를 갱내(坑內)에서 근로시키지 못한다. 다만, 보건·의료, 보도·취재 등 대통령령으로 정하는 업무를 수행하기 위하여 일시적으로 필요한 경우에는 그러하지 아니하다.

제73조(생리휴가) 사용자는 여성 근로자가 청구하면 월 1일의 생리휴가를 주어야 한다.

제74조(임산부의 보호) ① 사용자는 임신 중의 여성에게 출산 전과 출산 후를 통하여 90일(한 번에 둘 이상 자녀를 임신한 경우에는 120일)의 출산전후휴가를 주어야 한다. 이 경우 휴가 기간의 배정은 출산 후에 45일(한 번에 둘 이상 자녀를 임신한 경우에는 60일) 이상이 되어야 한다.
<개정 2012.2.1., 2014.1.21.>
② 사용자는 임신 중인 여성 근로자가 유산의 경험 등 대통령령으로 정하는 사유로 제1항의 휴가를 청구하는 경우 출산 전 어느 때 라도 휴가를 나누어 사용할 수 있도록 하여야 한다. 이 경우 출산 후의 휴가 기간은 연속하여 45일(한 번에 둘 이상 자녀를 임신한 경우에는 60일) 이상이 되어야 한다.<신설 2012.2.1., 2014.1.21.>
③ 사용자는 임신 중인 여성이 유산 또는 사산한 경우로서 그 근로자가 청구하면 대통령령으로 정하는 바에 따라 유산·사산 휴가를 주어야 한다. 다만, 인공 임신중절 수술(「모자보건법」 제14조제1항에 따른 경우는 제외한다)에 따른 유산의 경우는 그러하지 아니하다.
<개정 2012.2.1.>
④ 제1항부터 제3항까지의 규정에 따른 휴가 중

최초 60일(한 번에 둘 이상 자녀를 임신한 경우에는 75일)은 유급으로 한다. 다만, 「남녀고용평등과 일 · 가정 양립 지원에 관한 법률」 제18조에 따라 출산전후휴가급여 등이 지급된 경우에는 그 금액의 한도에서 지급의 책임을 면한다.
<개정 2007. 12. 21., 2012. 2. 1., 2014. 1. 21.>

⑤ 사용자는 임신 중의 여성 근로자에게 시간외 근로를 하게 하여서는 아니 되며, 그 근로자의 요구가 있는 경우에는 쉬운 종류의 근로로 전환하여야 한다. <개정 2012. 2. 1.>

⑥ 사업주는 제1항에 따른 출산전후휴가 종료 후에는 휴가 전과 동일한 업무 또는 동등한 수준의 임금을 지급하는 직무에 복귀시켜야 한다.
<신설 2008. 3. 28., 2012. 2. 1.>

⑦ 사용자는 임신 후 12주 이내 또는 36주 이후에 있는 여성 근로자가 1일 2시간의 근로시간 단축을 신청하는 경우 이를 허용하여야 한다. 다만, 1일 근로시간이 8시간 미만인 근로자에 대하여는 1일 근로시간이 6시간이 되도록 근로시간 단축을 허용할 수 있다. <신설 2014. 3. 24.>

⑧ 사용자는 제7항에 따른 근로시간 단축을 이유로 해당 근로자의 임금을 삭감하여서는 아니 된다. <신설 2014. 3. 24.>

⑨ 제7항에 따른 근로시간 단축의 신청방법 및 절차 등에 필요한 사항은 대통령령으로 정한다.
<신설 2014. 3. 24.>

[시행일] 제74조제7항, 제74조제8항, 제74조제9항의 개정규정은 다음 각 호의 구분에 따른 날

1. 상시 300명 이상의 근로자를 사용하는 사업 또는 사업장 : 공포 후 6개월이 경과한 날
2. 상시 300명 미만의 근로자를 사용하는 사업 또는 사업장 : 공포 후 2년이 경과한 날

제74조의2(태아검진 시간의 허용 등) ① 사용자는 임신한 여성근로자가 「모자보건법」 제10조에 따른 임산부 정기건강진단을 받는데 필요한 시간을 청구하는 경우 이를 허용하여 주어야 한다.

② 사용자는 제1항에 따른 건강진단 시간을 이유로 그 근로자의 임금을 삭감하여서는 아니 된다.

[본조신설 2008. 3. 21.]

제75조(육아 시간) 생후 1년 미만의 유아(乳兒)를 가진 여성 근로자가 청구하면 1일 2회 각각 30분 이상의 유급 수유 시간을 주어야 한다.

제6장 안전과 보건

제76조(안전과 보건) 근로자의 안전과 보건에 관하여는 「산업안전보건법」에서 정하는 바에 따른다.

제6장의2 직장 내 괴롭힘의 금지

<신설 2019. 1. 15.>

제76조의2(직장 내 괴롭힘의 금지) 사용자 또는 근로자는 직장에서의 지위 또는 관계 등의 우위를 이용하여 업무상 적정범위를 넘어 다른 근로자에게 신체적 · 정신적 고통을 주거나 근무환경을 악화시키는 행위(이하 "직장 내 괴롭힘"이라 한다)를 하여서는 아니 된다.

[본조신설 2019. 1. 15.]

제76조의3(직장 내 괴롭힘 발생 시 조치) ① 누구든지 직장 내 괴롭힘 발생 사실을 알게 된 경우 그 사실을 사용자에게 신고할 수 있다.

② 사용자는 제1항에 따른 신고를 접수하거나 직장 내 괴롭힘 발생 사실을 인지한 경우에는 지체 없이 그 사실 확인을 위한 조사를 실시하여야 한다.

③ 사용자는 제2항에 따른 조사 기간 동안 직장 내 괴롭힘과 관련하여 피해를 입은 근로자 또는 피해를 입었다고 주장하는 근로자(이하 "피해근로자등"이라 한다)를 보호하기 위하여 필요한 경우 해당 피해근로자등에 대하여 근무장소의 변경, 유급휴가 명령 등 적절한 조치를 하여야 한다. 이 경우 사용자는 피해근로자등의 의사에 반하는 조치를 하여서는 아니 된다.

④ 사용자는 제2항에 따른 조사 결과 직장 내 괴롭힘 발생 사실이 확인된 때에는 피해근로자가 요청하면 근무장소의 변경, 배치전환, 유급

휴가 명령 등 적절한 조치를 하여야 한다.
⑤ 사용자는 제2항에 따른 조사 결과 직장 내 괴롭힘 발생 사실이 확인된 때에는 지체 없이 행위자에 대하여 징계, 근무장소의 변경 등 필요한 조치를 하여야 한다. 이 경우 사용자는 징계 등의 조치를 하기 전에 그 조치에 대하여 피해근로자의 의견을 들어야 한다.
⑥ 사용자는 직장 내 괴롭힘 발생 사실을 신고한 근로자 및 피해근로자등에게 해고나 그 밖의 불리한 처우를 하여서는 아니 된다.
[본조신설 2019. 1. 15.]

제7장 기능 습득

제77조(기능 습득자의 보호) 사용자는 양성공, 수습, 그 밖의 명칭을 불문하고 기능의 습득을 목적으로 하는 근로자를 혹사하거나 가사, 그 밖의 기능 습득에 관계없는 업무에 종사시키지 못한다.

제8장 재해보상

제78조(요양보상) ① 근로자가 업무상 부상 또는 질병에 걸리면 사용자는 그 비용으로 필요한 요양을 행하거나 필요한 요양비를 부담하여야 한다.
② 제1항에 따른 업무상 질병과 요양의 범위 및 요양보상의 시기는 대통령령으로 정한다.
<개정 2008. 3. 21.>

제79조(휴업보상) ① 사용자는 제78조에 따라 요양 중에 있는 근로자에게 그 근로자의 요양 중 평균임금의 100분의 60의 휴업보상을 하여야 한다. <개정 2008. 3. 21.>
② 제1항에 따른 휴업보상을 받을 기간에 그 보상을 받을 자가 임금의 일부를 지급받은 경우에는 사용자는 평균임금에서 그 지급받은 금액을 뺀 금액의 100분의 60의 휴업보상을 하여야 한다. <신설 2008. 3. 21.>
③ 휴업보상의 시기는 대통령령으로 정한다.
<신설 2008. 3. 21.>

제80조(장해보상) ① 근로자가 업무상 부상 또는 질병에 걸리고, 완치된 후 신체에 장해가 있으면 사용자는 그 장해 정도에 따라 평균임금에 별표에서 정한 일수를 곱한 금액의 장해보상을 하여야 한다. <개정 2008. 3. 21.>
② 이미 신체에 장해가 있는 자가 부상 또는 질병으로 인하여 같은 부위에 장해가 더 심해진 경우에 그 장해에 대한 장해보상 금액은 장해 정도가 더 심해진 장해등급에 해당하는 장해보상의 일수에서 기존의 장해등급에 해당하는 장해보상의 일수를 뺀 일수에 보상청구사유 발생 당시의 평균임금을 곱하여 산정한 금액으로 한다. <신설 2008. 3. 21.>
③ 장해보상을 하여야 하는 신체장해 등급의 결정 기준과 장해보상의 시기는 대통령령으로 정한다. <신설 2008. 3. 21.>

제81조(휴업보상과 장해보상의 예외) 근로자가 중대한 과실로 업무상 부상 또는 질병에 걸리고 또한 사용자가 그 과실에 대하여 노동위원회의 인정을 받으면 휴업보상이나 장해보상을 하지 아니하여도 된다.

제82조(유족보상) ① 근로자가 업무상 사망한 경우에는 사용자는 근로자가 사망한 후 지체 없이 그 유족에게 평균임금 1,000일분의 유족보상을 하여야 한다. <개정 2008. 3. 21.>
② 제1항에서의 유족의 범위, 유족보상의 순위 및 보상을 받기로 확정된 자가 사망한 경우의 유족보상의 순위는 대통령령으로 정한다.
<신설 2008. 3. 21.>

제83조(장의비) 근로자가 업무상 사망한 경우에는 사용자는 근로자가 사망한 후 지체 없이 평균임금 90일분의 장의비를 지급하여야 한다.
<개정 2008. 3. 21.>

제84조(일시보상) 제78조에 따라 보상을 받는 근

로자가 요양을 시작한 지 2년이 지나도 부상 또는 질병이 완치되지 아니하는 경우에는 사용자는 그 근로자에게 평균임금 1,340일분의 일시보상을 하여 그 후의 이 법에 따른 모든 보상책임을 면할 수 있다.

제85조(분할보상) 사용자는 지급 능력이 있는 것을 증명하고 보상을 받는 자의 동의를 받으면 제80조, 제82조 또는 제84조에 따른 보상금을 1년에 걸쳐 분할보상을 할 수 있다.

제86조(보상 청구권) 보상을 받을 권리는 퇴직으로 인하여 변경되지 아니하고, 양도나 압류하지 못한다.

제87조(다른 손해배상과의 관계) 보상을 받게 될 자가 동일한 사유에 대하여 「민법」이나 그 밖의 법령에 따라 이 법의 재해보상에 상당한 금품을 받으면 그 가액(價額)의 한도에서 사용자는 보상의 책임을 면한다.

제88조(고용노동부장관의 심사와 중재) ① 업무상의 부상, 질병 또는 사망의 인정, 요양의 방법, 보상금액의 결정, 그 밖에 보상의 실시에 관하여 이의가 있는 자는 고용노동부장관에게 심사나 사건의 중재를 청구할 수 있다.
<개정 2010. 6. 4.>

② 제1항의 청구가 있으면 고용노동부장관은 1개월 이내에 심사나 중재를 하여야 한다.
<개정 2010. 6. 4.>

③ 고용노동부장관은 필요에 따라 직권으로 심사나 사건의 중재를 할 수 있다.
<개정 2010. 6. 4.>

④ 고용노동부장관은 심사나 중재를 위하여 필요하다고 인정하면 의사에게 진단이나 검안을 시킬 수 있다. <개정 2010. 6. 4.>

⑤ 제1항에 따른 심사나 중재의 청구와 제2항에 따른 심사나 중재의 시작은 시효의 중단에 관하여는 재판상의 청구로 본다.
[제목개정 2010. 6. 4.]

제89조(노동위원회의 심사와 중재) ① 고용노동부장관이 제88조제2항의 기간에 심사 또는 중재를 하지 아니하거나 심사와 중재의 결과에 불복하는 자는 노동위원회에 심사나 중재를 청구할 수 있다. <개정 2010. 6. 4.>

② 제1항의 청구가 있으면 노동위원회는 1개월 이내에 심사나 중재를 하여야 한다.

제90조(도급 사업에 대한 예외) ① 사업이 여러 차례의 도급에 따라 행하여지는 경우의 재해보상에 대하여는 원수급인(元受給人)을 사용자로 본다.

② 제1항의 경우에 원수급인이 서면상 계약으로 하수급인에게 보상을 담당하게 하는 경우에는 그 수급인도 사용자로 본다. 다만, 2명 이상의 하수급인에게 똑같은 사업에 대하여 중복하여 보상을 담당하게 하지 못한다.

③ 제2항의 경우에 원수급인이 보상의 청구를 받으면 보상을 담당한 하수급인에게 우선 최고(催告)할 것을 청구할 수 있다. 다만, 그 하수급인이 파산의 선고를 받거나 행방이 알려지지 아니하는 경우에는 그러하지 아니하다.

제91조(서류의 보존) 사용자는 재해보상에 관한 중요한 서류를 재해보상이 끝나지 아니하거나 제92조에 따라 재해보상 청구권이 시효로 소멸되기 전에 폐기하여서는 아니 된다.
<개정 2008. 3. 21.>

제92조(시효) 이 법의 규정에 따른 재해보상 청구권은 3년간 행사하지 아니하면 시효로 소멸한다.

제9장 취업규칙

제93조(취업규칙의 작성 · 신고) 상시 10명 이상의 근로자를 사용하는 사용자는 다음 각 호의 사항에 관한 취업규칙을 작성하여 고용노동부장관에게 신고하여야 한다. 이를 변경하는 경우에도 또한 같다. <개정 2008. 3. 28., 2010. 6. 4., 2012. 2. 1., 2019. 1. 15.>

1. 업무의 시작과 종료 시각, 휴게시간, 휴일, 휴가 및 교대 근로에 관한 사항
2. 임금의 결정 · 계산 · 지급 방법, 임금의 산정기간 · 지급시기 및 승급(昇給)에 관한 사항
3. 가족수당의 계산 · 지급 방법에 관한 사항
4. 퇴직에 관한 사항
5. 「근로자퇴직급여 보장법」 제4조에 따라 설정된 퇴직급여, 상여 및 최저임금에 관한 사항
6. 근로자의 식비, 작업 용품 등의 부담에 관한 사항
7. 근로자를 위한 교육시설에 관한 사항
8. 출산전후휴가 · 육아휴직 등 근로자의 모성 보호 및 일?가정 양립 지원에 관한 사항
9. 안전과 보건에 관한 사항

9의2. 근로자의 성별 · 연령 또는 신체적 조건 등의 특성에 따른 사업장 환경의 개선에 관한 사항

10. 업무상과 업무 외의 재해부조(災害扶助)에 관한 사항
11. 직장 내 괴롭힘의 예방 및 발생 시 조치 등에 관한 사항
12. 표창과 제재에 관한 사항
13. 그 밖에 해당 사업 또는 사업장의 근로자 전체에 적용될 사항

제94조(규칙의 작성, 변경 절차) ① 사용자는 취업규칙의 작성 또는 변경에 관하여 해당 사업 또는 사업장에 근로자의 과반수로 조직된 노동조합이 있는 경우에는 그 노동조합, 근로자의 과반수로 조직된 노동조합이 없는 경우에는 근로자의 과반수의 의견을 들어야 한다. 다만, 취업규칙을 근로자에게 불리하게 변경하는 경우에는 그 동의를 받아야 한다.
② 사용자는 제93조에 따라 취업규칙을 신고할 때에는 제1항의 의견을 적은 서면을 첨부하여야 한다.

제95조(제재 규정의 제한) 취업규칙에서 근로자에 대하여 감급(減給)의 제재를 정할 경우에 그 감액은 1회의 금액이 평균임금의 1일분의 2분의 1을, 총액이 1임금지급기의 임금 총액의 10분의 1을 초과하지 못한다.

제96조(단체협약의 준수) ① 취업규칙은 법령이나 해당 사업 또는 사업장에 대하여 적용되는 단체협약과 어긋나서는 아니 된다.
② 고용노동부장관은 법령이나 단체협약에 어긋나는 취업규칙의 변경을 명할 수 있다.
<개정 2010. 6. 4.>

제97조(위반의 효력) 취업규칙에서 정한 기준에 미달하는 근로조건을 정한 근로계약은 그 부분에 관하여는 무효로 한다. 이 경우 무효로 된 부분은 취업규칙에 정한 기준에 따른다.

제10장 기숙사

제98조(기숙사 생활의 보장) ① 사용자는 사업 또는 사업장의 부속 기숙사에 기숙하는 근로자의 사생활의 자유를 침해하지 못한다.
② 사용자는 기숙사 생활의 자치에 필요한 임원 선거에 간섭하지 못한다.

제99조(규칙의 작성과 변경) ① 부속 기숙사에 근로자를 기숙시키는 사용자는 다음 각 호의 사항에 관하여 기숙사규칙을 작성하여야 한다.
1. 기상(起床), 취침, 외출과 외박에 관한 사항
2. 행사에 관한 사항
3. 식사에 관한 사항
4. 안전과 보건에 관한 사항
5. 건설물과 설비의 관리에 관한 사항
6. 그 밖에 기숙사에 기숙하는 근로자 전체에 적용될 사항

② 사용자는 제1항에 따른 규칙의 작성 또는 변경에 관하여 기숙사에 기숙하는 근로자의 과반수를 대표하는 자의 동의를 받아야 한다.
③ 사용자와 기숙사에 기숙하는 근로자는 기숙사규칙을 지켜야 한다.

제100조(부속 기숙사의 설치 · 운영 기준) 사용자는 부속 기숙사를 설치 · 운영할 때 다음 각 호

의 사항에 관하여 대통령령으로 정하는 기준을 충족하도록 하여야 한다.
1. 기숙사의 구조와 설비
2. 기숙사의 설치 장소
3. 기숙사의 주거 환경 조성
4. 기숙사의 면적
5. 그 밖에 근로자의 안전하고 쾌적한 주거를 위하여 필요한 사항

[전문개정 2019. 1. 15.]

제100조의2(부속 기숙사의 유지관리 의무) 사용자는 제100조에 따라 설치한 부속 기숙사에 대하여 근로자의 건강 유지, 사생활 보호 등을 위한 조치를 하여야 한다.
[본조신설 2019. 1. 15.]

제11장 근로감독관 등

제101조(감독 기관) ① 근로조건의 기준을 확보하기 위하여 고용노동부와 그 소속 기관에 근로감독관을 둔다. <개정 2010. 6. 4.>
② 근로감독관의 자격, 임면(任免), 직무 배치에 관한 사항은 대통령령으로 정한다.

제102조(근로감독관의 권한) ① 근로감독관은 사업장, 기숙사, 그 밖의 부속 건물을 현장조사하고 장부와 서류의 제출을 요구할 수 있으며 사용자와 근로자에 대하여 심문(尋問)할 수 있다. <개정 2017. 11. 28.>
② 의사인 근로감독관이나 근로감독관의 위촉을 받은 의사는 취업을 금지하여야 할 질병에 걸릴 의심이 있는 근로자에 대하여 검진할 수 있다.
③ 제1항 및 제2항의 경우에 근로감독관이나 그 위촉을 받은 의사는 그 신분증명서와 고용노동부장관의 현장조사 또는 검진지령서(檢診指令書)를 제시하여야 한다.
<개정 2010. 6. 4., 2017. 11. 28.>
④ 제3항의 현장조사 또는 검진지령서에는 그 일시, 장소 및 범위를 분명하게 적어야 한다.
<개정 2017. 11. 28.>
⑤ 근로감독관은 이 법이나 그 밖의 노동 관계 법령 위반의 죄에 관하여 「사법경찰관리의 직무를 행할 자와 그 직무범위에 관한 법률」에서 정하는 바에 따라 사법경찰관의 직무를 수행한다.

제103조(근로감독관의 의무) 근로감독관은 직무상 알게 된 비밀을 엄수하여야 한다. 근로감독관을 그만 둔 경우에도 또한 같다.

제104조(감독 기관에 대한 신고) ① 사업 또는 사업장에서 이 법 또는 이 법에 따른 대통령령을 위반한 사실이 있으면 근로자는 그 사실을 고용노동부장관이나 근로감독관에게 통보할 수 있다. <개정 2010. 6. 4.>
② 사용자는 제1항의 통보를 이유로 근로자에게 해고나 그 밖에 불리한 처우를 하지 못한다.

제105조(사법경찰권 행사자의 제한) 이 법이나 그 밖의 노동 관계 법령에 따른 현장조사, 서류의 제출, 심문 등의 수사는 검사와 근로감독관이 전담하여 수행한다. 다만, 근로감독관의 직무에 관한 범죄의 수사는 그러하지 아니하다.
<개정 2017. 11. 28.>

제106조(권한의 위임) 이 법에 따른 고용노동부장관의 권한은 대통령령으로 정하는 바에 따라 그 일부를 지방고용노동관서의 장에게 위임할 수 있다. <개정 2010. 6. 4.>

제12장 벌칙

제107조(벌칙) 제7조, 제8조, 제9조, 제23조제2항 또는 제40조를 위반한 자는 5년 이하의 징역 또는 5천만원 이하의 벌금에 처한다.
<개정 2017. 11. 28.>

제108조(벌칙) 근로감독관이 이 법을 위반한 사실을 고의로 묵과하면 3년 이하의 징역 또는 5년 이하의 자격정지에 처한다.

제109조(벌칙) ① 제36조, 제43조, 제44조, 제44조의2, 제46조, 제56조, 제65조, 제72조 또는 제76조의3제6항을 위반한 자는 3년 이하의 징역 또는 3천만원 이하의 벌금에 처한다.
<개정 2007.7.27., 2017.11.28., 2019.1.15.>
② 제36조, 제43조, 제44조, 제44조의2, 제46조 또는 제56조를 위반한 자에 대하여는 피해자의 명시적인 의사와 다르게 공소를 제기할 수 없다. <개정 2007.7.27.>

제110조(벌칙) 다음 각 호의 어느 하나에 해당하는 자는 2년 이하의 징역 또는 2천만원 이하의 벌금에 처한다. <개정 2009.5.21., 2012.2.1., 2017.11.28., 2018.3.20.>
1. 제10조, 제22조제1항, 제26조, 제50조, 제53조제1항 · 제2항 · 제3항 본문, 제54조, 제55조, 제59조제2항, 제60조제1항 · 제2항 · 제4항 및 제5항, 제64조제1항, 제69조, 제70조제1항 · 제2항, 제71조, 제74조제1항부터 제5항까지, 제75조, 제78조부터 제80조까지, 제82조, 제83조 및 제104조제2항을 위반한 자
2. 제53조제4항에 따른 명령을 위반한 자

제110조(벌칙) 다음 각 호의 어느 하나에 해당하는 자는 2년 이하의 징역 또는 2천만원 이하의 벌금에 처한다. <개정 2009.5.21., 2012.2.1., 2017.11.28., 2018.3.20.>
1. 제10조, 제22조제1항, 제26조, 제50조, 제53조제1항 · 제2항, 같은 조 제4항 본문, 제54조, 제55조, 제59조제2항, 제60조제1항 · 제2항 · 제4항 및 제5항, 제64조제1항, 제69조, 제70조제1항 · 제2항, 제71조, 제74조제1항부터 제5항까지, 제75조, 제78조부터 제80조까지, 제82조, 제83조 및 제104조제2항을 위반한 자
2. 제53조제5항에 따른 명령을 위반한 자

[시행일 : 2021.7.1.] 제110조제1호, 제110조제2호

제111조(벌칙) 제31조제3항에 따라 확정되거나 행정소송을 제기하여 확정된 구제명령 또는 구제명령을 내용으로 하는 재심판정을 이행하지 아니한 자는 1년 이하의 징역 또는 1천만원 이하의 벌금에 처한다.

제112조(고발) ① 제111조의 죄는 노동위원회의 고발이 있어야 공소를 제기할 수 있다.
② 검사는 제1항에 따른 죄에 해당하는 위반행위가 있음을 노동위원회에 통보하여 고발을 요청할 수 있다.

제113조(벌칙) 제45조를 위반한 자는 1천만원 이하의 벌금에 처한다.

제114조(벌칙) 다음 각 호의 어느 하나에 해당하는 자는 500만원 이하의 벌금에 처한다. <개정 2007.7.27., 2008.3.28., 2009.5.21., 2012.2.1.>
1. 제6조, 제16조, 제17조, 제20조, 제21조, 제22조제2항, 제47조, 제53조제3항 단서, 제67조제1항 · 제3항, 제70조제3항, 제73조, 제74조제6항, 제77조, 제94조, 제95조, 제100조 및 제103조를 위반한 자
2. 제96조제2항에 따른 명령을 위반한 자

제114조(벌칙) 다음 각 호의 어느 하나에 해당하는 자는 500만원 이하의 벌금에 처한다.
<개정 2007.7.27., 2008.3.28., 2009.5.21., 2012.2.1., 2018.3.20.>
1. 제6조, 제16조, 제17조, 제20조, 제21조, 제22조제2항, 제47조, 제53조제4항 단서, 제67조제1항 · 제3항, 제70조제3항, 제73조, 제74조제6항, 제77조, 제94조, 제95조, 제100조 및 제103조를 위반한 자
2. 제96조제2항에 따른 명령을 위반한 자

[시행일 : 2021.7.1.] 제114조제1호

제115조(양벌규정) 사업주의 대리인, 사용인, 그 밖의 종업원이 해당 사업의 근로자에 관한 사항에 대하여 제107조, 제109조부터 제111조까지, 제113조 또는 제114조의 위반행위를 하면 그 행위자를 벌하는 외에 그 사업주에게도 해당 조문의 벌금형을 과(科)한다. 다만, 사업주가 그 위반행위를 방지하기 위하여 해당 업무에 관하여 상당한 주의와 감독을 게을리하지 아니한 경우

에는 그러하지 아니하다.
[전문개정 2009. 5. 21.]

제116조(과태료) ① 다음 각 호의 어느 하나에 해당하는 자에게는 500만원 이하의 과태료를 부과한다. <개정 2009. 5. 21., 2010. 6. 4., 2014. 3. 24., 2017. 11. 28.>

1. 제13조에 따른 고용노동부장관, 노동위원회 또는 근로감독관의 요구가 있는 경우에 보고 또는 출석을 하지 아니하거나 거짓된 보고를 한 자
2. 제14조, 제39조, 제41조, 제42조, 제48조, 제66조, 제74조제7항, 제91조, 제93조, 제98조제2항 및 제99조를 위반한 자
3. 제102조에 따른 근로감독관 또는 그 위촉을 받은 의사의 현장조사나 검진을 거절, 방해 또는 기피하고 그 심문에 대하여 진술을 하지 아니하거나 거짓된 진술을 하며 장부 · 서류를 제출하지 아니하거나 거짓 장부 · 서류를 제출한 자

② 제1항에 따른 과태료는 대통령령으로 정하는 바에 따라 고용노동부장관이 부과?징수한다. <개정 2010. 6. 4.>
③ 삭제 <2009. 5. 21.>
④ 삭제 <2009. 5. 21.>
⑤ 삭제 <2009. 5. 21.>

부칙
<제16415호, 2019. 4. 30.>

제1조(시행일) ① 이 법은 공포 후 6개월이 경과한 날부터 시행한다. <단서 생략>
② 생략

제2조(다른 법률의 개정) ①부터 ④까지 생략
⑤ 근로기준법 일부를 다음과 같이 개정한다.
제44조의2제1항 및 제2항 중 "건설업자"를 각각 "건설사업자"로 한다.
⑥부터 ⑪까지 생략

제3조 생략

최저임금법

[시행 2019. 1. 1.]
[법률 제15666호, 2018. 6. 12., 일부개정]

제1장 총칙 <개정 2008.3.21.>

제1조(목적) 이 법은 근로자에 대하여 임금의 최저수준을 보장하여 근로자의 생활안정과 노동력의 질적 향상을 꾀함으로써 국민경제의 건전한 발전에 이바지하는 것을 목적으로 한다.
[전문개정 2008.3.21.]

제2조(정의) 이 법에서 "근로자", "사용자" 및 "임금"이란 「근로기준법」 제2조에 따른 근로자, 사용자 및 임금을 말한다.
[전문개정 2008.3.21.]

제3조(적용 범위) ① 이 법은 근로자를 사용하는 모든 사업 또는 사업장(이하 "사업"이라 한다)에 적용한다. 다만, 동거하는 친족만을 사용하는 사업과 가사(家事) 사용인에게는 적용하지 아니한다.
② 이 법은 「선원법」의 적용을 받는 선원과 선원을 사용하는 선박의 소유자에게는 적용하지 아니한다.
[전문개정 2008.3.21.]

제2장 최저임금 <개정 2008.3.21.>

제4조(최저임금의 결정기준과 구분) ① 최저임금은 근로자의 생계비, 유사 근로자의 임금, 노동생산성 및 소득분배율 등을 고려하여 정한다. 이 경우 사업의 종류별로 구분하여 정할 수 있다.
② 제1항에 따른 사업의 종류별 구분은 제12조에 따른 최저임금위원회의 심의를 거쳐 고용노동부장관이 정한다. <개정 2010.6.4.>
[전문개정 2008.3.21.]

제5조(최저임금액) ① 최저임금액(최저임금으로 정한 금액을 말한다. 이하 같다)은 시간·일(日)·주(週) 또는 월(月)을 단위로 하여 정한다. 이 경우 일·주 또는 월을 단위로 하여 최저임금액을 정할 때에는 시간급(時間給)으로도 표시하여야 한다.
② 1년 이상의 기간을 정하여 근로계약을 체결하고 수습 중에 있는 근로자로서 수습을 시작한 날부터 3개월 이내인 자에 대하여는 대통령령으로 정하는 바에 따라 제1항에 따른 최저임금액과 다른 금액으로 최저임금액을 정할 수 있다. 다만, 단순노무업무로 고용노동부장관이 정하여 고시한 직종에 종사하는 근로자는 제외한다. <개정 2017.9.19.>
③ 임금이 통상적으로 도급제나 그 밖에 이와 비슷한 형태로 정하여져 있는 경우로서 제1항에 따라 최저임금액을 정하는 것이 적당하지 아니하다고 인정되면 대통령령으로 정하는 바에 따라 최저임금액을 따로 정할 수 있다.
[전문개정 2008.3.21.]

제5조의2(최저임금의 적용을 위한 임금의 환산) 최저임금의 적용 대상이 되는 근로자의 임금을 정하는 단위기간이 제5조제1항에 따른 최저임금의 단위기간과 다른 경우에 해당 근로자의 임금을 최저임금의 단위기간에 맞추어 환산하는 방법은 대통령령으로 정한다.
[전문개정 2008.3.21.]

제6조(최저임금의 효력) ① 사용자는 최저임금의 적용을 받는 근로자에게 최저임금액 이상의 임금을 지급하여야 한다.
② 사용자는 이 법에 따른 최저임금을 이유로 종전의 임금수준을 낮추어서는 아니 된다.
③ 최저임금의 적용을 받는 근로자와 사용자 사이의 근로계약 중 최저임금액에 미치지 못하는 금액을 임금으로 정한 부분은 무효로 하며, 이 경우 무효로 된 부분은 이 법으로 정한 최저임금액과 동일한 임금을 지급하기로 한 것으로 본다.
④ 제1항과 제3항에 따른 임금에는 매월 1회 이

상 정기적으로 지급하는 임금을 산입(算入)한다. 다만, 다음 각 호의 어느 하나에 해당하는 임금은 산입하지 아니한다. <개정 2018. 6. 12.>

1. 「근로기준법」 제2조제1항제8호에 따른 소정(所定)근로시간(이하 "소정근로시간"이라 한다) 또는 소정의 근로일에 대하여 지급하는 임금 외의 임금으로서 고용노동부령으로 정하는 임금
2. 상여금, 그 밖에 이에 준하는 것으로서 고용노동부령으로 정하는 임금의 월 지급액 중 해당 연도 시간급 최저임금액을 기준으로 산정된 월 환산액의 100분의 25에 해당하는 부분
3. 식비, 숙박비, 교통비 등 근로자의 생활 보조 또는 복리후생을 위한 성질의 임금으로서 다음 각 목의 어느 하나에 해당하는 것
   가. 통화 이외의 것으로 지급하는 임금
   나. 통화로 지급하는 임금의 월 지급액 중 해당 연도 시간급 최저임금액을 기준으로 산정된 월 환산액의 100분의 7에 해당하는 부분

⑤ 제4항에도 불구하고 「여객자동차 운수사업법」 제3조 및 같은 법 시행령 제3조제2호다목에 따른 일반택시운송사업에서 운전업무에 종사하는 근로자의 최저임금에 산입되는 임금의 범위는 생산고에 따른 임금을 제외한 대통령령으로 정하는 임금으로 한다.

⑥ 제1항과 제3항은 다음 각 호의 어느 하나에 해당하는 사유로 근로하지 아니한 시간 또는 일에 대하여 사용자가 임금을 지급할 것을 강제하는 것은 아니다.

1. 근로자가 자기의 사정으로 소정근로시간 또는 소정의 근로일의 근로를 하지 아니한 경우
2. 사용자가 정당한 이유로 근로자에게 소정근로시간 또는 소정의 근로일의 근로를 시키지 아니한 경우

⑦ 도급으로 사업을 행하는 경우 도급인이 책임져야 할 사유로 수급인이 근로자에게 최저임금액에 미치지 못하는 임금을 지급한 경우 도급인은 해당 수급인과 연대(連帶)하여 책임을 진다.

⑧ 제7항에 따른 도급인이 책임져야 할 사유의 범위는 다음 각 호와 같다.

1. 도급인이 도급계약 체결 당시 인건비 단가를 최저임금액에 미치지 못하는 금액으로 결정하는 행위
2. 도급인이 도급계약 기간 중 인건비 단가를 최저임금액에 미치지 못하는 금액으로 낮춘 행위

⑨ 두 차례 이상의 도급으로 사업을 행하는 경우에는 제7항의 "수급인"은 "하수급인(下受給人)"으로 보고, 제7항과 제8항의 "도급인"은 "직상(直上) 수급인(하수급인에게 직접 하도급을 준 수급인)"으로 본다.

[전문개정 2008. 3. 21.]

[시행일:2012. 7. 1.] 제6조제5항 중 「지방자치법」 제2조제1항제1호의 특별시 및 광역시와 제주특별자치도 및 「지방자치법」 제2조제1항제2호의 시지역을 제외한 지역

제6조의2(최저임금 산입을 위한 취업규칙 변경절차의 특례) 사용자가 제6조제4항에 따라 산입되는 임금에 포함시키기 위하여 1개월을 초과하는 주기로 지급하는 임금을 총액의 변동 없이 매월 지급하는 것으로 취업규칙을 변경하려는 경우에는 「근로기준법」 제94조제1항에도 불구하고 해당 사업 또는 사업장에 근로자의 과반수로 조직된 노동조합이 있는 경우에는 그 노동조합, 근로자의 과반수로 조직된 노동조합이 없는 경우에는 근로자의 과반수의 의견을 들어야 한다.

[본조신설 2018. 6. 12.]

제7조(최저임금의 적용 제외) 다음 각 호의 어느 하나에 해당하는 자로서 사용자가 대통령령으로 정하는 바에 따라 고용노동부장관의 인가를 받은 자에 대하여는 제6조를 적용하지 아니한다. <개정 2010. 6. 4.>

1. 정신장애나 신체장애로 근로능력이 현저히 낮은 자
2. 그 밖에 최저임금을 적용하는 것이 적당하지 아니하다고 인정되는 자

[전문개정 2008. 3. 21.]

제3장 최저임금의 결정 <개정 2008. 3. 21.>

제8조(최저임금의 결정) ① 고용노동부장관은 매년 8월 5일까지 최저임금을 결정하여야 한다. 이 경우 고용노동부장관은 대통령령으로 정하는 바에 따라 제12조에 따른 최저임금위원회(이하 "위원회"라 한다)에 심의를 요청하고, 위원회가 심의하여 의결한 최저임금안에 따라 최저임금을 결정하여야 한다. <개정 2010. 6. 4.>

② 위원회는 제1항 후단에 따라 고용노동부장관으로부터 최저임금에 관한 심의 요청을 받은 경우 이를 심의하여 최저임금안을 의결하고 심의 요청을 받은 날부터 90일 이내에 고용노동부장관에게 제출하여야 한다. <개정 2010. 6. 4.>

③ 고용노동부장관은 제2항에 따라 위원회가 심의하여 제출한 최저임금안에 따라 최저임금을 결정하기가 어렵다고 인정되면 20일 이내에 그 이유를 밝혀 위원회에 10일 이상의 기간을 정하여 재심의를 요청할 수 있다. <개정 2010. 6. 4.>

④ 위원회는 제3항에 따라 재심의 요청을 받은 때에는 그 기간 내에 재심의하여 그 결과를 고용노동부장관에게 제출하여야 한다. <개정 2010. 6. 4.>

⑤ 고용노동부장관은 위원회가 제4항에 따른 재심의에서 재적위원 과반수의 출석과 출석위원 3분의 2 이상의 찬성으로 제2항에 따른 당초의 최저임금안을 재의결한 경우에는 그에 따라 최저임금을 결정하여야 한다. <개정 2010. 6. 4.>

[전문개정 2008. 3. 21.]

제9조(최저임금안에 대한 이의 제기) ① 고용노동부장관은 제8조제2항에 따라 위원회로부터 최저임금안을 제출받은 때에는 대통령령으로 정하는 바에 따라 최저임금안을 고시하여야 한다. <개정 2010. 6. 4.>

② 근로자를 대표하는 자나 사용자를 대표하는 자는 제1항에 따라 고시된 최저임금안에 대하여 이의가 있으면 고시된 날부터 10일 이내에 대통령령으로 정하는 바에 따라 고용노동부장관에게 이의를 제기할 수 있다. 이 경우 근로자를 대표하는 자나 사용자를 대표하는 자의 범위는 대통령령으로 정한다. <개정 2010. 6. 4.>

③ 고용노동부장관은 제2항에 따른 이의가 이유 있다고 인정되면 그 내용을 밝혀 제8조제3항에 따라 위원회에 최저임금안의 재심의를 요청하여야 한다. <개정 2010. 6. 4.>

④ 고용노동부장관은 제3항에 따라 재심의를 요청한 최저임금안에 대하여 제8조제4항에 따라 위원회가 재심의하여 의결한 최저임금안이 제출될 때까지는 최저임금을 결정하여서는 아니 된다. <개정 2010. 6. 4.>

[전문개정 2008. 3. 21.]

제10조(최저임금의 고시와 효력발생) ① 고용노동부장관은 최저임금을 결정한 때에는 지체 없이 그 내용을 고시하여야 한다. <개정 2010. 6. 4.>

② 제1항에 따라 고시된 최저임금은 다음 연도 1월 1일부터 효력이 발생한다. 다만, 고용노동부장관은 사업의 종류별로 임금교섭시기 등을 고려하여 필요하다고 인정하면 효력발생 시기를 따로 정할 수 있다. <개정 2010. 6. 4.>

[전문개정 2008. 3. 21.]

제11조(주지 의무) 최저임금의 적용을 받는 사용자는 대통령령으로 정하는 바에 따라 해당 최저임금을 그 사업의 근로자가 쉽게 볼 수 있는 장소에 게시하거나 그 외의 적당한 방법으로 근로자에게 널리 알려야 한다.

[전문개정 2008. 3. 21.]

제4장 최저임금위원회 <개정 2008. 3. 21.>

제12조(최저임금위원회의 설치) 최저임금에 관한 심의와 그 밖에 최저임금에 관한 중요 사항을 심의하기 위하여 고용노동부에 최저임금위원회를 둔다. <개정 2010. 6. 4.>

[전문개정 2008. 3. 21.]

제13조(위원회의 기능) 위원회는 다음 각 호의 기

능을 수행한다. <개정 2010. 6. 4.>

1. 최저임금에 관한 심의 및 재심의
2. 최저임금 적용 사업의 종류별 구분에 관한 심의
3. 최저임금제도의 발전을 위한 연구 및 건의
4. 그 밖에 최저임금에 관한 중요 사항으로서 고용노동부장관이 회의에 부치는 사항의 심의

[전문개정 2008. 3. 21.]

제14조(위원회의 구성 등) ① 위원회는 다음 각 호의 위원으로 구성한다.

1. 근로자를 대표하는 위원(이하 "근로자위원"이라 한다) 9명
2. 사용자를 대표하는 위원(이하 "사용자위원"이라 한다) 9명
3. 공익을 대표하는 위원(이하 "공익위원"이라 한다) 9명

② 위원회에 2명의 상임위원을 두며, 상임위원은 공익위원이 된다.

③ 위원의 임기는 3년으로 하되, 연임할 수 있다.

④ 위원이 궐위(闕位)되면 그 보궐위원의 임기는 전임자(前任者) 임기의 남은 기간으로 한다.

⑤ 위원은 임기가 끝났더라도 후임자가 임명되거나 위촉될 때까지 계속하여 직무를 수행한다.

⑥ 위원의 자격과 임명 · 위촉 등에 관하여 필요한 사항은 대통령령으로 정한다.

[전문개정 2008. 3. 21.]

제15조(위원장과 부위원장) ① 위원회에 위원장과 부위원장 각 1명을 둔다.

② 위원장과 부위원장은 공익위원 중에서 위원회가 선출한다.

③ 위원장은 위원회의 사무를 총괄하며 위원회를 대표한다.

④ 위원장이 불가피한 사유로 직무를 수행할 수 없을 때에는 부위원장이 직무를 대행한다.

[전문개정 2008. 3. 21.]

제16조(특별위원) ① 위원회에는 관계 행정기관의 공무원 중에서 3명 이내의 특별위원을 둘 수 있다.

② 특별위원은 위원회의 회의에 출석하여 발언할 수 있다.

③ 특별위원의 자격 및 위촉 등에 관하여 필요한 사항은 대통령령으로 정한다.

[전문개정 2008. 3. 21.]

제17조(회의) ① 위원회의 회의는 다음 각 호의 경우에 위원장이 소집한다. <개정 2010. 6. 4.>

1. 고용노동부장관이 소집을 요구하는 경우
2. 재적위원 3분의 1 이상이 소집을 요구하는 경우
3. 위원장이 필요하다고 인정하는 경우

② 위원장은 위원회 회의의 의장이 된다.

③ 위원회의 회의는 이 법으로 따로 정하는 경우 외에는 재적위원 과반수의 출석과 출석위원 과반수의 찬성으로 의결한다.

④ 위원회가 제3항에 따른 의결을 할 때에는 근로자위원과 사용자위원 각 3분의 1 이상의 출석이 있어야 한다. 다만, 근로자위원이나 사용자위원이 2회 이상 출석요구를 받고도 정당한 이유 없이 출석하지 아니하는 경우에는 그러하지 아니하다.

[전문개정 2008. 3. 21.]

제18조(의견 청취) 위원회는 그 업무를 수행할 때에 필요하다고 인정하면 관계 근로자와 사용자, 그 밖의 관계인의 의견을 들을 수 있다.

[전문개정 2008. 3. 21.]

제19조(전문위원회) ① 위원회는 필요하다고 인정하면 사업의 종류별 또는 특정 사항별로 전문위원회를 둘 수 있다.

② 전문위원회는 위원회 권한의 일부를 위임받아 제13조 각 호의 위원회 기능을 수행한다.

③ 전문위원회는 근로자위원, 사용자위원 및 공익위원 각 5명 이내의 같은 수로 구성한다.

④ 전문위원회에 관하여는 위원회의 운영 등에 관한 제14조제3항부터 제6항까지, 제15조, 제17조 및 제18조를 준용한다. 이 경우 "위원회"를 "전문위원회"로 본다.

[전문개정 2008. 3. 21.]

제20조(사무국) ① 위원회에 그 사무를 처리하게 하기 위하여 사무국을 둔다.
② 사무국에는 최저임금의 심의 등에 필요한 전문적인 사항을 조사 · 연구하게 하기 위하여 3명 이내의 연구위원을 둘 수 있다.
③ 연구위원의 자격 · 위촉 및 수당과 사무국의 조직 · 운영 등에 필요한 사항은 대통령령으로 정한다.
[전문개정 2008. 3. 21.]

제21조(위원의 수당 등) 위원회 및 전문위원회의 위원에게는 대통령령으로 정하는 바에 따라 수당과 여비를 지급할 수 있다.
[전문개정 2008. 3. 21.]

제22조(운영규칙) 위원회는 이 법에 어긋나지 아니하는 범위에서 위원회 및 전문위원회의 운영에 관한 규칙을 제정할 수 있다.
[전문개정 2008. 3. 21.]

제5장 보칙 <개정 2008. 3. 21.>

제23조(생계비 및 임금실태 등의 조사) 고용노동부장관은 근로자의 생계비와 임금실태 등을 매년 조사하여야 한다. <개정 2010. 6. 4.>
[전문개정 2008. 3. 21.]

제24조(정부의 지원) 정부는 근로자와 사용자에게 최저임금제도를 원활하게 실시하는 데에 필요한 자료를 제공하거나 그 밖에 필요한 지원을 하도록 최대한 노력하여야 한다.
[전문개정 2008. 3. 21.]

제25조(보고) 고용노동부장관은 이 법의 시행에 필요한 범위에서 근로자나 사용자에게 임금에 관한 사항을 보고하게 할 수 있다.
<개정 2010. 6. 4.>
[전문개정 2008. 3. 21.]

제26조(근로감독관의 권한) ① 고용노동부장관은 「근로기준법」 제101조에 따른 근로감독관에게 대통령령으로 정하는 바에 따라 이 법의 시행에 관한 사무를 관장하도록 한다.
<개정 2010. 6. 4.>
② 근로감독관은 제1항에 따른 권한을 행사하기 위하여 사업장에 출입하여 장부와 서류의 제출을 요구할 수 있으며 그 밖의 물건을 검사하거나 관계인에게 질문할 수 있다.
③ 제2항에 따라 출입 · 검사를 하는 근로감독관은 그 신분을 표시하는 증표를 지니고 이를 관계인에게 내보여야 한다.
④ 근로감독관은 이 법 위반의 죄에 관하여 「사법경찰관리의 직무를 행할 자와 그 직무범위에 관한 법률」로 정하는 바에 따라 사법경찰관의 직무를 행한다.
[전문개정 2008. 3. 21.]

제26조의2(권한의 위임) 이 법에 따른 고용노동부장관의 권한은 대통령령으로 정하는 바에 따라 그 일부를 지방고용노동관서의 장에게 위임할 수 있다. <개정 2010. 6. 4.>
[전문개정 2008. 3. 21.]

제27조 삭제 <2008. 3. 21.>

제6장 벌칙 <개정 2008. 3. 21.>

제28조(벌칙) ①제6조제1항 또는 제2항을 위반하여 최저임금액보다 적은 임금을 지급하거나 최저임금을 이유로 종전의 임금을 낮춘 자는 3년 이하의 징역 또는 2천만원 이하의 벌금에 처한다. 이 경우 징역과 벌금은 병과(併科)할 수 있다. <개정 2012. 2. 1.>
② 도급인에게 제6조제7항에 따라 연대책임이 발생하여 근로감독관이 그 연대책임을 이행하도록 시정지시하였음에도 불구하고 도급인이 시정기한 내에 이를 이행하지 아니한 경우 2년 이하의 징역 또는 1천만원 이하의 벌금에 처한다. <신설 2012. 2. 1.>
③ 제6조의2를 위반하여 의견을 듣지 아니한 자

는 500만원 이하의 벌금에 처한다.
<신설 2018. 6. 12.>
[전문개정 2008. 3. 21.]

제29조 삭제 <1999. 2. 8.>

제30조(양벌규정) ① 법인의 대표자, 대리인, 사용인, 그 밖의 종업원이 그 법인의 업무에 관하여 제28조의 위반행위를 하면 그 행위자를 벌할 뿐만 아니라 그 법인에도 해당 조문의 벌금형을 과(科)한다.
② 개인의 대리인, 사용인, 그 밖의 종업원이 그 개인의 업무에 관하여 제28조의 위반행위를 하면 그 행위자를 벌할 뿐만 아니라 그 개인에게도 해당 조문의 벌금형을 과한다.
[전문개정 2008. 3. 21.]

제31조(과태료) ① 다음 각 호의 어느 하나에 해당하는 자에게는 100만원 이하의 과태료를 부과한다.
1. 제11조를 위반하여 근로자에게 해당 최저임금을 같은 조에서 규정한 방법으로 널리 알리지 아니한 자
2. 제25조에 따른 임금에 관한 사항의 보고를 하지 아니하거나 거짓 보고를 한 자
3. 제26조제2항에 따른 근로감독관의 요구 또는 검사를 거부 · 방해 또는 기피하거나 질문에 대하여 거짓 진술을 한 자

② 제1항에 따른 과태료는 대통령령으로 정하는 바에 따라 고용노동부장관이 부과 · 징수한다. <개정 2010. 6. 4.>
③ 제2항에 따른 과태료 처분에 불복하는 자는 그 처분을 고지받은 날부터 30일 이내에 고용노동부장관에게 이의를 제기할 수 있다.
<개정 2010. 6. 4.>
④ 제2항에 따른 과태료 처분을 받은 자가 제3항에 따라 이의를 제기하면 고용노동부장관은 지체 없이 관할 법원에 그 사실을 통보하여야 하며, 그 통보를 받은 관할 법원은 「비송사건절차법」에 따른 과태료 재판을 한다.
<개정 2010. 6. 4.>
⑤ 제3항에 따른 기간에 이의를 제기하지 아니하고 과태료를 내지 아니하면 국세 체납처분의 예에 따라 징수한다.
[전문개정 2008. 3. 21.]

부칙
<제15666호,2018. 6. 12.>

제1조(시행일) 이 법은 2019년 1월 1일부터 시행한다.

제2조(최저임금의 효력에 관한 적용 특례) ① 제6조제4항제2호의 개정규정에도 불구하고 같은 호에서 규정하고 있는 "100분의 25"는 다음 각 호에 따른 비율로 한다.
1. 2020년은 100분의 20
2. 2021년은 100분의 15
3. 2022년은 100분의 10
4. 2023년은 100분의 5
5. 2024년부터는 100분의 0

② 제6조제4항제3호의 개정규정에도 불구하고 같은 호 나목에서 규정하고 있는"100분의 7"은 다음 각 호에 따른 비율로 한다.
1. 2020년은 100분의 5
2. 2021년은 100분의 3
3. 2022년은 100분의 2
4. 2023년은 100분의 1
5. 2024년부터는 100분의 0

노동조합 및 노동관계조정법
(약칭 : 노동조합법)

[시행 2018. 10. 16.]
[법률 제15849호, 2018. 10. 16., 일부개정]

제1장 총칙

제1조(목적) 이 법은 헌법에 의한 근로자의 단결권 · 단체교섭권 및 단체행동권을 보장하여 근로조건의 유지 · 개선과 근로자의 경제적 · 사회적 지위의 향상을 도모하고, 노동관계를 공정하게 조정하여 노동쟁의를 예방 · 해결함으로써 산업평화의 유지와 국민경제의 발전에 이바지함을 목적으로 한다.

제2조(정의) 이 법에서 사용하는 용어의 정의는 다음과 같다.

1. "근로자"라 함은 직업의 종류를 불문하고 임금?급료 기타 이에 준하는 수입에 의하여 생활하는 자를 말한다.
2. "사용자"라 함은 사업주, 사업의 경영담당자 또는 그 사업의 근로자에 관한 사항에 대하여 사업주를 위하여 행동하는 자를 말한다.
3. "사용자단체"라 함은 노동관계에 관하여 그 구성원인 사용자에 대하여 조정 또는 규제할 수 있는 권한을 가진 사용자의 단체를 말한다.
4. "노동조합"이라 함은 근로자가 주체가 되어 자주적으로 단결하여 근로조건의 유지 · 개선 기타 근로자의 경제적 · 사회적 지위의 향상을 도모함을 목적으로 조직하는 단체 또는 그 연합단체를 말한다. 다만, 다음 각목의 1에 해당하는 경우에는 노동조합으로 보지 아니한다.
   가. 사용자 또는 항상 그의 이익을 대표하여 행동하는 자의 참가를 허용하는 경우
   나. 경비의 주된 부분을 사용자로부터 원조받는 경우
   다. 공제 · 수양 기타 복리사업만을 목적으로 하는 경우
   라. 근로자가 아닌 자의 가입을 허용하는 경우. 다만, 해고된 자가 노동위원회에 부당노동행위의 구제신청을 한 경우에는 중앙노동위원회의 재심판정이 있을 때까지는 근로자가 아닌 자로 해석하여서는 아니된다.
   마. 주로 정치운동을 목적으로 하는 경우
5. "노동쟁의"라 함은 노동조합과 사용자 또는 사용자단체(이하 "勞動關係 當事者"라 한다)간에 임금 · 근로시간 · 복지 · 해고 기타 대우등 근로조건의 결정에 관한 주장의 불일치로 인하여 발생한 분쟁상태를 말한다. 이 경우 주장의 불일치라 함은 당사자간에 합의를 위한 노력을 계속하여도 더이상 자주적 교섭에 의한 합의의 여지가 없는 경우를 말한다.
6. "쟁의행위"라 함은 파업 · 태업 · 직장폐쇄 기타 노동관계 당사자가 그 주장을 관철할 목적으로 행하는 행위와 이에 대항하는 행위로서 업무의 정상적인 운영을 저해하는 행위를 말한다.

제3조(손해배상 청구의 제한) 사용자는 이 법에 의한 단체교섭 또는 쟁의행위로 인하여 손해를 입은 경우에 노동조합 또는 근로자에 대하여 그 배상을 청구할 수 없다.

제4조(정당행위) 형법 제20조의 규정은 노동조합이 단체교섭 · 쟁의행위 기타의 행위로서 제1조의 목적을 달성하기 위하여 한 정당한 행위에 대하여 적용된다. 다만, 어떠한 경우에도 폭력이나 파괴행위는 정당한 행위로 해석되어서는 아니된다.

제2장 노동조합

제1절 통칙

제5조(노동조합의 조직 · 가입) 근로자는 자유로이 노동조합을 조직하거나 이에 가입할 수 있다. 다만, 공무원과 교원에 대하여는 따로 법률로 정한다.

제6조(법인격의 취득) ① 노동조합은 그 규약이 정하는 바에 의하여 법인으로 할 수 있다.

② 노동조합은 당해 노동조합을 법인으로 하고자 할 경우에는 대통령령이 정하는 바에 의하여 등기를 하여야 한다.

③ 법인인 노동조합에 대하여는 이 법에 규정된 것을 제외하고는 민법중 사단법인에 관한 규정을 적용한다.

제7조(노동조합의 보호요건) ① 이 법에 의하여 설립된 노동조합이 아니면 노동위원회에 노동쟁의의 조정 및 부당노동행위의 구제를 신청할 수 없다.

② 제1항의 규정은 제81조제1호 · 제2호 및 제5호의 규정에 의한 근로자의 보호를 부인하는 취지로 해석되어서는 아니된다.

③ 이 법에 의하여 설립된 노동조합이 아니면 노동조합이라는 명칭을 사용할 수 없다.

제8조(조세의 면제) 노동조합에 대하여는 그 사업체를 제외하고는 세법이 정하는 바에 따라 조세를 부과하지 아니한다.

제9조(차별대우의 금지) 노동조합의 조합원은 어떠한 경우에도 인종, 종교, 성별, 연령, 신체적 조건, 고용형태, 정당 또는 신분에 의하여 차별대우를 받지 아니한다. <개정 2008. 3. 28.>

[제목개정 2008. 3. 28.]

제2절 노동조합의 설립

제10조(설립의 신고) ① 노동조합을 설립하고자 하는 자는 다음 각호의 사항을 기재한 신고서에 제11조의 규정에 의한 규약을 첨부하여 연합단체인 노동조합과 2 이상의 특별시 · 광역시 · 특별자치시 · 도 · 특별자치도에 걸치는 단위노동조합은 고용노동부장관에게, 2 이상의 시 · 군 · 구(자치구를 말한다)에 걸치는 단위노동조합은 특별시장 · 광역시장 · 도지사에게, 그 외의 노동조합은 특별자치시장 · 특별자치도지사 · 시장 · 군수 · 구청장(자치구의 구청장을 말한다. 이하 제12조제1항에서 같다)에게 제출하여야 한다. <개정 1998. 2. 20., 2006. 12. 30., 2010. 6. 4., 2014. 5. 20.>

1. 명칭
2. 주된 사무소의 소재지
3. 조합원수
4. 임원의 성명과 주소
5. 소속된 연합단체가 있는 경우에는 그 명칭
6. 연합단체인 노동조합에 있어서는 그 구성노동단체의 명칭, 조합원수, 주된 사무소의 소재지 및 임원의 성명 · 주소

② 제1항의 규정에 의한 연합단체인 노동조합은 동종산업의 단위노동조합을 구성원으로 하는 산업별 연합단체와 산업별 연합단체 또는 전국규모의 산업별 단위노동조합을 구성원으로 하는 총연합단체를 말한다.

제11조(규약) 노동조합은 그 조직의 자주적 · 민주적 운영을 보장하기 위하여 당해 노동조합의 규약에 다음 각 호의 사항을 기재하여야 한다. <개정 2006. 12. 30.>

1. 명칭
2. 목적과 사업
3. 주된 사무소의 소재지
4. 조합원에 관한 사항(聯合團體인 勞動組合에 있어서는 그 構成團體에 관한 사항)
5. 소속된 연합단체가 있는 경우에는 그 명칭
6. 대의원회를 두는 경우에는 대의원회에 관한 사항
7. 회의에 관한 사항
8. 대표자와 임원에 관한 사항
9. 조합비 기타 회계에 관한 사항
10. 규약변경에 관한 사항
11. 해산에 관한 사항
12. 쟁의행위와 관련된 찬반투표 결과의 공개, 투표자 명부 및 투표용지 등의 보존 · 열람에 관한 사항
13. 대표자와 임원의 규약위반에 대한 탄핵에 관한 사항
14. 임원 및 대의원의 선거절차에 관한 사항
15. 규율과 통제에 관한 사항

제12조(신고증의 교부) ① 고용노동부장관, 특별시장 · 광역시장 · 특별자치시장 · 도지사 · 특별자치도지사 또는 시장 · 군수 · 구청장(이하 "행정관청"이라 한다)은 제10조제1항의 규정에 의한 설립신고서를 접수한 때에는 제2항 전단 및 제3항의 경우를 제외하고는 3일 이내에 신고증을 교부하여야 한다. <개정 1998.2.20., 2006.12.30., 2010.6.4., 2014.5.20.>

② 행정관청은 설립신고서 또는 규약이 기재사항의 누락등으로 보완이 필요한 경우에는 대통령령이 정하는 바에 따라 20일 이내의 기간을 정하여 보완을 요구하여야 한다. 이 경우 보완된 설립신고서 또는 규약을 접수한 때에는 3일 이내에 신고증을 교부하여야 한다.
<개정 1998.2.20.>

③ 행정관청은 설립하고자 하는 노동조합이 다음 각호의 1에 해당하는 경우에는 설립신고서를 반려하여야 한다. <개정 1998.2.20.>

1. 제2조제4호 각목의 1에 해당하는 경우
2. 제2항의 규정에 의하여 보완을 요구하였음에도 불구하고 그 기간내에 보완을 하지 아니하는 경우

④ 노동조합이 신고증을 교부받은 경우에는 설립신고서가 접수된 때에 설립된 것으로 본다.

제13조(변경사항의 신고등) ① 노동조합은 제10조제1항의 규정에 의하여 설립신고된 사항중 다음 각호의 1에 해당하는 사항에 변경이 있는 때에는 그 날부터 30일 이내에 행정관청에게 변경신고를 하여야 한다.
<개정 1998.2.20., 2001.3.28.>

1. 명칭
2. 주된 사무소의 소재지
3. 대표자의 성명
4. 소속된 연합단체의 명칭

② 노동조합은 매년 1월 31일까지 다음 각호의 사항을 행정관청에게 통보하여야 한다. 다만, 제1항의 규정에 의하여 전년도에 변경신고된 사항은 그러하지 아니하다.
<개정 1998.2.20., 2001.3.28.>

1. 전년도에 규약의 변경이 있는 경우에는 변경된 규약내용
2. 전년도에 임원의 변경이 있는 경우에는 변경된 임원의 성명
3. 전년도 12월 31일 현재의 조합원수(聯合團體인 勞動組合에 있어서는 構成團體別 組合員數)

제3절 노동조합의 관리

제14조(서류비치등) ① 노동조합은 조합설립일부터 30일 이내에 다음 각호의 서류를 작성하여 그 주된 사무소에 비치하여야 한다.

1. 조합원 명부(聯合團體인 勞動組合에 있어서는 그 構成團體의 명칭)
2. 규약
3. 임원의 성명 · 주소록
4. 회의록
5. 재정에 관한 장부와 서류

② 제1항제4호 및 제5호의 서류는 3연간 보존하여야 한다.

제15조(총회의 개최) ① 노동조합은 매년 1회 이상 총회를 개최하여야 한다.

② 노동조합의 대표자는 총회의 의장이 된다.

제16조(총회의 의결사항) ① 다음 각호의 사항은 총회의 의결을 거쳐야 한다.

1. 규약의 제정과 변경에 관한 사항
2. 임원의 선거와 해임에 관한 사항
3. 단체협약에 관한 사항
4. 예산 · 결산에 관한 사항
5. 기금의 설치 · 관리 또는 처분에 관한 사항
6. 연합단체의 설립 · 가입 또는 탈퇴에 관한 사항
7. 합병 · 분할 또는 해산에 관한 사항
8. 조직형태의 변경에 관한 사항
9. 기타 중요한 사항

② 총회는 재적조합원 과반수의 출석과 출석조합원 과반수의 찬성으로 의결한다. 다만, 규약의 제정 · 변경, 임원의 해임, 합병 · 분할 · 해산 및 조직형태의 변경에 관한 사항은 재적조합원 과반수의 출석과 출석조합원 3분의 2 이상의 찬

성이 있어야 한다.

③ 임원의 선거에 있어서 출석조합원 과반수의 찬성을 얻은 자가 없는 경우에는 제2항 본문의 규정에 불구하고 규약이 정하는 바에 따라 결선투표를 실시하여 다수의 찬성을 얻은 자를 임원으로 선출할 수 있다.

④ 규약의 제정 · 변경과 임원의 선거 · 해임에 관한 사항은 조합원의 직접 · 비밀 · 무기명투표에 의하여야 한다.

제17조(대의원회) ① 노동조합은 규약으로 총회에 갈음할 대의원회를 둘 수 있다.

② 대의원은 조합원의 직접 · 비밀 · 무기명투표에 의하여 선출되어야 한다.

③ 대의원의 임기는 규약으로 정하되 3년을 초과할 수 없다.

④ 대의원회를 둔 때에는 총회에 관한 규정은 대의원회에 이를 준용한다.

제18조(임시총회등의 소집) ① 노동조합의 대표자는 필요하다고 인정할 때에는 임시총회 또는 임시대의원회를 소집할 수 있다.

② 노동조합의 대표자는 조합원 또는 대의원의 3분의 1 이상(聯合團體인 勞動組合에 있어서는 그 構成團體의 3分의 1 이상)이 회의에 부의할 사항을 제시하고 회의의 소집을 요구한 때에는 지체없이 임시총회 또는 임시대의원회를 소집하여야 한다.

③ 행정관청은 노동조합의 대표자가 제2항의 규정에 의한 회의의 소집을 고의로 기피하거나 이를 해태하여 조합원 또는 대의원의 3분의 1 이상이 소집권자의 지명을 요구한 때에는 15일 이내에 노동위원회의 의결을 요청하고 노동위원회의 의결이 있는 때에는 지체없이 회의의 소집권자를 지명하여야 한다. <개정 1998.2.20.>

④ 행정관청은 노동조합에 총회 또는 대의원회의 소집권자가 없는 경우에 조합원 또는 대의원의 3분의 1 이상이 회의에 부의할 사항을 제시하고 소집권자의 지명을 요구한 때에는 15일 이내에 회의의 소집권자를 지명하여야 한다.
<개정 1998.2.20.>

제19조(소집의 절차) 총회 또는 대의원회는 회의개최일 7일전까지 그 회의에 부의할 사항을 공고하고 규약에 정한 방법에 의하여 소집하여야 한다. 다만, 노동조합이 동일한 사업장내의 근로자로 구성된 경우에는 그 규약으로 공고기간을 단축할 수 있다.

제20조(표결권의 특례) 노동조합이 특정 조합원에 관한 사항을 의결할 경우에는 그 조합원은 표결권이 없다.

제21조(규약 및 결의처분의 시정) ① 행정관청은 노동조합의 규약이 노동관계법령에 위반한 경우에는 노동위원회의 의결을 얻어 그 시정을 명할 수 있다. <개정 1998.2.20.>

② 행정관청은 노동조합의 결의 또는 처분이 노동관계법령 또는 규약에 위반된다고 인정할 경우에는 노동위원회의 의결을 얻어 그 시정을 명할 수 있다. 다만, 규약위반시의 시정명령은 이해관계인의 신청이 있는 경우에 한한다.
<개정 1998. 2. 20.>

③ 제1항 또는 제2항의 규정에 의하여 시정명령을 받은 노동조합은 30일 이내에 이를 이행하여야 한다. 다만, 정당한 사유가 있는 경우에는 그 기간을 연장할 수 있다.

제22조(조합원의 권리와 의무) 노동조합의 조합원은 균등하게 그 노동조합의 모든 문제에 참여할 권리와 의무를 가진다. 다만, 노동조합은 그 규약으로 조합비를 납부하지 아니하는 조합원의 권리를 제한할 수 있다.

제23조(임원의 선거등) ① 노동조합의 임원은 그 조합원중에서 선출되어야 한다.

② 임원의 임기는 규약으로 정하되 3년을 초과할 수 없다.

제24조(노동조합의 전임자) ① 근로자는 단체협약으로 정하거나 사용자의 동의가 있는 경우에는 근로계약 소정의 근로를 제공하지 아니하고 노동조합의 업무에만 종사할 수 있다.

② 제1항의 규정에 의하여 노동조합의 업무에만 종사하는 자(이하 "專任者"라 한다)는 그 전임기간동안 사용자로부터 어떠한 급여도 지급받아서는 아니된다.
③ 사용자는 전임자의 정당한 노동조합 활동을 제한하여서는 아니 된다. <신설 2010. 1. 1.>
④ 제2항에도 불구하고 단체협약으로 정하거나 사용자가 동의하는 경우에는 사업 또는 사업장별로 조합원 수 등을 고려하여 제24조의2에 따라 결정된 근로시간 면제 한도(이하 "근로시간 면제 한도"라 한다)를 초과하지 아니하는 범위에서 근로자는 임금의 손실 없이 사용자와의 협의 · 교섭, 고충처리, 산업안전 활동 등 이 법 또는 다른 법률에서 정하는 업무와 건전한 노사관계 발전을 위한 노동조합의 유지 · 관리업무를 할 수 있다. <신설 2010. 1. 1.>
⑤ 노동조합은 제2항과 제4항을 위반하는 급여 지급을 요구하고 이를 관철할 목적으로 쟁의행위를 하여서는 아니 된다. <신설 2010. 1. 1.>

제24조의2(근로시간면제심의위원회) ① 근로시간 면제 한도를 정하기 위하여 근로시간면제심의위원회(이하 이 조에서 "위원회"라 한다)를 고용노동부에 둔다. <개정 2010. 6. 4.>
② 근로시간 면제 한도는 위원회가 심의 · 의결한 바에 따라 고용노동부장관이 고시하되, 3년마다 그 적정성 여부를 재심의하여 결정할 수 있다. <개정 2010. 6. 4.>
③ 위원회는 노동계와 경영계가 추천하는 위원 각 5명, 정부가 추천하는 공익위원 5명으로 구성된다.
④ 위원장은 공익위원 중에서 위원회가 선출한다.
⑤ 위원회는 재적위원 과반수의 출석과 출석위원 과반수의 찬성으로 의결한다.
⑥ 위원의 자격, 위촉과 위원회의 운영 등에 필요한 사항은 대통령령으로 정한다.
[본조신설 2010. 1. 1.]

제25조(회계감사) ① 노동조합의 대표자는 그 회계감사원으로 하여금 6월에 1회 이상 당해 노동조합의 모든 재원 및 용도, 주요한 기부자의 성명, 현재의 경리 상황등에 대한 회계감사를 실시하게 하고 그 내용과 감사결과를 전체 조합원에게 공개하여야 한다.
② 노동조합의 회계감사원은 필요하다고 인정할 경우에는 당해 노동조합의 회계감사를 실시하고 그 결과를 공개할 수 있다.

제26조(운영상황의 공개) 노동조합의 대표자는 회계연도마다 결산결과와 운영상황을 공표하여야 하며 조합원의 요구가 있을 때에는 이를 열람하게 하여야 한다.

제27조(자료의 제출) 노동조합은 행정관청이 요구하는 경우에는 결산결과와 운영상황을 보고하여야 한다. <개정 1998. 2. 20.>

제4절 노동조합의 해산

제28조(해산사유) ① 노동조합은 다음 각호의 1에 해당하는 경우에는 해산한다.
<개정 1998. 2. 20.>
1. 규약에서 정한 해산사유가 발생한 경우
2. 합병 또는 분할로 소멸한 경우
3. 총회 또는 대의원회의 해산결의가 있는 경우
4. 노동조합의 임원이 없고 노동조합으로서의 활동을 1년 이상 하지 아니한 것으로 인정되는 경우로서 행정관청이 노동위원회의 의결을 얻은 경우

② 제1항제1호 내지 제3호의 사유로 노동조합이 해산한 때에는 그 대표자는 해산한 날부터 15일 이내에 행정관청에게 이를 신고하여야 한다. <개정 1998. 2. 20.>

제3장 단체교섭 및 단체협약

제29조(교섭 및 체결권한) ① 노동조합의 대표자는 그 노동조합 또는 조합원을 위하여 사용자나 사용자단체와 교섭하고 단체협약을 체결할 권한을 가진다.

② 제29조의2에 따라 결정된 교섭대표노동조합(이하 "교섭대표노동조합"이라 한다)의 대표자는 교섭을 요구한 모든 노동조합 또는 조합원을 위하여 사용자와 교섭하고 단체협약을 체결할 권한을 가진다. <신설 2010. 1. 1.>

③ 노동조합과 사용자 또는 사용자단체로부터 교섭 또는 단체협약의 체결에 관한 권한을 위임받은 자는 그 노동조합과 사용자 또는 사용자단체를 위하여 위임받은 범위안에서 그 권한을 행사할 수 있다. <개정 2010. 1. 1.>

④ 노동조합과 사용자 또는 사용자단체는 제3항에 따라 교섭 또는 단체협약의 체결에 관한 권한을 위임한 때에는 그 사실을 상대방에게 통보하여야 한다. <개정 2010. 1. 1.>

제29조의2(교섭창구 단일화 절차) ① 하나의 사업 또는 사업장에서 조직형태에 관계없이 근로자가 설립하거나 가입한 노동조합이 2개 이상인 경우 노동조합은 교섭대표노동조합(2개 이상의 노동조합 조합원을 구성원으로 하는 교섭대표기구를 포함한다. 이하 같다)을 정하여 교섭을 요구하여야 한다. 다만, 제2항에 따라 교섭대표노동조합을 자율적으로 결정하는 기한 내에 사용자가 이 조에서 정하는 교섭창구 단일화 절차를 거치지 아니하기로 동의한 경우에는 그러하지 아니하다.

② 교섭대표노동조합 결정 절차(이하 "교섭창구 단일화 절차"라 한다)에 참여한 모든 노동조합은 대통령령으로 정하는 기한 내에 자율적으로 교섭대표노동조합을 정한다.

③ 제2항에 따른 기한내에 교섭대표노동조합을 정하지 못하고 제1항 단서에 따른 사용자의 동의를 얻지 못한 경우에는 교섭창구 단일화 절차에 참여한 노동조합의 전체 조합원 과반수로 조직된 노동조합(2개 이상의 노동조합이 위임 또는 연합 등의 방법으로 교섭창구 단일화 절차에 참여한 노동조합 전체 조합원의 과반수가 되는 경우를 포함한다)이 교섭대표노동조합이 된다.

④ 제2항과 제3항에 따라 교섭대표노동조합을 결정하지 못한 경우에는 교섭창구 단일화 절차에 참여한 모든 노동조합은 공동으로 교섭대표단(이하 이 조에서 "공동교섭대표단"이라 한다)을 구성하여 사용자와 교섭하여야 한다. 이 때 공동교섭대표단에 참여할 수 있는 노동조합은 그 조합원 수가 교섭창구 단일화 절차에 참여한 노동조합의 전체 조합원 100분의 10 이상인 노동조합으로 한다.

⑤ 제4항에 따른 공동교섭대표단의 구성에 합의하지 못할 경우에 노동위원회는 해당 노동조합의 신청에 따라 조합원 비율을 고려하여 이를 결정할 수 있다.

⑥ 제1항부터 제4항까지의 규정에 따른 교섭대표노동조합을 결정함에 있어 교섭요구 사실, 조합원 수 등에 대한 이의가 있는 때에는 노동위원회는 대통령령으로 정하는 바에 따라 노동조합의 신청을 받아 그 이의에 대한 결정을 할 수 있다.

⑦ 제5항 및 제6항에 따른 노동위원회의 결정에 대한 불복절차 및 효력은 제69조와 제70조제2항을 준용한다.

⑧ 노동조합의 교섭요구 · 참여 방법, 교섭대표노동조합 결정을 위한 조합원 수 산정 기준 등 교섭창구 단일화 절차와 교섭비용 증가 방지 등에 관하여 필요한 사항은 대통령령으로 정한다.

[본조신설 2010. 1. 1.]

제29조의3(교섭단위 결정) ① 제29조의2에 따라 교섭대표노동조합을 결정하여야 하는 단위(이하 "교섭단위"라 한다)는 하나의 사업 또는 사업장으로 한다.

② 제1항에도 불구하고 하나의 사업 또는 사업장에서 현격한 근로조건의 차이, 고용형태, 교섭 관행 등을 고려하여 교섭단위를 분리할 필요가 있다고 인정되는 경우에 노동위원회는 노동관계 당사자의 양쪽 또는 어느 한 쪽의 신청을 받아 교섭단위를 분리하는 결정을 할 수 있다.

③ 제2항에 따른 노동위원회의 결정에 대한 불복절차 및 효력은 제69조와 제70조제2항을 준용한다.

④ 교섭단위 분리 신청 및 노동위원회의 결정 기준 · 절차 등에 관하여 필요한 사항은 대통령령으로 정한다.

[본조신설 2010. 1. 1.]

제29조의4(공정대표의무 등) ① 교섭대표노동조합과 사용자는 교섭창구 단일화 절차에 참여한 노동조합 또는 그 조합원 간에 합리적 이유 없이 차별을 하여서는 아니 된다.

② 노동조합은 교섭대표노동조합과 사용자가 제1항을 위반하여 차별한 경우에는 그 행위가 있은 날(단체협약의 내용의 일부 또는 전부가 제1항에 위반되는 경우에는 단체협약 체결일을 말한다)부터 3개월 이내에 대통령령으로 정하는 방법과 절차에 따라 노동위원회에 그 시정을 요청할 수 있다.

③ 노동위원회는 제2항에 따른 신청에 대하여 합리적 이유 없이 차별하였다고 인정한 때에는 그 시정에 필요한 명령을 하여야 한다.

④ 제3항에 따른 노동위원회의 명령 또는 결정에 대한 불복절차 등에 관하여는 제85조 및 제86조를 준용한다.

[본조신설 2010. 1. 1.]

제29조의5(그 밖의 교섭창구 단일화 관련 사항) 교섭대표노동조합이 있는 경우에 제2조제5호, 제29조제3항 · 제4항, 제30조, 제37조제2항, 제38조제3항, 제42조의6제1항, 제44조제2항, 제46조제1항, 제55조제3항, 제72조제3항 및 제81조제3호 중 "노동조합"은 "교섭대표노동조합"으로 본다.

[본조신설 2010. 1. 1.]

제30조(교섭등의 원칙) ① 노동조합과 사용자 또는 사용자단체는 신의에 따라 성실히 교섭하고 단체협약을 체결하여야 하며 그 권한을 남용하여서는 아니된다.

② 노동조합과 사용자 또는 사용자단체는 정당한 이유없이 교섭 또는 단체협약의 체결을 거부하거나 해태하여서는 아니된다.

제31조(단체협약의 작성) ① 단체협약은 서면으로 작성하여 당사자 쌍방이 서명 또는 날인하여야 한다. <개정 2006. 12. 30.>

② 단체협약의 당사자는 단체협약의 체결일부터 15일 이내에 이를 행정관청에게 신고하여야 한다. <개정 1998. 2. 20.>

③ 행정관청은 단체협약중 위법한 내용이 있는 경우에는 노동위원회의 의결을 얻어 그 시정을 명할 수 있다. <개정 1998. 2. 20.>

제32조(단체협약의 유효기간) ① 단체협약에는 2년을 초과하는 유효기간을 정할 수 없다.

② 단체협약에 그 유효기간을 정하지 아니한 경우 또는 제1항의 기간을 초과하는 유효기간을 정한 경우에 그 유효기간은 2년으로 한다.

③ 단체협약의 유효기간이 만료되는 때를 전후하여 당사자 쌍방이 새로운 단체협약을 체결하고자 단체교섭을 계속하였음에도 불구하고 새로운 단체협약이 체결되지 아니한 경우에는 별도의 약정이 있는 경우를 제외하고는 종전의 단체협약은 그 효력만료일부터 3월까지 계속 효력을 갖는다. 다만, 단체협약에 그 유효기간이 경과한 후에도 새로운 단체협약이 체결되지 아니한 때에는 새로운 단체협약이 체결될 때까지 종전 단체협약의 효력을 존속시킨다는 취지의 별도의 약정이 있는 경우에는 그에 따르되, 당사자 일방은 해지하고자 하는 날의 6월전까지 상대방에게 통고함으로써 종전의 단체협약을 해지할 수 있다. <개정 1998. 2. 20.>

제33조(기준의 효력) ① 단체협약에 정한 근로조건 기타 근로자의 대우에 관한 기준에 위반하는 취업규칙 또는 근로계약의 부분은 무효로 한다.

② 근로계약에 규정되지 아니한 사항 또는 제1항의 규정에 의하여 무효로 된 부분은 단체협약에 정한 기준에 의한다.

제34조(단체협약의 해석) ① 단체협약의 해석 또는 이행방법에 관하여 관계 당사자간에 의견의 불일치가 있는 때에는 당사자 쌍방 또는 단체협약에 정하는 바에 의하여 어느 일방이 노동위원회에 그 해석 또는 이행방법에 관한 견해의 제시를 요청할 수 있다.

② 노동위원회는 제1항의 규정에 의한 요청을 받은 때에는 그 날부터 30일 이내에 명확한 견해를 제시하여야 한다.

③ 제2항의 규정에 의하여 노동위원회가 제시한 해석 또는 이행방법에 관한 견해는 중재재정과 동일한 효력을 가진다.

제35조(일반적 구속력) 하나의 사업 또는 사업장에 상시 사용되는 동종의 근로자 반수 이상이 하나의 단체협약의 적용을 받게 된 때에는 당해 사업 또는 사업장에 사용되는 다른 동종의 근로자에 대하여도 당해 단체협약이 적용된다.

제36조(지역적 구속력) ① 하나의 지역에 있어서 종업하는 동종의 근로자 3분의 2 이상이 하나의 단체협약의 적용을 받게 된 때에는 행정관청은 당해 단체협약의 당사자의 쌍방 또는 일방의 신청에 의하거나 그 직권으로 노동위원회의 의결을 얻어 당해 지역에서 종업하는 다른 동종의 근로자와 그 사용자에 대하여도 당해 단체협약을 적용한다는 결정을 할 수 있다.
<개정 1998. 2. 20.>

② 행정관청이 제1항의 규정에 의한 결정을 한 때에는 지체없이 이를 공고하여야 한다.
<개정 1998. 2. 20.>

제4장 쟁의행위

제37조(쟁의행위의 기본원칙) ① 쟁의행위는 그 목적 · 방법 및 절차에 있어서 법령 기타 사회질서에 위반되어서는 아니된다.

② 조합원은 노동조합에 의하여 주도되지 아니한 쟁의행위를 하여서는 아니된다.

제38조(노동조합의 지도와 책임) ① 쟁의행위는 그 쟁의행위와 관계없는 자 또는 근로를 제공하고자 하는 자의 출입 · 조업 기타 정상적인 업무를 방해하는 방법으로 행하여져서는 아니되며 쟁의행위의 참가를 호소하거나 설득하는 행위로서 폭행 · 협박을 사용하여서는 아니된다.

② 작업시설의 손상이나 원료 · 제품의 변질 또는 부패를 방지하기 위한 작업은 쟁의행위 기간중에도 정상적으로 수행되어야 한다.

③ 노동조합은 쟁의행위가 적법하게 수행될 수 있도록 지도 · 관리 · 통제할 책임이 있다.

제39조(근로자의 구속제한) 근로자는 쟁의행위 기간중에는 현행범외에는 이 법 위반을 이유로 구속되지 아니한다.

제40조 삭제 <2006. 12. 30.>

제41조(쟁의행위의 제한과 금지) ① 노동조합의 쟁의행위는 그 조합원의 직접 · 비밀 · 무기명투표에 의한 조합원 과반수의 찬성으로 결정하지 아니하면 이를 행할 수 없다. 제29조의2에 따라 교섭대표노동조합이 결정된 경우에는 그 절차에 참여한 노동조합의 전체 조합원(해당 사업 또는 사업장 소속 조합원으로 한정한다)의 직접 · 비밀 · 무기명투표에 의한 과반수의 찬성으로 결정하지 아니하면 쟁의행위를 할 수 없다.
<개정 2010. 1. 1.>

② 「방위사업법」에 의하여 지정된 주요방위산업체에 종사하는 근로자중 전력, 용수 및 주로 방산물자를 생산하는 업무에 종사하는 자는 쟁의행위를 할 수 없으며 주로 방산물자를 생산하는 업무에 종사하는 자의 범위는 대통령령으로 정한다. <개정 2006. 1. 2.>

제42조(폭력행위등의 금지) ① 쟁의행위는 폭력이나 파괴행위 또는 생산 기타 주요업무에 관련되는 시설과 이에 준하는 시설로서 대통령령이 정하는 시설을 점거하는 형태로 이를 행할 수 없다.

② 사업장의 안전보호시설에 대하여 정상적인 유지 · 운영을 정지 · 폐지 또는 방해하는 행위는 쟁의행위로서 이를 행할 수 없다.

③ 행정관청은 쟁의행위가 제2항의 행위에 해당한다고 인정하는 경우에는 노동위원회의 의결을 얻어 그 행위를 중지할 것을 통보하여야 한다. 다만, 사태가 급박하여 노동위원회의 의결을 얻을 시간적 여유가 없을 때에는 그 의결을 얻지 아니하고 즉시 그 행위를 중지할 것을 통보할 수 있다. <개정 1998. 2. 20., 2006. 12. 30.>

④ 제3항 단서의 경우에 행정관청은 지체없이 노동위원회의 사후승인을 얻어야 하며 그 승인을 얻지 못한 때에는 그 통보는 그때부터 효력을 상실한다. <개정 1998.2.20., 2006.12.30.>

제42조의2(필수유지업무에 대한 쟁의행위의 제한) ① 이 법에서 "필수유지업무"라 함은 제71조제2항의 규정에 따른 필수공익사업의 업무 중 그 업무가 정지되거나 폐지되는 경우 공중의 생명·건강 또는 신체의 안전이나 공중의 일상생활을 현저히 위태롭게 하는 업무로서 대통령령이 정하는 업무를 말한다.

② 필수유지업무의 정당한 유지·운영을 정지·폐지 또는 방해하는 행위는 쟁의행위로서 이를 행할 수 없다.

[본조신설 2006.12.30.]

제42조의3(필수유지업무협정) 노동관계 당사자는 쟁의행위기간 동안 필수유지업무의 정당한 유지·운영을 위하여 필수유지업무의 필요 최소한의 유지·운영 수준, 대상직무 및 필요인원 등을 정한 협정(이하"필수유지업무협정"이라 한다)을 서면으로 체결하여야 한다. 이 경우 필수유지업무협정에는 노동관계 당사자 쌍방이 서명 또는 날인하여야 한다.

[본조신설 2006.12.30.]

제42조의4(필수유지업무 유지·운영 수준 등의 결정) ① 노동관계 당사자 쌍방 또는 일방은 필수유지업무협정이 체결되지 아니하는 때에는 노동위원회에 필수유지업무의 필요 최소한의 유지·운영 수준, 대상직무 및 필요인원 등의 결정을 신청하여야 한다.

② 제1항의 규정에 따른 신청을 받은 노동위원회는 사업 또는 사업장별 필수유지업무의 특성 및 내용 등을 고려하여 필수유지업무의 필요 최소한의 유지·운영 수준, 대상직무 및 필요인원 등을 결정할 수 있다.

③ 제2항의 규정에 따른 노동위원회의 결정은 제72조의 규정에 따른 특별조정위원회가 담당한다.

④ 제2항의 규정에 따른 노동위원회의 결정에 대한 해석 또는 이행방법에 관하여 관계당사자간에 의견이 일치하지 아니하는 경우에는 특별조정위원회의 해석에 따른다. 이 경우 특별조정위원회의 해석은 제2항의 규정에 따른 노동위원회의 결정과 동일한 효력이 있다.

⑤ 제2항의 규정에 따른 노동위원회의 결정에 대한 불복절차 및 효력에 관하여는 제69조와 제70조제2항의 규정을 준용한다.

[본조신설 2006.12.30.]

제42조의5(노동위원회의 결정에 따른 쟁의행위) 제42조의4제2항의 규정에 따라 노동위원회의 결정이 있는 경우 그 결정에 따라 쟁의행위를 한 때에는 필수유지업무를 정당하게 유지·운영하면서 쟁의행위를 한 것으로 본다.

[본조신설 2006.12.30.]

제42조의6(필수유지업무 근무 근로자의 지명) ① 노동조합은 필수유지업무협정이 체결되거나 제42조의4제2항의 규정에 따른 노동위원회의 결정이 있는 경우 사용자에게 필수유지업무에 근무하는 조합원 중 쟁의행위기간 동안 근무하여야 할 조합원을 통보하여야 하며, 사용자는 이에 따라 근로자를 지명하고 이를 노동조합과 그 근로자에게 통보하여야 한다. 다만, 노동조합이 쟁의행위 개시 전까지 이를 통보하지 아니한 경우에는 사용자가 필수유지업무에 근무하여야 할 근로자를 지명하고 이를 노동조합과 그 근로자에게 통보하여야 한다.

<개정 2010.1.1.>

② 제1항에 따른 통보·지명시 노동조합과 사용자는 필수유지업부에 종사하는 근로자가 소속된 노동조합이 2개 이상인 경우에는 각 노동조합의 해당 필수유지업무에 종사하는 조합원 비율을 고려하여야 한다. <신설 2010.1.1.>

[본조신설 2006.12.30.]

제43조(사용자의 채용제한) ① 사용자는 쟁의행위 기간중 그 쟁의행위로 중단된 업무의 수행을 위하여 당해 사업과 관계없는 자를 채용 또는

대체할 수 없다.
② 사용자는 쟁의행위기간중 그 쟁의행위로 중단된 업무를 도급 또는 하도급 줄 수 없다.
③ 제1항 및 제2항의 규정은 필수공익사업의 사용자가 쟁의행위 기간 중에 한하여 당해 사업과 관계없는 자를 채용 또는 대체하거나 그 업무를 도급 또는 하도급 주는 경우에는 적용하지 아니한다. <신설 2006. 12. 30.>
④ 제3항의 경우 사용자는 당해 사업 또는 사업장 파업참가자의 100분의 50을 초과하지 않는 범위 안에서 채용 또는 대체하거나 도급 또는 하도급 줄 수 있다. 이 경우 파업참가자 수의 산정 방법 등은 대통령령으로 정한다.
<신설 2006. 12. 30.>

제44조(쟁의행위 기간중의 임금지급 요구의 금지) ① 사용자는 쟁의행위에 참가하여 근로를 제공하지 아니한 근로자에 대하여는 그 기간중의 임금을 지급할 의무가 없다.
② 노동조합은 쟁의행위 기간에 대한 임금의 지급을 요구하여 이를 관철할 목적으로 쟁의행위를 하여서는 아니된다.

제45조(조정의 전치) ① 노동관계 당사자는 노동쟁의가 발생한 때에는 어느 일방이 이를 상대방에게 서면으로 통보하여야 한다.
② 쟁의행위는 제5장제2절 내지 제4절의 규정에 의한 조정절차(제61조의2의 규정에 따른 조정종료 결정 후의 조정절차를 제외한다)를 거치지 아니하면 이를 행할 수 없다. 다만, 제54조의 규정에 의한 기간내에 조정이 종료되지 아니하거나 제63조의 규정에 의한 기간내에 중재재정이 이루어지지 아니한 경우에는 그러하지 아니하다. <개정 2006. 12. 30.>

제46조(직장폐쇄의 요건) ① 사용자는 노동조합이 쟁의행위를 개시한 이후에만 직장폐쇄를 할 수 있다.
② 사용자는 제1항의 규정에 의한 직장폐쇄를 할 경우에는 미리 행정관청 및 노동위원회에 각각 신고하여야 한다. <개정 1998. 2. 20.>

제5장 노동쟁의의 조정

제1절 통칙

제47조(자주적 조정의 노력) 이 장의 규정은 노동관계 당사자가 직접 노사협의 또는 단체교섭에 의하여 근로조건 기타 노동관계에 관한 사항을 정하거나 노동관계에 관한 주장의 불일치를 조정하고 이에 필요한 노력을 하는 것을 방해하지 아니한다.

제48조(당사자의 책무) 노동관계 당사자는 단체협약에 노동관계의 적정화를 위한 노사협의 기타 단체교섭의 절차와 방식을 규정하고 노동쟁의가 발생한 때에는 이를 자주적으로 해결하도록 노력하여야 한다.

제49조(국가등의 책무) 국가 및 지방자치단체는 노동관계 당사자간에 노동관계에 관한 주장이 일치하지 아니할 경우에 노동관계 당사자가 이를 자주적으로 조정할 수 있도록 조력함으로써 쟁의행위를 가능한 한 예방하고 노동쟁의의 신속·공정한 해결에 노력하여야 한다.

제50조(신속한 처리) 이 법에 의하여 노동관계의 조정을 할 경우에는 노동관계 당사자와 노동위원회 기타 관계기관은 사건을 신속히 처리하도록 노력하여야 한다.

제51조(공익사업등의 우선적 취급) 국가·지방자치단체·국공영기업체·방위산업체 및 공익사업에 있어서의 노동쟁의의 조정은 우선적으로 취급하고 신속히 처리하여야 한다.

제52조(사적 조정·중재) ① 제2절 및 제3절의 규정은 노동관계 당사자가 쌍방의 합의 또는 단체협약이 정하는 바에 따라 각각 다른 조정 또는 중재방법(이하 이 조에서 “사적조정등”이라 한다)에 의하여 노동쟁의를 해결하는 것을 방해하지 아니한다. <개정 2006. 12. 30.>
② 노동관계 당사자는 제1항의 규정에 의하여

노동쟁의를 해결하기로 한 때에는 이를 노동위원회에 신고하여야 한다.

③ 제1항의 규정에 의하여 노동쟁의를 해결하기로 한 때에는 다음 각호의 규정이 적용된다.

1. 조정에 의하여 해결하기로 한 때에는 제45조 제2항 및 제54조의 규정. 이 경우 조정기간은 조정을 개시한 날부터 기산한다.
2. 중재에 의하여 해결하기로 한 때에는 제63조의 규정. 이 경우 쟁의행위의 금지기간은 중재를 개시한 날부터 기산한다.

④ 제1항의 규정에 의하여 조정 또는 중재가 이루어진 경우에 그 내용은 단체협약과 동일한 효력을 가진다.

⑤ 사적조정등을 수행하는 자는 「노동위원회법」 제8조제2항제2호 각 목의 자격을 가진 자로 한다. 이 경우 사적조정 등을 수행하는 자는 노동관계 당사자로부터 수수료, 수당 및 여비 등을 받을 수 있다. <신설 2006. 12. 30.>

제2절 조정

제53조(조정의 개시) ① 노동위원회는 관계 당사자의 일방이 노동쟁의의 조정을 신청한 때에는 지체없이 조정을 개시하여야 하며 관계 당사자 쌍방은 이에 성실히 임하여야 한다.

② 노동위원회는 제1항의 규정에 따른 조정신청 전이라도 원활한 조정을 위하여 교섭을 주선하는 등 관계 당사자의 자주적인 분쟁 해결을 지원할 수 있다. <신설 2006. 12. 30.>

제54조(조정기간) ① 조정은 제53조의 규정에 의한 조정의 신청이 있은 날부터 일반사업에 있어서는 10일, 공익사업에 있어서는 15일 이내에 종료하여야 한다.

② 제1항의 규정에 의한 조정기간은 관계 당사자간의 합의로 일반사업에 있어서는 10일, 공익사업에 있어서는 15일 이내에서 연장할 수 있다.

제55조(조정위원회의 구성) ① 노동쟁의의 조정을 위하여 노동위원회에 조정위원회를 둔다.

② 제1항의 규정에 의한 조정위원회는 조정위원 3인으로 구성한다.

③ 제2항의 규정에 의한 조정위원은 당해 노동위원회의 위원중에서 사용자를 대표하는 자, 근로자를 대표하는 자 및 공익을 대표하는 자 각 1인을 그 노동위원회의 위원장이 지명하되, 근로자를 대표하는 조정위원은 사용자가, 사용자를 대표하는 조정위원은 노동조합이 각각 추천하는 노동위원회의 위원중에서 지명하여야 한다. 다만, 조정위원회의 회의 3일전까지 관계 당사자가 추천하는 위원의 명단제출이 없을 때에는 당해 위원을 위원장이 따로 지명할 수 있다.

④ 노동위원회의 위원장은 근로자를 대표하는 위원 또는 사용자를 대표하는 위원의 불참 등으로 인하여 제3항의 규정에 따른 조정위원회의 구성이 어려운 경우 노동위원회의 공익을 대표하는 위원 중에서 3인을 조정위원으로 지명할 수 있다. 다만, 관계 당사자 쌍방의 합의로 선정한 노동위원회의 위원이 있는 경우에는 그 위원을 조정위원으로 지명한다.
<신설 2006. 12. 30.>

제56조(조정위원회의 위원장) ① 조정위원회에 위원장을 둔다.

② 위원장은 공익을 대표하는 조정위원이 된다. 다만, 제55조제4항의 규정에 따른 조정위원회의 위원장은 조정위원 중에서 호선한다.
<개정 2006. 12. 30.>

제57조(단독조정) ① 노동위원회는 관계 당사자 쌍방의 신청이 있거나 관계 당사자 쌍방의 동의를 얻은 경우에는 조정위원회에 갈음하여 단독조정인에게 조정을 행하게 할 수 있다.

② 제1항의 규정에 의한 단독조정인은 당해 노동위원회의 위원중에서 관계 당사자의 쌍방의 합의로 선정된 자를 그 노동위원회의 위원장이 지명한다.

제58조(주장의 확인등) 조정위원회 또는 단독조정인은 기일을 정하여 관계 당사자 쌍방을 출석하게 하여 주장의 요점을 확인하여야 한다.

제59조(출석금지) 조정위원회의 위원장 또는 단독조정인은 관계 당사자와 참고인외의 자의 출석을 금할 수 있다.

제60조(조정안의 작성) ① 조정위원회 또는 단독조정인은 조정안을 작성하여 이를 관계 당사자에게 제시하고 그 수락을 권고하는 동시에 그 조정안에 이유를 붙여 공표할 수 있으며, 필요한 때에는 신문 또는 방송에 보도등 협조를 요청할 수 있다.

② 조정위원회 또는 단독조정인은 관계 당사자가 수락을 거부하여 더 이상 조정이 이루어질 여지가 없다고 판단되는 경우에는 조정의 종료를 결정하고 이를 관계 당사자 쌍방에 통보하여야 한다.

③ 제1항의 규정에 의한 조정안이 관계 당사자의 쌍방에 의하여 수락된 후 그 해석 또는 이행방법에 관하여 관계 당사자간에 의견의 불일치가 있는 때에는 관계 당사자는 당해 조정위원회 또는 단독조정인에게 그 해석 또는 이행방법에 관한 명확한 견해의 제시를 요청하여야 한다.

④ 조정위원회 또는 단독조정인은 제3항의 규정에 의한 요청을 받은 때에는 그 요청을 받은 날부터 7일 이내에 명확한 견해를 제시하여야 한다.

⑤ 제3항 및 제4항의 해석 또는 이행방법에 관한 견해가 제시될 때까지는 관계 당사자는 당해 조정안의 해석 또는 이행에 관하여 쟁의행위를 할 수 없다.

제61조(조정의 효력) ① 제60조제1항의 규정에 의한 조정안이 관계 당사자에 의하여 수락된 때에는 조정위원 전원 또는 단독조정인은 조정서를 작성하고 관계 당사자와 함께 서명 또는 날인하여야 한다. <개정 2006. 12. 30.>

② 조정서의 내용은 단체협약과 동일한 효력을 가진다.

③ 제60조제4항의 규정에 의하여 조정위원회 또는 단독조정인이 제시한 해석 또는 이행방법에 관한 견해는 중재재정과 동일한 효력을 가진다.

제61조의2(조정종료 결정 후의 조정) ① 노동위원회는 제60조제2항의 규정에 따른 조정의 종료가 결정된 후에도 노동쟁의의 해결을 위하여 조정을 할 수 있다.

② 제1항의 규정에 따른 조정에 관하여는 제55조 내지 제61조의 규정을 준용한다.

[본조신설 2006. 12. 30.]

제3절 중재

제62조(중재의 개시) 노동위원회는 다음 각 호의 어느 하나에 해당하는 때에는 중재를 행한다. <개정 2006. 12. 30.>

1. 관계 당사자의 쌍방이 함께 중재를 신청한 때
2. 관계 당사자의 일방이 단체협약에 의하여 중재를 신청한 때
3. 삭제 <2006. 12. 30.>

제63조(중재시의 쟁의행위의 금지) 노동쟁의가 중재에 회부된 때에는 그 날부터 15일간은 쟁의행위를 할 수 없다.

제64조(중재위원회의 구성) ① 노동쟁의의 중재 또는 재심을 위하여 노동위원회에 중재위원회를 둔다.

② 제1항의 규정에 의한 중재위원회는 중재위원 3인으로 구성한다.

③ 제2항의 중재위원은 당해 노동위원회의 공익을 대표하는 위원중에서 관계 당사자의 합의로 선정한 자에 대하여 그 노동위원회의 위원장이 지명한다. 다만, 관계 당사자간에 합의가 성립되지 아니한 경우에는 노동위원회의 공익을 대표하는 위원중에서 지명한다.

제65조(중재위원회의 위원장) ① 중재위원회에 위원장을 둔다.

② 위원장은 중재위원중에서 호선한다.

제66조(주장의 확인등) ① 중재위원회는 기일을 정하여 관계 당사자 쌍방 또는 일방을 중재위원회에 출석하게 하여 주장의 요점을 확인하여야 한다.

② 관계 당사자가 지명한 노동위원회의 사용자를 대표하는 위원 또는 근로자를 대표하는 위원은 중재위원회의 동의를 얻어 그 회의에 출석하여 의견을 진술할 수 있다.

제67조(출석금지) 중재위원회의 위원장은 관계 당사자와 참고인외의 자의 회의출석을 금할 수 있다.

제68조(중재재정) ① 중재재정은 서면으로 작성하여 이를 행하며 그 서면에는 효력발생 기일을 명시하여야 한다.

② 제1항의 규정에 의한 중재재정의 해석 또는 이행방법에 관하여 관계 당사자간에 의견의 불일치가 있는 때에는 당해 중재위원회의 해석에 따르며 그 해석은 중재재정과 동일한 효력을 가진다.

제69조(중재재정등의 확정) ① 관계 당사자는 지방노동위원회 또는 특별노동위원회의 중재재정이 위법이거나 월권에 의한 것이라고 인정하는 경우에는 그 중재재정서의 송달을 받은 날부터 10일 이내에 중앙노동위원회에 그 재심을 신청할 수 있다.

② 관계 당사자는 중앙노동위원회의 중재재정이나 제1항의 규정에 의한 재심결정이 위법이거나 월권에 의한 것이라고 인정하는 경우에는 행정소송법 제20조의 규정에 불구하고 그 중재재정서 또는 재심결정서의 송달을 받은 날부터 15일 이내에 행정소송을 제기할 수 있다.

③ 제1항 및 제2항에 규정된 기간내에 재심을 신청하지 아니하거나 행정소송을 제기하지 아니한 때에는 그 중재재정 또는 재심결정은 확정된다.

④ 제3항의 규정에 의하여 중재재정이나 재심결정이 확정된 때에는 관계 당사자는 이에 따라야 한다.

제70조(중재재정 등의 효력) ① 제68조제1항의 규정에 따른 중재재정의 내용은 단체협약과 동일한 효력을 가진다.

② 노동위원회의 중재재정 또는 재심결정은 제69조제1항 및 제2항의 규정에 따른 중앙노동위원회에의 재심신청 또는 행정소송의 제기에 의하여 그 효력이 정지되지 아니한다.

[전문개정 2006. 12. 30.]

제4절 공익사업등의 조정에 관한 특칙

제71조(공익사업의 범위등) ① 이 법에서 "공익사업"이라 함은 공중의 일상생활과 밀접한 관련이 있거나 국민경제에 미치는 영향이 큰 사업으로서 다음 각호의 사업을 말한다.

<개정 2006. 12. 30.>

1. 정기노선 여객운수사업 및 항공운수사업
2. 수도사업, 전기사업, 가스사업, 석유정제사업 및 석유공급사업
3. 공중위생사업, 의료사업 및 혈액공급사업
4. 은행 및 조폐사업
5. 방송 및 통신사업

② 이 법에서 "필수공익사업"이라 함은 제1항의 공익사업으로서 그 업무의 정지 또는 폐지가 공중의 일상생활을 현저히 위태롭게 하거나 국민경제를 현저히 저해하고 그 업무의 대체가 용이하지 아니한 다음 각호의 사업을 말한다.

<개정 2006. 12. 30.>

1. 철도사업, 도시철도사업 및 항공운수사업
2. 수도사업, 전기사업, 가스사업, 석유정제사업 및 석유공급사업
3. 병원사업 및 혈액공급사업
4. 한국은행사업
5. 통신사업

제72조(특별조정위원회의 구성) ① 공익사업의 노동쟁의의 조정을 위하여 노동위원회에 특별조정위원회를 둔다.

② 제1항의 규정에 의한 특별조정위원회는 특별조정위원 3인으로 구성한다.

③ 제2항의 규정에 의한 특별조정위원은 그 노동위원회의 공익을 대표하는 위원중에서 노동조합과 사용자가 순차적으로 배제하고 남은 4인 내지 6인중에서 노동위원회의 위원장이 지

명한다. 다만, 관계 당사자가 합의로 당해 노동위원회의 위원이 아닌 자를 추천하는 경우에는 그 추천된 자를 지명한다. <개정 2006. 12. 30.>

제73조(특별조정위원회의 위원장) ① 특별조정위원회에 위원장을 둔다.
② 위원장은 공익을 대표하는 노동위원회의 위원인 특별조정위원중에서 호선하고, 당해 노동위원회의 위원이 아닌 자만으로 구성된 경우에는 그중에서 호선한다. 다만, 공익을 대표하는 위원인 특별조정위원이 1인인 경우에는 당해 위원이 위원장이 된다.

제74조 삭제 <2006. 12. 30.>

제75조 삭제 <2006. 12. 30.>

제5절 긴급조정

제76조(긴급조정의 결정) ① 고용노동부장관은 쟁의행위가 공익사업에 관한 것이거나 그 규모가 크거나 그 성질이 특별한 것으로서 현저히 국민경제를 해하거나 국민의 일상생활을 위태롭게 할 위험이 현존하는 때에는 긴급조정의 결정을 할 수 있다. <개정 2010. 6. 4.>
② 고용노동부장관은 긴급조정의 결정을 하고자 할 때에는 미리 중앙노동위원회 위원장의 의견을 들어야 한다. <개정 2010. 6. 4.>
③ 고용노동부장관은 제1항 및 제2항의 규정에 의하여 긴급조정을 결정한 때에는 지체없이 그 이유를 붙여 이를 공표함과 동시에 중앙노동위원회와 관계 당사자에게 각각 통고하여야 한다. <개정 2010. 6. 4.>

제77조(긴급조정시의 쟁의행위 중지) 관계 당사자는 제76조제3항의 규정에 의한 긴급조정의 결정이 공표된 때에는 즉시 쟁의행위를 중지하여야 하며, 공표일부터 30일이 경과하지 아니하면 쟁의행위를 재개할 수 없다.

제78조(중앙노동위원회의 조정) 중앙노동위원회는 제76조제3항의 규정에 의한 통고를 받은 때에는 지체없이 조정을 개시하여야 한다.

제79조(중앙노동위원회의 중재회부 결정권) ① 중앙노동위원회의 위원장은 제78조의 규정에 의한 조정이 성립될 가망이 없다고 인정한 경우에는 공익위원의 의견을 들어 그 사건을 중재에 회부할 것인가의 여부를 결정하여야 한다.
② 제1항의 규정에 의한 결정은 제76조제3항의 규정에 의한 통고를 받은 날부터 15일 이내에 하여야 한다.

제80조(중앙노동위원회의 중재) 중앙노동위원회는 당해 관계 당사자의 일방 또는 쌍방으로부터 중재신청이 있거나 제79조의 규정에 의한 중재회부의 결정을 한 때에는 지체없이 중재를 행하여야 한다.

제6장 부당노동행위

제81조(부당노동행위) 사용자는 다음 각 호의 어느 하나에 해당하는 행위(이하 "不當勞動行爲"라 한다)를 할 수 없다.
<개정 2006. 12. 30., 2010. 1. 1.>

1. 근로자가 노동조합에 가입 또는 가입하려고 하였거나 노동조합을 조직하려고 하였거나 기타 노동조합의 업무를 위한 정당한 행위를 한 것을 이유로 그 근로자를 해고하거나 그 근로자에게 불이익을 주는 행위
2. 근로자가 어느 노동조합에 가입하지 아니할 것 또는 탈퇴할 것을 고용조건으로 하거나 특정한 노동조합의 조합원이 될 것을 고용조건으로 하는 행위. 다만, 노동조합이 당해 사업장에 종사하는 근로자의 3분의 2 이상을 대표하고 있을 때에는 근로자가 그 노동조합의 조합원이 될 것을 고용조건으로 하는 단체협약의 체결은 예외로 하며, 이 경우 사용자는 근로자가 그 노동조합에서 제명된 것 또는 그 노동조합을 탈퇴하여 새로 노동조합을 조직하거나 다른 노동조합에 가입한 것을 이유

로 근로자에게 신분상 불이익한 행위를 할 수 없다.

3. 노동조합의 대표자 또는 노동조합으로부터 위임을 받은 자와의 단체협약체결 기타의 단체교섭을 정당한 이유없이 거부하거나 해태하는 행위
4. 근로자가 노동조합을 조직 또는 운영하는 것을 지배하거나 이에 개입하는 행위와 노동조합의 전임자에게 급여를 지원하거나 노동조합의 운영비를 원조하는 행위. 다만, 근로자가 근로시간중에 제24조제4항에 따른 활동을 하는 것을 사용자가 허용함은 무방하며, 또한 근로자의 후생자금 또는 경제상의 불행 기타 재액의 방지와 구제등을 위한 기금의 기부와 최소한의 규모의 노동조합사무소의 제공은 예외로 한다.
5. 근로자가 정당한 단체행위에 참가한 것을 이유로 하거나 또는 노동위원회에 대하여 사용자가 이 조의 규정에 위반한 것을 신고하거나 그에 관한 증언을 하거나 기타 행정관청에 증거를 제출한 것을 이유로 그 근로자를 해고하거나 그 근로자에게 불이익을 주는 행위

[헌법불합치, 2012헌바90, 2018.5.31. 노동조합 및 노동관계조정법(2010.1.1. 법률 제9930호로 개정된 것) 제81조 제4호 중 '노동조합의 운영비를 원조하는 행위'에 관한 부분은 헌법에 합치되지 아니한다. 위 법률조항은 2019.12.31.을 시한으로 개정될 때까지 계속 적용된다.]

제82조(구제신청) ① 사용자의 부당노동행위로 인하여 그 권리를 침해당한 근로자 또는 노동조합은 노동위원회에 그 구제를 신청할 수 있다.
② 제1항의 규정에 의한 구제의 신청은 부당노동행위가 있은 날(계속하는 행위는 그 終了日)부터 3월 이내에 이를 행하여야 한다.

제83조(조사등) ① 노동위원회는 제82조의 규정에 의한 구제신청을 받은 때에는 지체없이 필요한 조사와 관계 당사자의 심문을 하여야 한다.
② 노동위원회는 제1항의 규정에 의한 심문을 할 때에는 관계 당사자의 신청에 의하거나 그 직권으로 증인을 출석하게 하여 필요한 사항을 질문할 수 있다.
③ 노동위원회는 제1항의 규정에 의한 심문을 함에 있어서는 관계 당사자에 대하여 증거의 제출과 증인에 대한 반대심문을 할 수 있는 충분한 기회를 주어야 한다.
④ 제1항의 규정에 의한 노동위원회의 조사와 심문에 관한 절차는 중앙노동위원회가 따로 정하는 바에 의한다.

제84조(구제명령) ① 노동위원회는 제83조의 규정에 의한 심문을 종료하고 부당노동행위가 성립한다고 판정한 때에는 사용자에게 구제명령을 발하여야 하며, 부당노동행위가 성립되지 아니한다고 판정한 때에는 그 구제신청을 기각하는 결정을 하여야 한다.
② 제1항의 규정에 의한 판정·명령 및 결정은 서면으로 하되, 이를 당해 사용자와 신청인에게 각각 교부하여야 한다.
③ 관계 당사자는 제1항의 규정에 의한 명령이 있을 때에는 이에 따라야 한다.

제85조(구제명령의 확정) ① 지방노동위원회 또는 특별노동위원회의 구제명령 또는 기각결정에 불복이 있는 관계 당사자는 그 명령서 또는 결정서의 송달을 받은 날부터 10일 이내에 중앙노동위원회에 그 재심을 신청할 수 있다.
② 제1항의 규정에 의한 중앙노동위원회의 재심판정에 대하여 관계 당사자는 그 재심판정서의 송달을 받은 날부터 15일 이내에 행정소송법이 정하는 바에 의하여 소를 제기할 수 있다.
③ 제1항 및 제2항에 규정된 기간내에 재심을 신청하지 아니하거나 행정소송을 제기하지 아니한 때에는 그 구제명령·기각결정 또는 재심판정은 확정된다.
④ 제3항의 규정에 의하여 기각결정 또는 재심판정이 확정된 때에는 관계 당사자는 이에 따라야 한다.
⑤ 사용자가 제2항의 규정에 의하여 행정소송을 제기한 경우에 관할법원은 중앙노동위원회

의 신청에 의하여 결정으로써, 판결이 확정될 때까지 중앙노동위원회의 구제명령의 전부 또는 일부를 이행하도록 명할 수 있으며, 당사자의 신청에 의하여 또는 직권으로 그 결정을 취소할 수 있다.

제86조(구제명령등의 효력) 노동위원회의 구제명령 · 기각결정 또는 재심판정은 제85조의 규정에 의한 중앙노동위원회에의 재심신청이나 행정소송의 제기에 의하여 그 효력이 정지되지 아니한다.

제7장 보칙

제87조(권한의 위임) 이 법에 의한 고용노동부장관의 권한은 대통령령이 정하는 바에 따라 그 일부를 지방고용노동관서의 장에게 위임할 수 있다. <개정 2010. 6. 4.>

제8장 벌칙

제88조(벌칙) 제41조제2항의 규정에 위반한 자는 5년 이하의 징역 또는 5천만원 이하의 벌금에 처한다.

제89조(벌칙) 다음 각 호의 어느 하나에 해당하는 자는 3년 이하의 징역 또는 3천만원 이하의 벌금에 처한다. <개정 2006. 12. 30., 2010. 1. 1.>

1. 제37조제2항, 제38조제1항, 제42조제1항 또는 제42조의2제2항의 규정에 위반한 자
2. 제85조제3항(제29조의4제4항에서 준용하는 경우를 포함한다)에 따라 확정되거나 행정소송을 제기하여 확정된 구제명령에 위반한 자

제90조(벌칙) 제44조제2항, 제69조제4항, 제77조 또는 제81조의 규정에 위반한 자는 2년 이하의 징역 또는 2천만원 이하의 벌금에 처한다.

제91조(벌칙) 제38조제2항, 제41조제1항, 제42조제2항, 제43조제1항 · 제2항 · 제4항, 제45조제2항 본문, 제46조제1항 또는 제63조의 규정을 위반한 자는 1년 이하의 징역 또는 1천만원 이하의 벌금에 처한다.
[전문개정 2006. 12. 30.]

제92조(벌칙) 다음 각호의 1에 해당하는 자는 1천만원 이하의 벌금에 처한다.
<개정 2001. 3. 28., 2010. 1. 1.>

1. 제24조제5항을 위반한 자
2. 제31조제1항의 규정에 의하여 체결된 단체협약의 내용중 다음 각목의 1에 해당하는 사항을 위반한 자
   가. 임금 · 복리후생비, 퇴직금에 관한 사항
   나. 근로 및 휴게시간, 휴일, 휴가에 관한 사항
   다. 징계 및 해고의 사유와 중요한 절차에 관한 사항
   라. 안전보건 및 재해부조에 관한 사항
   마. 시설 · 편의제공 및 근무시간중 회의참석에 관한 사항
   바. 쟁의행위에 관한 사항
3. 제61조제1항의 규정에 의한 조정서의 내용 또는 제68조제1항의 규정에 의한 중재재정서의 내용을 준수하지 아니한 자

제93조(벌칙) 다음 각호의 1에 해당하는 자는 500만원 이하의 벌금에 처한다.

1. 제7조제3항의 규정에 위반한 자
2. 제21조제1항 · 제2항 또는 제31조제3항의 규정에 의한 명령에 위반한 자

제94조(양벌규정) 법인 또는 단체의 대표자, 법인 · 단체 또는 개인의 대리인 · 사용인 기타의 종업원이 그 법인 · 단체 또는 개인의 업무에 관하여 제88조 내지 제93조의 위반행위를 한 때에는 행위자를 벌하는 외에 그 법인 · 단체 또는 개인에 대하여도 각 해당 조의 벌금형을 과한다.
[단순위헌, 2017헌가30, 2019. 4. 11. 노동조합 및 노동관계조정법(1997. 3. 13. 법률 제5310호로 제정된 것) 제94조 중 '법인의 대리인 · 사용인 기타

의 종업원이 그 법인의 업무에 관하여 제90조의 위반행위를 한 때에는 그 법인에 대하여도 해당 조의 벌금형을 과한다.' 부분 가운데 제81조 제4호 본문 전단에 관한 부분은 헌법에 위반된다.]

제95조(과태료) 제85조제5항의 규정에 의한 법원의 명령에 위반한 자는 500만원 이하의 금액(당해 命令이 作爲를 명하는 것일 때에는 그 命令의 불이행 日數 1日에 50萬원 이하의 比率로 算定한 금액)의 과태료에 처한다.

제96조(과태료) ① 다음 각호의 1에 해당하는 자는 500만원 이하의 과태료에 처한다.

1. 제14조의 규정에 의한 서류를 비치 또는 보존하지 아니한 자
2. 제27조의 규정에 의한 보고를 하지 아니하거나 허위의 보고를 한 자
3. 제46조제2항의 규정에 의한 신고를 하지 아니한 자

② 제13조, 제28조제2항 또는 제31조제2항의 규정에 의한 신고 또는 통보를 하지 아니한 자는 300만원 이하의 과태료에 처한다.

③ 제1항 및 제2항의 규정에 의한 과태료는 대통령령이 정하는 바에 의하여 행정관청이 부과 · 징수한다. <개정 1998. 2. 20.>

④ 삭제 <2018. 10. 16.>

⑤ 삭제 <2018. 10. 16.>

⑥ 삭제 <2018. 10. 16.>

부칙 <제15849호,2018. 10. 16.>

이 법은 공포한 날부터 시행한다.

근로자참여 및 협력증진에 관한 법률

(약칭 : 근로자참여법)

[시행 2019. 7. 17.]

[법률 제16320호, 2019. 4. 16., 일부개정]

제1장 총칙 <개정 2007. 12. 27.>

제1조(목적) 이 법은 근로자와 사용자 쌍방이 참여와 협력을 통하여 노사 공동의 이익을 증진함으로써 산업 평화를 도모하고 국민경제 발전에 이바지함을 목적으로 한다.

[전문개정 2007. 12. 27.]

제2조(신의성실의 의무) 근로자와 사용자는 서로 신의를 바탕으로 성실하게 협의에 임하여야 한다.

[전문개정 2007. 12. 27.]

제3조(정의) 이 법에서 사용하는 용어의 뜻은 다음과 같다.

1. "노사협의회"란 근로자와 사용자가 참여와 협력을 통하여 근로자의 복지증진과 기업의 건전한 발전을 도모하기 위하여 구성하는 협의기구를 말한다.
2. "근로자"란 「근로기준법」 제2조에 따른 근로자를 말한다.
3. "사용자"란 「근로기준법」 제2조에 따른 사용자를 말한다.

[전문개정 2007. 12. 27.]

제4조(노사협의회의 설치) ① 노사협의회(이하 "협의회"라 한다)는 근로조건에 대한 결정권이 있는 사업이나 사업장 단위로 설치하여야 한다. 다만, 상시(常時) 30명 미만의 근로자를 사용하는 사업이나 사업장은 그러하지 아니하다.

② 하나의 사업에 지역을 달리하는 사업장이 있을 경우에는 그 사업장에도 설치할 수 있다.

[전문개정 2007. 12. 27.]

제5조(노동조합과의 관계) 노동조합의 단체교섭이나 그 밖의 모든 활동은 이 법에 의하여 영향을 받지 아니한다.

[전문개정 2007. 12. 27.]

제2장 협의회의 구성 <개정 2007. 12. 27.>

제6조(협의회의 구성) ① 협의회는 근로자와 사용자를 대표하는 같은 수의 위원으로 구성하되, 각 3명 이상 10명 이하로 한다.

② 근로자를 대표하는 위원(이하 "근로자위원"이라 한다)은 근로자가 선출하되, 근로자의 과반수로 조직된 노동조합이 있는 경우에는 노동조합의 대표자와 그 노동조합이 위촉하는 자로 한다.

③ 사용자를 대표하는 위원(이하 "사용자위원"이라 한다)은 해당 사업이나 사업장의 대표자와 그 대표자가 위촉하는 자로 한다.

④ 근로자위원이나 사용자위원의 선출과 위촉에 필요한 사항은 대통령령으로 정한다.

[전문개정 2007. 12. 27.]

제7조(의장과 간사) ① 협의회에 의장을 두며, 의장은 위원 중에서 호선(互選)한다. 이 경우 근로자위원과 사용자위원 중 각 1명을 공동의장으로 할 수 있다.

② 의장은 협의회를 대표하며 회의 업무를 총괄한다.

③ 노사 쌍방은 회의 결과의 기록 등 사무를 담당하는 간사 1명을 각각 둔다.

[전문개정 2007. 12. 27.]

제8조(위원의 임기) ① 위원의 임기는 3년으로 하되, 연임할 수 있다.

② 보궐위원의 임기는 전임자 임기의 남은 기간으로 한다.

③ 위원은 임기가 끝난 경우라도 후임자가 선출될 때까지 계속 그 직무를 담당한다.

[전문개정 2007. 12. 27.]

제9조(위원의 신분) ① 위원은 비상임 · 무보수로

한다.
② 사용자는 협의회 위원으로서의 직무 수행과 관련하여 근로자위원에게 불이익을 주는 처분을 하여서는 아니 된다.
③ 위원의 협의회 출석 시간과 이와 직접 관련된 시간으로서 제18조에 따른 협의회규정으로 정한 시간은 근로한 시간으로 본다.
[전문개정 2007. 12. 27.]

제10조(사용자의 의무) ① 사용자는 근로자위원의 선출에 개입하거나 방해하여서는 아니 된다.
② 사용자는 근로자위원의 업무를 위하여 장소의 사용 등 기본적인 편의를 제공하여야 한다.
[전문개정 2007. 12. 27.]

제11조(시정명령) 고용노동부장관은 사용자가 제9조제2항을 위반하여 근로자위원에게 불이익을 주는 처분을 하거나 제10조제1항을 위반하여 근로자위원의 선출에 개입하거나 방해하는 경우에는 그 시정(是正)을 명할 수 있다.
<개정 2010. 6. 4.>
[전문개정 2007. 12. 27.]

제3장 협의회의 운영 <개정 2007. 12. 27.>

제12조(회의) ① 협의회는 3개월마다 정기적으로 회의를 개최하여야 한다.
② 협의회는 필요에 따라 임시회의를 개최할 수 있다.
[전문개정 2007. 12. 27.]

제13조(회의 소집) ① 의장은 협의회의 회의를 소집하며 그 의장이 된다.
② 의장은 노사 일방의 대표자가 회의의 목적을 문서로 밝혀 회의의 소집을 요구하면 그 요구에 따라야 한다.
③ 의장은 회의 개최 7일 전에 회의 일시, 장소, 의제 등을 각 위원에게 통보하여야 한다.
[전문개정 2007. 12. 27.]

제13조의2
[제14조로 이동 <2007. 12. 27.>]

제14조(자료의 사전 제공) 근로자위원은 제13조제3항에 따라 통보된 의제 중 제20조제1항의 협의 사항 및 제21조의 의결 사항과 관련된 자료를 협의회 회의 개최 전에 사용자에게 요구할 수 있으며 사용자는 이에 성실히 따라야 한다. 다만, 그 요구 자료가 기업의 경영·영업상의 비밀이나 개인정보에 해당하는 경우에는 그러하지 아니하다.
[전문개정 2007. 12. 27.]
[제13조의2에서 이동, 종전 제14조는 제15조로 이동 <2007. 12. 27.>]

제15조(정족수) 회의는 근로자위원과 사용자위원 각 과반수의 출석으로 개최하고 출석위원 3분의 2 이상의 찬성으로 의결한다.
[전문개정 2007. 12. 27.]
[제14조에서 이동, 종전 제15조는 제16조로 이동 <2007. 12. 27.>]

제16조(회의의 공개) 협의회의 회의는 공개한다. 다만, 협의회의 의결로 공개하지 아니할 수 있다.
[전문개정 2007. 12. 27.]
[제15조에서 이동, 종전 제16조는 제17조로 이동 <2007. 12. 27.>]

제17조(비밀 유지) 협의회의 위원은 협의회에서 알게 된 비밀을 누설하여서는 아니 된다.
[전문개정 2007. 12. 27.]
[제16조에서 이동, 종전 제17조는 제18조로 이동 <2007. 12. 27.>]

제18조(협의회규정) ① 협의회는 그 조직과 운영에 관한 규정(이하 "협의회규정"이라 한다)을 제정하고 협의회를 설치한 날부터 15일 이내에 고용노동부장관에게 제출하여야 한다. 이를 변경한 경우에도 또한 같다. <개정 2010. 6. 4.>
② 협의회규정의 규정 사항과 그 제정·변경 절

차 등에 관하여 필요한 사항은 대통령령으로 정한다.
[전문개정 2007. 12. 27.]
[제17조에서 이동, 종전 제18조는 제19조로 이동 <2007. 12. 27.>]

제19조(회의록 비치) ① 협의회는 다음 각 호의 사항을 기록한 회의록을 작성하여 갖추어 두어야 한다.
1. 개최 일시 및 장소
2. 출석 위원
3. 협의 내용 및 의결된 사항
4. 그 밖의 토의사항

② 제1항에 따른 회의록은 작성한 날부터 3년간 보존하여야 한다.
[전문개정 2007. 12. 27.]
[제18조에서 이동, 종전 제19조는 제20조로 이동 <2007. 12. 21.>]

제4장 협의회의 임무 <개정 2007. 12. 27.>

제20조(협의 사항) ① 협의회가 협의하여야 할 사항은 다음 각 호와 같다. <개정 2019. 4. 16.>
1. 생산성 향상과 성과 배분
2. 근로자의 채용 · 배치 및 교육훈련
3. 근로자의 고충처리
4. 안전, 보건, 그 밖의 작업환경 개선과 근로자의 건강증진
5. 인사 · 노무관리의 제도 개선
6. 경영상 또는 기술상의 사정으로 인한 인력의 배치전환 · 재훈련 · 해고 등 고용조정의 일반원칙
7. 작업과 휴게 시간의 운용
8. 임금의 지불방법 · 체계 · 구조 등의 제도 개선
9. 신기계 · 기술의 도입 또는 작업 공정의 개선
10. 작업 수칙의 제정 또는 개정
11. 종업원지주제(從業員持株制)와 그 밖에 근로자의 재산형성에 관한 지원
12. 직무 발명 등과 관련하여 해당 근로자에 대한 보상에 관한 사항
13. 근로자의 복지증진
14. 사업장 내 근로자 감시 설비의 설치
15. 여성근로자의 모성보호 및 일과 가정생활의 양립을 지원하기 위한 사항
16. 「남녀고용평등과 일 · ?가정 양립 지원에 관한 법률」 제2조제2호에 따른 직장 내 성희롱 및 고객 등에 의한 성희롱 예방에 관한 사항
17. 그 밖의 노사협조에 관한 사항

② 협의회는 제1항 각 호의 사항에 대하여 제15조의 정족수에 따라 의결할 수 있다.
[전문개정 2007. 12. 27.]
[제19조에서 이동, 종전 제20조는 제21조로 이동 <2007. 12. 27.>]

제21조(의결 사항) 사용자는 다음 각 호의 어느 하나에 해당하는 사항에 대하여는 협의회의 의결을 거쳐야 한다.
1. 근로자의 교육훈련 및 능력개발 기본계획의 수립
2. 복지시설의 설치와 관리
3. 사내근로복지기금의 설치
4. 고충처리위원회에서 의결되지 아니한 사항
5. 각종 노사공동위원회의 설치

[전문개정 2007. 12. 27.]
[제20조에서 이동, 종전 제21조는 제22조로 이동 <2007. 12. 27.>]

제22조(보고 사항 등) ① 사용자는 정기회의에 다음 각 호의 어느 하나에 해당하는 사항에 관하여 성실하게 보고하거나 설명하여야 한다.
1. 경영계획 전반 및 실적에 관한 사항
2. 분기별 생산계획과 실적에 관한 사항
3. 인력계획에 관한 사항
4. 기업의 경제적 · 재정적 상황

② 근로자위원은 근로자의 요구사항을 보고하거나 설명할 수 있다.
③ 근로자위원은 사용자가 제1항에 따른 보고와 설명을 이행하지 아니하는 경우에는 제1항 각 호에 관한 자료를 제출하도록 요구할 수 있으며 사용자는 그 요구에 성실히 따라야 한다.
[전문개정 2007. 12. 27.]

[제21조에서 이동, 종전 제22조는 제23조로 이동 <2007. 12. 27.>]

제23조(의결 사항의 공지) 협의회는 의결된 사항을 신속히 근로자에게 널리 알려야 한다.
[전문개정 2007. 12. 27.]
[제22조에서 이동, 종전 제23조는 제24조로 이동 <2007. 12. 27.>]

제24조(의결 사항의 이행) 근로자와 사용자는 협의회에서 의결된 사항을 성실하게 이행하여야 한다.
[전문개정 2007. 12. 27.]
[제23조에서 이동, 종전 제24조는 제25조로 이동 <2007. 12. 27.>]

제25조(임의 중재) ① 협의회는 다음 각 호의 어느 하나에 해당하는 경우에는 근로자위원과 사용자위원의 합의로 협의회에 중재기구(仲裁機構)를 두어 해결하거나 노동위원회나 그 밖의 제삼자에 의한 중재를 받을 수 있다.

1. 제21조에 따른 의결 사항에 관하여 협의회가 의결하지 못한 경우
2. 협의회에서 의결된 사항의 해석이나 이행 방법 등에 관하여 의견이 일치하지 아니하는 경우

② 제1항에 따른 중재 결정이 있으면 협의회의 의결을 거친 것으로 보며 근로자와 사용자는 그 결정에 따라야 한다.
[전문개정 2007. 12. 27.]
[제24조에서 이동, 종전 제25조는 제26조로 이동 <2007. 12. 27.>]

제5장 고충처리 <개정 2007. 12. 27.>

제26조(고충처리위원) 모든 사업 또는 사업장에는 근로자의 고충을 청취하고 이를 처리하기 위하여 고충처리위원을 두어야 한다. 다만, 상시 30명 미만의 근로자를 사용하는 사업이나 사업장은 그러하지 아니하다.
[전문개정 2007. 12. 27.]
[제25조에서 이동, 종전 제26조는 제27조로 이동 <2007. 12. 27.>]

제27조(고충처리위원의 구성 및임기) ① 고충처리위원은 노사를 대표하는 3명 이내의 위원으로 구성하되, 협의회가 설치되어 있는 사업이나 사업장의 경우에는 협의회가 그 위원 중에서 선임하고, 협의회가 설치되어 있지 아니한 사업이나 사업장의 경우에는 사용자가 위촉한다.
② 위원의 임기에 관하여는 협의회 위원의 임기에 관한 제8조를 준용한다.
[전문개정 2007. 12. 27.]
[제26조에서 이동, 종전 제27조는 제28조로 이동 <2007. 12. 27.>]

제28조(고충의 처리) ① 고충처리위원은 근로자로부터 고충사항을 청취한 경우에는 10일 이내에 조치 사항과 그 밖의 처리결과를 해당 근로자에게 통보하여야 한다.
② 고충처리위원이 처리하기 곤란한 사항은 협의회의 회의에 부쳐 협의 처리한다.
[전문개정 2007. 12. 27.]
[제27조에서 이동 <2007. 12. 27.>]

제6장 보칙 <개정 2007. 12. 21.>

제29조(권한의 위임) 이 법에 따른 고용노동부장관의 권한은 대통령령으로 정하는 바에 따라 그 일부를 지방고용노동관서의 장에게 위임할 수 있다. <개정 2010. 6. 4.>
[전문개정 2007. 12. 27.]

제7장 벌칙 <개정 2007. 12. 21.>

제30조(벌칙) 다음 각 호의 어느 하나에 해당하는 자는 1천만원 이하의 벌금에 처한다.

1. 제4조제1항에 따른 협의회의 설치를 정당한 사유 없이 거부하거나 방해한 자
2. 제24조를 위반하여 협의회에서 의결된 사항을 정당한 사유 없이 이행하지 아니한 자
3. 제25조제2항을 위반하여 중재 결정의 내용을 정당한 사유 없이 이행하지 아니한 자

[전문개정 2007. 12. 27.]

제31조(벌칙) 사용자가 정당한 사유 없이 제11조에 따른 시정명령을 이행하지 아니하거나 제22조제3항에 따른 자료제출 의무를 이행하지 아니하면 500만원 이하의 벌금에 처한다.

[전문개정 2007. 12. 27.]

제32조(벌칙) 사용자가 제12조제1항을 위반하여 협의회를 정기적으로 개최하지 아니하거나 제26조에 따른 고충처리위원을 두지 아니한 경우에는 200만원 이하의 벌금에 처한다.

[전문개정 2007. 12. 27.]

제33조(과태료) ① 사용자가 제18조를 위반하여 협의회규정을 제출하지 아니한 때에는 200만원 이하의 과태료를 부과한다.

② 제1항에 따른 과태료는 대통령령으로 정하는 바에 따라 고용노동부장관이 부과 · 징수한다. <개정 2010. 6. 4.>

③ 삭제 <2016. 1. 27.>

④ 삭제 <2016. 1. 27.>

⑤ 삭제 <2016. 1. 27.>

[전문개정 2007. 12. 27.]

부칙 <제16320호,2019. 4. 16.>

이 법은 공포 후 3개월이 경과한 날부터 시행한다.

INDEX

A·B·C

3S 21
AFL-CIO 7,38
Big 5 성격요인 166
good cop, bad cop 76
I-deals 170
LO(Labor Organization) 39
TUC 7

ㄱ

간접고용 비정규직 134
갈등(conflict) 57
감사역회(중역회) 125
감성적 참여모형 100
강압전략(forcing strategy) 52
거래비용 이론 101
경영참가(participation in management) 98
경제사회발전노사정위원회 8
경제적 기능 42
경제적 노동조합주의(business unionism) 38
계산적 파업(rational strike) 58
고객맞춤형 대량생산(mass customization) 30
고령화 161
고성과작업시스템(high performance work system) 120
고용관계(employment relations) 4
고용노동부 8
고용노사관계의 양면성 6
고용노사관계(employment and industrial relations) 5
고용허가제 146
고충처리제도(grievance procedure) 91
공동결정제(joint-decision making) 124
공동교섭 72
공제적 기능 42
관료주의적 통제모델 100
교섭력(bargaining power) 70
국제노동조합연합(ITUC) 48
권력환경(power contexts) 11
권리분쟁 92
규범적 부분 86
규칙의 망(web of rules) 11
근대적 노사관계 14
근로생활의 질(QWL, quality of working life) 18
근로시간단축형 161
근로자 7
근로자단체 7
급진적인 관점 56
기능적 유연성(functional flexibility) 53
기능적 유연화(functional flexibilization) 151
기본 기능(제1차적 기능) 43
기술급(skill-based pay) 154
기술환경(technological contexts) 11
기업 특수적인 기술(Firm-specific skills) 29
기업별 교섭 71
기업별 노동조합(enterprise union) 50

ㄴ

냉각효과(chilling effect) 65
노동인간화모형 100
노동쟁의(labor dispute) 55
노동조합의 저항곡선(resistence curve) 60
노동조합(labor union, 노조) 7,38
노사관계시스템 5,8
노사관계(industrial relations) 4
노사협의회제도 118
노조대체전략(union substitution) 142
노조탄압전략(union suppression) 142
노조회피전략(union avoidance) 142

ㄷ

다원론(pluralism) 56
단일조직(unitary organization) 48
단체교섭(collective bargaining) 70
단체협약(collective agreement) 83
대각선교섭 72

대리인 문제 109
대리인 이론 100
던롭(Dunlop) 8
데밍(Deming, E.) 126
도덕적 해이(moral hazard) 123

ㄹ

러다이트 운동(Luddite) 33
럭커 플랜(Rucker plan) 113
렌고(連合) 38

ㅁ

마르크스(Marx) 56
마무리교섭 89
막후교섭 90
메이요(Mayo) 56
메인터넌스 숍(maintenance shop) 46
무노조기업 140
무임승차(free-riding) 46
민주적 노사관계 14

ㅂ

방관(태만, neglect) 41
방문취업제 144
버나드(Barnard) 5
본 교섭 89
분배적 협상(distributive bargaining) 79
불개입(sit tight/wait and see) 54
불매운동(boycott) 62
비노조 근로자대표제도(NER) 120
비대칭정보이론 61
비전형근로자 134
비정규직 132

ㅅ

사보타지(sabotage) 62
사북파업 61
사용자 7
사용자단체 8
사용자의 양보곡선(concession curve) 60
사회 정서적 선택 167
사회교환이론(social exchange theory) 138
사회비교이론(social comparison theory) 138
사회적 교환(social exchange) 5
사회적 태만(social loafing) 100
사회조합주의적 전략(quasi-corporatist model) 54
사회주의적 노동조합주의(social unionism) 38
산별교섭 73
산업별 노동조합(industrial union) 50
산업연수생제도 145
생산관리(생산통제) 62
성과배분계획(gain sharing plan) 111
성과참가(participation in profit) 111
성실교섭의무 76
세계노동연맹(WFTU) 48
소극적 개입(protective involvement) 54
소외이론 61
송출비리 148
숍(shop)제도 45
수단성(instrumentality) 41
수량적 유연성(numerical flexibility) 53
수량적 유연화(numerical flexibilization) 151
슈밥(Schwab, K.) 28
스캔론 플랜(Scanlon plan) 112
스캔론(Scanlon) 112
스톡옵션 제도(stock option) 107
시간제근로자 134
시장 지향적인 기술(general skills) 29
시장환경(market context) 11
신자유주의적 전략(neo-liberal model) 53
신제도론(neo-institutionalism) 56

ㅇ

알선(conciliation) 66
에이전시 숍(agency shop) 46
연대파업 59

연합체조직(federation) 48
예비교섭 88
오픈 숍(open shop) 45
온정적 노사관계 13
와그너법(Wagner Act, 1935) 46
와일드캣 파업(wildcat strike) 59
외국인근로자 144
외부효과(externality) 122
월튼(Walton) 19
유니온 숍(union shop) 46
유동 지능(fluid intelligence) 165
유리원칙 86
유형교섭(pattern bargaining) 72
유효수요(effective demand) 158
의사결정참가(participation in decision) 117
이데올로기(이념, ideology) 12
이원화 전략(dualistic model) 53
이익배분계획(profit sharing plan) 114
이익분쟁 92
이중노동시장(dual labor market) 133
이탈(exit) 40
인센티브 스톡옵션 108
인적자원의 유연화 150
일반 노동조합(general union) 51
일원론(unitarism) 56
일터혁신(사회혁명) 32
임금유연화(pay flexibilization) 151
임금피크제도(salary peak system) 159
임시직 근로자(temporary worker) 132
임프로셰어 플랜(improshare plan) 113

ㅈ

자원의존관점(resource dependent theory) 133
자조적(自助的) 파업 59
재고용형(고용연장형) 161
재산참가(participation in capital) 102
적극적 참여(participation) 55
적시생산(JIT) 99
전국민주노동조합총연맹 7
전략적 선택 12
전제적 노사관계 13
절대반대(just say no) 54
절대효용(absolute utility) 23
점진적 퇴직제도(phased retirement) 162
정년연장형 160
정치적 기능 42
제3자 개입금지 조항 74
제4차 산업혁명 28
조업계속 64
조정(mediation) 66
조직적 부분 87
종업원 자격제 46
종업원지주제도 103
좋은 일자리(Decent Work) 24
주식매입선택권 107
주식평가보상권 108
주장(항의, voice) 40
준법투쟁(work to rule) 63
중고령자 162
중독효과(narcotic effect) 66
중앙노동위원회 8
중재(arbitration) 67
직무불만(job dissatisfaction) 39
직무특성모델 163
직업별 노동조합(craft union) 49
직장폐쇄(lockout) 64
직접고용 비정규직 134
집단교섭 71
집단성과급제 111
집단압력모형 100
집행 기능(제2차적 기능) 43
징검다리 고용(bridge employment) 162

ㅊ

착오적 파업(nonrational strike) 58
참모 기능(제3차적 기능) 44

채무적 부분 87
체계적 무노조경영 143
체크오프(check-off) 제도 47
총파업(general strike) 59
총효용(total utility) 23
최저임금위원회 8
최저임금제도(minimum wage system) 157
추격 전략(catch-up strategy) 14
충동적 파업(irrational strike) 58
충성(loyalty) 40
취업규칙 84

ㅋ

클로즈드 숍(closed shop) 46

ㅌ

태업(soldiering) 61
태프트-하틀리법(Taft-Hartley Act, 1947) 46
테슬라(Tesla) 31
테일러(Taylor) 56
통일교섭 72
통합적 협상(integrative bargaining) 79
특수형태근로종사자 135

ㅍ

파업비용이론 61
파업(strike) 58
평화의무 85
평화조항 85
포용전략(fostering strategy) 52
품질분임조(QC, quality circle) 126
프레퍼렌셜 숍(preferential shop) 46
프렌치 시스템(French system) 114
프리만과 메도프(Freeman & Medoff) 40
피케팅(picketing) 62
필라델피아 선언 158

ㅎ

한국경영자총협회 8
한국노동조합총연맹 7
한시적 근로자 134
허쯔버그(Herzberg) 27
헤이스(Hayes) 61
혁명적 노동조합주의(revolutionary unionism) 39
현실적 직무소개(realistic job preview) 138
협상결과에 대한 최고 대안(BATNA) 81
협상(negotiation) 78
회피전략(escaping strategy) 52
힉스(Hicks) 60